퓨처리스트

퓨처리스트

—

2022년 1월 12일 초판 1쇄 발행

—

지은이 브라이언 데이비드 존슨
옮긴이 김지현
펴낸이 김정수, 강준규
책임편집 유형일
마케팅 추영대
마케팅지원 배진경, 임혜솔, 송지유, 이영선

—

펴낸곳 (주)로크미디어
출판등록 2003년 3월 24일
주소 서울시 마포구 성암로 330 DMC첨단산업센터 318호
전화 02-3273-5135
팩스 02-3273-5134
편집 070-7863-0333
홈페이지 http://rokmedia.com
이메일 rokmedia@empas.com

—

ISBN 979-11-354-7378-4 (03190)
책값은 표지 뒷면에 적혀 있습니다.

—

잘못 만들어진 책은 구입하신 서점에서 교환해 드립니다.

브라이언 데이비드 존슨 지음 · 김지현 옮김

미래의 불안을 이겨내라, 원하는 미래를 설계하라!

퓨처리스트

ROK
MEDIA

저자 **브라이언 데이비드 존슨**Brian David Johnson

브라이언 데이비드 존슨은 애리조나 주립대학교 사회혁신 미래대학 교수로 학생들을 가르치면서 정부, 군대, 학계, 비영리 단체 등에 컨설팅을 제공하는 미래학자로 활동 중이다. 그는 기업과 단체의 규모와 상관없이 지금부터 10~15년 안에 일어날 긍정적인 미래와 부정적인 미래를 탐구할 수 있도록 돕고 있다. 그는 현장 연구, 사회학, 기술 연구, 문화사, 경제학, 추이 데이터, 전문가와의 인터뷰, 공상 과학 소설 등에서 자료와 영감을 얻어 실용적인 미래 로드맵을 제공하는 퓨처캐스팅 기법을 활용한다. 2009년부터 2016년까지 인텔Intel Corporation에서

최초로 수석 미래학자로 일했으며, 현재는 60년 이상 전 세계에 글로벌 시장조사 및 컨설팅을 제공해온 프로스트 앤 설리번에서 미래학자로 일하고 있다. 그는 40건이 넘는 특허를 보유하고 있으며, 〈월스트리트 저널〉, 〈슬레이트〉 등에 글을 기고한다. 또한 블룸버그, PBS, 폭스 뉴스, 디스커버리 채널에도 정기적으로 출연하고 있다. 《SF 프로토 타이핑Science Fiction Prototyping》, 《스크린의 미래》 등 여러 저서를 써낸 작가이자 두 편의 영화를 만든 감독이기도 하다.

역자 **김지현**

미국 클리블랜드 주립 대학교를 졸업했다. 현재 번역 에이전시 엔터스코리아에서 전문 번역가로 활동하고 있다. 역서로는 《부의 역발상: 원칙과 상식을 뒤집는 부자의 10가지 전략가》 등이 있다.

두려움보다
미래를 선택한
모든 이들에게

1

미래의 자신을 찾는 방법과
퓨처리스트가 자기계발서를
쓰기로 한 이유에 대해서

두 통의
전화

아침에 일어나 '오늘은 퓨처리스트^{Futurist}를 만나봐야겠어' 하고
결심하는 사람은 어디에도 없을 것이다. 기업이나 단체가 나
를 필요로 할 때는 그들의 지평선에 먹구름이 드리우고, 다음
수를 내다봐야 할 때이다.

　이 책을 읽고 있는 당신이 처한 상황이 너무 나쁘지 않기를
바란다. 하지만 당신이 이 책을 읽고 있다는 것은 직장 생활이
나 재정적, 혹은 기술, 정치, 경제 상황에 불안감을 느껴 조언
이 필요한 상황이라는 뜻일 것이다. 어쩌면 자녀들이나 부모
님과의 관계에 대해 고민하고 있을 수도 있다. 혹은 팬데믹, 전

　　　　　　　　　　　　　　　　　　퓨처리스트

쟁, 질병처럼 미래에 대한 두려움이나, 모든 두려움의 근원인 죽음에 대한 공포에 떨고 있을지도 모른다.

나는 당신을 돕고 싶다. 물론 당신의 미래를 말해줄 수는 없지만, 나는 그동안 많은 이들이 자신이 갈망하는 미래에 가까워질 수 있도록 도와왔다. 그 미래에 도달하려면 어떤 구체적인 단계를 거쳐야 하는지 깨닫게 하는 방법으로 말이다. 그 결과 이들은 최소한 자신이 정한 인생의 방향에 조금 더 자신감을 가지고 안정감을 느낄 수 있었다.

항상 첫걸음이 가장 힘든 법이다. 그러나 당신은 할 수 있다. 나를 믿어도 좋다. 쉬울 것이라는 말은 아니다. 그저 당신이 할 수 있다는 것을 알고 있을 뿐이다.

미래에 대해 걱정하는 행위는 말 그대로 걱정에 불과하다. 아직 일어나지 않은 일들과 어쩌면 영원히 일어나지 않을 일을 걱정하느라 낭비해온 모든 시간과 에너지를 떠올려 보라. 그동안 걱정하는 데 써온 에너지를 긍정적이고 영속적인 미래를 창조하는 데 쏟아붓는다면 어떻게 될까?

물론 걱정하는 마음은 충분히 이해한다. 오랜 시간 퓨처리스트로 일해온 나도 종종 걱정에 휩싸이곤 한다. 이것이 바로 내가 이 책을 쓰기로 결심한 가장 큰 이유이다. 더 확실한 설명을 위해 최근에 받았던 두 통의 전화 통화 내용을 공유해보겠다.

첫 번째 통화: 위기의 CEO

늦은 시간이었다. 책을 읽고 있는데 휴대전화가 울렸다. 나는 즉시 수신자의 이름을 알아보았다.

"여보세요?" 내가 전화를 받으며 말했다.

"아무래도 안 될 것 같아요, BDJ." 캐럴은 내 별명을 부르며 빠르게 대답했다. '여보세요'나 간단한 안부 인사도 생략한 그의 목소리에서는 극심한 공포와 긴장감이 느껴졌다. "이건 제가 원하는 미래가 아니에요."

"무슨 일이에요? 왜 그래요?" 내가 물었다. 나도 조금 긴장되기 시작했지만, 최대한 침착한 목소리를 유지하려고 노력했다. 캐럴의 목소리가 좋지 않아 덜컥 걱정이 들었다.

"아무래도 이 고객을 거절할 수 없을 것 같아요. 오늘 의뢰가 들어왔어요. 우리가 전략의 변화에 대해 이야기한 것도 알고, 그러려면 가끔은 거절해야 한다는 것도 알지만, 하지만……." 캐럴은 말을 멈추고 숨을 골랐다. "이런 종류의 일은 이제 하면 안 된다는 것도 알고, 우리 회사에 필요한 건 지금까지의 운영 방식을 바꾸는 일이라는 것도 아는데 이건 무려 300만 달러짜리 의뢰예요."

"다른 경영진들은 뭐라고 하나요?" 내가 물었다.

"아직 아무에게도 말하지 않았어요." 그가 대답했다. "뭘 해야 할지 자리에 앉아서 생각하는 중이에요. 이 의뢰에 우리 회사와 내 사업의 미래가 달려 있어요."

캐럴은 로스앤젤레스에 있는 연예기획사의 CEO였다. 10개월 전, 캐럴과 경영진들은 퓨처리스트를 고용하기로 했다. 미래를 대비한 충분한 준비가 되어 있지 않다고 생각한 그들은 나와 함께 새로운 경영 방식을 개척하고자 했다.

우리는 해냈다. 우리는 재능 있는 새로운 세대의 인플루언서들을 흡수할 수 있는 구체적인 단계를 포함한 훌륭한 계획을 세웠다. 그동안의 고객층에서 벗어나 연예계에 빠르게 부상하는 소셜 미디어의 영향력을 주시하는 꽤 커다란 변화를 요구하는 계획이었다. 시시콜콜한 내용으로 당신을 지루하게 만들 생각은 없다. 우리는 위험성 평가의 일환으로 유명 연예인이 캐럴의 기획사와 계약하고 싶어 할 가능성과 실제로 그런 상황이 온다면 계약을 거절하는 것이 얼마나 어려울지에 대해 논의해 왔었다.

우려했던 상황이 찾아왔고, 캐럴은 두려움에 떨고 있었다. 목소리만 들어도 알 수 있었다. 그는 자신이 올바른 결정을 내리고 있는지 확신할 수 없었고, 자신뿐만 아니라 함께 일하는 사람들의 미래를 그르칠까 봐 두려워하고 있었다.

"답답해하는 것처럼 들리네요." 내가 말했다.

"왜냐면 정말 답답하니까요!" 캐럴이 순간 버럭 화를 냈다. "많은 사람들의 인생과 일자리가 달린 문제예요. 우리 가족은 두말할 것도 없고요. 미안해요. 소리 지를 생각은 없었어요. 저는 어떻게 해야 하나요, BDJ? 퓨처리스트로서 조언해주세요."

순간 나 역시 내 판단에 자신이 없어져 대답을 망설였다. 캐럴의 판단이 옳은 것일까? 누가 300만 달러를 거절할 수 있겠는가? 그야말로 미친 짓이 아닌가?

"듣고 있나요?" 캐럴이 물었다.

내가 너무 오랫동안 침묵했기 때문이다. 침묵은 곧 어색함으로 바뀌었지만 나는 여전히 무슨 말을 해야 할지 몰라 침묵을 지켰다. 나도 캐럴만큼이나 두려웠다. 스스로를 퓨처리스트라고 부르면서도 그 순간에는 미래에 대해 무엇 하나 알 수가 없었다.

내가 이렇게 주저한 이유는 캐럴의 목소리가 몇 주 전에 받은 한 통의 전화를 생각나게 했기 때문이다.

두 번째 통화: 갈림길에 선 대학교 졸업생

휴대전화가 울리며 브루노의 이름이 떴을 때 나는 고객과 상담을 마치고 집으로 걸어가던 중이었다.

"여보세요?" 전화를 받으며 말했다.

"나는 겁쟁이예요." 브루노가 겁에 질린 목소리로 말했다.

"무슨 일이에요?" 내가 물었다. "무슨 일이 생겼나요?"

"아니요, 아무 일도요." 그가 대답했다. "그냥 아무 일도 없었어요. 도저히 할 수가 없었어요."

브루노는 이제 막 대학교를 졸업한 22살의 청년이자 내 친구의 지인이었다. 꽤 괜찮은 직장에 다녔지만 커다란 성취감을 주거나 성장할 기회가 많은 곳은 아니었다. 그는 지금 있는 곳을 좋아했지만 사랑하지는 않았다. 최근 헤어진 남자친구와의 이별도 그를 힘들게 했다. 브루노는 힘겨운 시기를 보내고 있었다.

"면접 도중에 완전히 얼어 버렸어요." 브루노가 설명했다. "내가 다른 곳에 면접 보러 다니는 걸 지금 회사의 상사에게 들키면 해고당할 거라는 걱정이 들어서요. 이러다 잘리면 건강보험도 없어질 텐데, 몸이 아프면 어떡하죠? 그땐 어떡해야 하나요?"

나는 아무 말도 할 수 없었다. 브루노의 말이 아닌 그의 목소리가 나를 망설이게 했다. 그는 공황 상태에 빠져 고통스러워하고 있었다. 지난 몇 주 동안 우리가 대화를 나눈 건 그가 원하는 미래로 나아가는 데 꼭 필요한 자신감과 힘을 실어주기 위해서였다.

하지만 내가 도리어 그를 해쳐왔던 것일까? 브루노는 내 조언 때문에 직업을 잃게 되는 것일까? 건강보험을 잃으면 브루노는 절망할 것이다. 그는 치료받지 않으면 심각한 상황에 처할 수도 있는 기저 질환에 시달리고 있었다.

"듣고 있나요? 혹시 전화가 끊겼나요?" 브루노가 물었다.

"아니에요, 듣고 있어요……." 몇 주 후 캐럴과 통화할 때처럼 떨리는 목소리로 내가 말했다.

...

브루노와 캐럴과의 전화 통화는 나 스스로에게 의구심을 품게 했다. 나는 무슨 자격으로 사람들에게 조언을 하고 다녔나? 300만 달러짜리 의뢰든 단순한 진로 결정이든 그런 것은 아무래도 좋았다. 나는 무슨 근거로 내가 다른 이들에게 조언할 수 있다고 생각했는가?

그 순간 나는 불안감이 엄습할 때마다 나 자신에게 하는 말을 되뇌었다. 전에도 해냈으니까 이번에도 도울 수 있어. 나는 4분의 1세기 동안 대형 국제 기업, 실리콘밸리의 기술 전문 기업, 비영리단체, 대학, 심지어 정부와 군사 시설이 앞으로 나아갈 길을 개척하는 것을 도와왔다. 그리고 이제는 당신을 돕고 싶다.

미래에 대해 생각하는 행위는 인생을 마비시킨다. 얼어붙고 마는 것이다. 그러다 보면 결국 머릿속에서 다음 수를 떠올릴 수도 없게 된다. 인생의 통제권을 잃은 기분이 든다. 답답하다. 그리고 포기하고 만다.

어떻게 해야 당신의 미래를 바꿀 수 있을까? 미래를 바꾸는 데에도 과정이 있다. 내가 캐럴과 브루노를 가르쳤듯, 당신에게도 가르쳐주겠다. 그 둘은 통화를 했던 순간 (나도 함께) 겪었던 격심한 공포에서 벗어나 결국 자신들이 원하던 미래에 도달했다. 단, 두 사례 모두 당사자가 잠시 휴식을 취하며 마음을 가다듬고, 자신이 향하는 방향에 확신을 가지는 과정을 거쳐야 했다. 이 과정을 거치고 나서야 둘은 미래의 자신에게로 향하는 길에 다시 오를 수 있었다.

▍ 미래의 자신을 찾는 방법

미래 때문에 고군분투하는 사람과 처음 만날 때면 나는 우리를 구성하는 세 가지 버전의 자기 자신에 대해 말해준다. 그것은 바로 과거의 자신Past You, 현재의 자신Present You, 그리고 미래의 자신Future You이다.

과거의 자신은 당신의 경험과 기억으로 이루어졌다. 즐거움과 후회, 승리와 패배, 지금까지 얻어온 수많은 교훈의 총계가 과거의 자신을 이루고 있다.

미래의 자신은 당신이 앞으로 될 모습을 말한다. 미래의 자신은 당신이 되고 싶거나 되고 싶지 않은 모습일 수도 있다(이 부분은 후에 더 다루도록 하겠다).

그리고 이제 현재의 자신이 남았다. 우리 대부분에게 현재의 자신은 과거의 자신을 의미한다. 우리는 과거에서 인생을 보내고 있다. 조지 오웰George Orwell이 말하듯, "과거를 지배하는 자가 미래를 지배하고, 현재를 지배하는 자가 과거를 지배한다."[1] 우리는 과거에 지배당해 단순히 과거를 기억할 뿐만 아니리, 나쁜 결정과 지나가 버린 기회를 후회하고 끔찍한 시간을 잊기 위한 방법을 찾으며 살아간다. 물론 과거에 나쁜 점만 있는 것은 아니다(최소한 그렇지 않기를 바란다!). 그곳에는 분명 긍정적인 추억과 즐거운 순간들도 존재한다.

하지만 과거가 행복했거나 불행했는지와는 상관없이 우리는 과거에 묶인 채로 인생을 살아간다. 이것이 바로 대부분의 사람들이 현재의 자신과 과거의 자신이 같은 사람인 이유이다.

이러한 패러다임의 문제는 과거는 과거일 뿐이라는 사실에 기반한다. 자기 자신을 뿌리부터 완전히 재창조하려는 노력이 부족하다면 결코 아무런 변화도 일으킬 수 없다. 이쯤에서 다른 속담도 하나 떠오른다. "사람은 변하지 않는다. 그저 더욱더 자신과 같은 모습으로 변할 뿐이다." 현재의 자신이 과거의 자신인 세상에서, 이는 반박할 여지 없는 진실이다.

그러나 이 공식을 뒤집고 현재의 자신을 미래의 자신으로 만들 수 있다면 어떻겠는가? 지금의 자신은 당신이 되고 싶은 모습이 되고, 끊임없는 변화의 가능성도 얻을 수 있을 것이다.

이것이 바로 내가 이 책을 쓴 이유다. 나는 지금까지의 규정을 벗어나 현재의 당신을 가장 이상적인 모습의 미래의 당신으로 탈바꿈시키고 싶다. 이를 위해 당신에게 필요한 모든 전략과 도구는 물론, 미래의 자신을 포용하는 법을 배운 이들의 이야기를 함께 나눌 수 있어 기쁘다. 책을 끝까지 읽을 때 즈음이면 당신이 미래의 자신을 그 어느 때보다 더 잘 이해할 수 있을 것을 약속한다. 당신이 원하는 미래의 모습을 볼 수 있을 뿐만 아니라, 미래까지 도달하는 데 필요한 단계도 배우게 될 것이다.

미래의 당신이 현재의 당신이 되리라. 지금부터 여행을 시작하자.

▌하지만 퓨처리스트가
▌정확히 무엇을 의미하는가?

나는 직업의 특성상 전 세계를 누비며 많은 여행을 하는 편이다. 국제선을 타면 착륙 직전에 승무원이 나눠주는 출입국 신고서를 작성할 때가 가장 즐겁다. 직업 기입란에는 블록체로 커다랗게 '퓨처리스트'라고 써낸다. 이는 런던 히드로 공항에서 만난 크고 건장한 체구의 출입국심사관을 포함해 많은 이들과 흥미로운 대화를 나누는 계기가 되어왔다. 그들은 내 직업이 진짜 퓨처리스트라는 사실을 믿지 못하고, 내게 계속해서 질문을 쏟아낸다. 내 뒤로 늘어선 대기자들의 수는 전혀 개의치 않고 말이다. "퓨처리스트 선생님." 영원처럼 느껴진 시간이 지나고서야 겨우 여권에 도장을 찍어주며 출입국심사관이 말했다. "아주 흥미로운 직업을 가지셨군요." 그는 이 말을 덧붙였다. "선생님이 미래를 위해 힘쓰고 있다면 우리 인류를 위해 부탁 하나만 들어주십시오. 꼭 좋은 미래가 찾아오도록 해주세요."

나는 지난 10년의 대부분을 컴퓨터와 기계 장치에 생명을 불어넣는 마이크로프로세서의 선두 제조업체 인텔에서 수석 퓨처리스트로 활동했다. 인텔은 간단히 말해 전자 장비의 뇌와 같은 부품을 만드는 기업이다. 나는 인텔의 첫 퓨처리스트로서의 성과를 누구보다도 자랑스럽게 여겨왔다. 내가 출입국 신고서에 '엔지니어' 대신 '퓨처리스트'라고 쓰며 큰 기쁨을 느끼는 이유다.

기업과 단체의 규모와 상관없이 지금부터 10~15년 내에 일어날 긍정적인 미래와 부정적인 미래를 탐구할 수 있도록 돕는 것이 내 개인 사무실에서의 일과다. 탐구를 마쳤다면 부정적인 미래에서 벗어나 긍정적인 미래에 가까워지기 위해서 오늘, 내일, 앞으로부터 5년간 무엇을 해야 하는지 보여준다.

기술 분야, 제조업, 도소매, 의학, 농업, 금융, 정부, 군사 시설 등에 널리 종사하는 나의 고객들에게는 한 가지 공통점이 있다. 이들은 향후 몇 년 동안은 성과가 나지 않을 사안들의 결정을 오늘 당장 내려야 한다. 올해의 최종 결산 결과에 영향을 미치는 투자 결정이나, 오랜 시간이 지나서야 배당금을 창출해낼 새로운 상품의 개발을 예로 들 수 있다.

이렇게 힘든 결단을 내리려면 가능성 있는 미래를 체계적으로 모형화하는 실력과 정보 수집 능력을 갖춘 인재가 필요하다.

퓨처리스트

바로 여기서 퓨처리스트의 활약이 시작된다. 내가 가르치는 학생들에게 자주 하는 말이 있다. "우리가 하지 않는다면, 누가 할 수 있겠는가?"

나의 업무는 후에 더 다루게 될 '퓨처캐스팅futurecasting'이라는 과정을 포함한다. 간단히 말하자면 퓨처캐스팅은 사회학, 기술연구, 문화사, 경제학, 추이 데이터, 전문가의 인터뷰를 조합한 결과에 기반한다. 나는 이러한 다양한 데이터를 입력해 실현 가능할지도 모르는 미래뿐만 아니라 실현 가능한 미래가 무엇인지 알아낸다. 퓨처리스트가 되어 가장 좋은 점은 사람들에게 미래가 어떻게 지속될지 보여줄 수 있다는 것이다.

몇 년 전, 한 건축회사가 회사의 미래를 알아보기 위해 나를 고용했을 때의 일이다. 100년 이상의 역사를 자랑하는 회사였음에도 불구하고 경영진들은 회사가 미래에 대해 충분한 대비가 되지 않았음을 걱정하고 있었다. 우리는 직원 전체를 소집해 회사의 잠재적 미래를 함께 고민하기 시작했다. 주로 미국 중서부 지방의 교육기관을 설계하고 건설해온 이 회사는 단순히 회사만의 미래를 보는 데서 멈추지 않았다. 우리는 한발 더 나아가 교육의 미래를 탐구하고, 회사가 그 미래에 어떤 모습으로 존재하고 싶은지 상상해보았다.

그러자 아무도 예상하지 못했던 일이 일어났다. 직원들은 회사의 미래를 보았을 뿐만 아니라 교육 방식 자체를 변화시키는 일의 필요성도 깨닫게 되었다. 그들은 미래의 학습 방식을 새롭게 형성하고, 평생에 걸쳐 학생들의 교육을 도와 21세기를 빛낼 인재로 기르는 방법을 찾아냈다. 자신들의 발견에 깊은 감명을 받은 그들은 급기야 나인 빌리언 스쿨즈9 Billion Schools 라는 이름의 비영리 기관을 설립했다. 기관의 성명서는 다음과 같다.

> 나인 빌리언 스쿨즈는 모든 인류에게 우리의 일생만큼 길고 폭넓고 심도 있고 개별화된 배움의 기회가 주어지는 세상을 만들기 위한 논의, 혁신, 활동을 장려하기 위해 설립되었다.
> 우리는 저마다의 방식으로 나인 빌리언 스쿨즈의 이상을 현실로 만드는 데 전념하는 타 기관 및 개인과 함께 협업하고, 고민하고, 혁신하기를 갈망한다.[2]

직원들은 미래가 지닌 가능성과 그들이 지닌 영향력에서 큰 감명과 동기를 얻었다.

위의 예시가 보여주듯 내 직업은 단순히 실현 가능한 미래를 상상하는 데서 그치지 않는다. 고객들이 이룰 수 있는 최상의 미래를 성취하도록 돕는 것도 내 일이다. 바로 이 점 덕분에 나는 응용 퓨처리스트로 이름을 알렸다. 나를 처음 만나는 사람들은 하나같이 온종일 사무실 책상에 두 발을 올리고 앉아 어떤 미래가 찾아올지 상상하는 내 모습을 떠올리고는 한다. 하지만 이보다 더 진실과 거리가 먼 모습은 없을 것이다. 나는 엔지니어이자 디자이너가 되기 위한 교육을 받아온 사람이다. 응용 퓨처리스트로서의 나는 잠재적 미래를 도표의 형태로 그려낼 뿐 아니라, 어떤 단계적 절차를 통해 미래로 향해야 할지 당사자들과 함께 세심하게 고민한다. 원하는 미래로 향하고 싶다면 당장 월요일에는 무엇을 해야 할까?

인사과와 협력해 미래의 신입 사원을 신중하게 고르는 일일 수도 있다. 혹은 재무 담당 직원들과 어떤 형태의 투자가 이루어져야 하는지 의논하는 일일 수도 있다. 나는 언젠가 설비 관리자들과 미래의 직원들을 지원하려면 어떤 사무실이 필요한지 의논한 적도 있다.

결국 퓨처리스트로서의 성공은 고객에게 잘 고안된 미래의 시나리오를 제공하는 것뿐만 아니라, 시나리오에 도달하기 위해 당장 오늘부터 실천할 수 있는 실용적인 단계적 방법을 제시하는 데 달려 있다.

▌퓨처리스트가 자기계발서를 쓰기로 한 이유는?

솔직하게 말하자면 사실은 이렇다. 당신이 이 책을 읽을 줄은 생각도 못 했다. 미래를 예측하는 게 내 직업이긴 하지만 책을 쓰고 있는 미래의 내 모습은 상상해본 적도 없다.

앞서 말했듯이 내가 기업과 단체가 자신의 미래를 자세히 들어다보고 긍정적, 부정적 결과를 그려보도록 도와온 지도 벌써 25년의 세월이 흘렀다. 이 단계를 지나면 그때부터는 긍정적 미래를 실현하고 부정적 미래를 피하도록 돕는다. 공학과 디자인 전공자인 나는 대학교수 겸 공상과학 소설가이기도 하다.

이렇게 바쁜 와중에 왜 뜬금없이 책을 쓰고 있는지 궁금한가? 그렇다면 지금부터 또 다른 이야기 하나를 들려주겠다.

인텔에서 일하며 만났던 행운 중 하나는 나의 소중한 조언자 앤디 브라이언트Andy Bryant를 만난 것이다. 큰 체격과 텁수룩한 수염의 앤디는 골프 애호가였다. 이사회 회장으로 임명되기 전까지 앤디는 오랜 기간 인텔의 CFOChief Financial Officer로 활약했다. 앤디와 나는 당시 오리건주에 살고 있었다. 앤디의 성격은 그가 오리건주에서 인텔의 본사가 위치한 캘리포니아주 산타클라라까지 자주 출퇴근하던 모습만 봐도 알 수 있다. 함께 일하는 동안 나는 앤디가 사우스웨스트 737 여객기 뒤편 일반석 중앙에 몸을 구겨 넣은 모습을 심심찮게 목격했다. 매년 2,000억 달러의 가치를 창출하는 기업의 회장이 우리처럼 평범한 사람들과 함께 일반석에 앉아 즐거운 마음으로 출퇴근을 하고 있었다.

앤디와의 멘토링이 마무리되어갈 때쯤, 그는 내가 인텔에서 일하기로 결심한 이유를 물었다. 인텔로 이직하기 전 나는 작은 회사에서 텔레비전 셋톱박스 디자이너로 일하고 있었다.

퓨처리스트

케이블 회사와 연락하려면 케이블 박스 뒤에 전화선을 연결해야 할 정도로 인터넷이 생소한 시절이었다. 한마디로 아주 옛날이었다는 뜻이다.

처음 인텔에서 이직 제안을 받았을 때는 세계적인 기업에서 일할 수 있다는 생각에 뛸 듯이 기뻤다. 나는 기업이 자신들의 회사를 상상하고, 디자인하고, 건설해나가는 근본적인 방식을 바꾸고 싶었다. 사람을 중심으로 둔 기술을 개발하고 싶었던 것이다. 내 동료 엔지니어들이 단순히 빠른 속도의 컴퓨터를 만든다는 사실뿐만 아니라, 우리가 만드는 빠른 속도의 컴퓨터가 사람들의 인생을 더 나은 방향으로 바꾸는 힘이 있다는 사실을 이해하길 바랐다.

앤디에게 이 말을 하자 그는 웃으며 말했다. "글쎄요, 목표를 높이 잡은 것 같진 않네요. 당신이 10년 가까이 우리 회사에서 일하며 이미 이루어낸 목표잖아요. 당신의 다음 목표는 뭔가요?"

상담이 끝났지만 나는 내 자리로 돌아가는 대신 발이 가는 대로 회사 건물을 누비며 앤디의 질문에 대한 답을 진지하게 고민해보았다.

나는 기술적 퓨처리스트이자 응용 퓨처리스트로 활동하는, 말하자면 아주 구체적인 유형의 퓨처리스트이다. 기술적 퓨처리스트란 말 그대로를 의미한다. 내가 하는 일의 대부분은 기술을 중심으로 설계되고, 그 기술이 어떤 방식으로 사회를 더 나은 곳으로 만들 수 있는지에 초점을 둔다. 응용 퓨처리스트는 실현 가능한 미래를 그려내는 데서 그치지 않고 그 미래를 현실로 만들 수 있는지에 집중한다.

또한 나는 사람을 중시하는 퓨처리스트이기도 하다. 우리가 하는 모든 일은 사람에서 시작해 사람에서 끝난다. 물론 그 여정에 기술이나 절차, 혹은 과정들도 존재할 수 있다. 그러나 모든 일이 사람에서 시작해 사람에서 끝난다는 사실은 변하지 않는다. 한 인터뷰 중 어느 기자는 내가 기술보다는 사람을 더 중시하는 기술적 퓨처리스트라며 농담을 하기도 했다. 나는 그의 농담을 칭찬으로 받아들였다. 다시 정처 없이 회사를 누비며 다음 목표를 곰곰이 생각해보았던 날로 돌아가 보자. 바로 그날, 나는 사람이 나의 진정한 열정임을 깨달았다.

생각을 곱씹을수록 나의 다음 목표는 뚜렷한 모습을 드러냈다. 나는 내가 지난 7년 동안 인텔에서 마이크로프로세서를 만들기 위해 해온 일들을 사람들을 위해 하고 싶었다. 나는 사람들이 자신의 인생을 상상하고, 디자인하고, 건설해나가는 근본적인 방식을 바꾸고 싶었다. 그들이 미래는 고정되어 있지 않다는 사실을 이해하도록 돕고 싶었다. 우리의 미래는 우리가 매일 행하는 행동으로부터 만들어진다는 것을 알려주고 싶었다. 나의 미래는 내가 능동적인 자세로 적극적으로 참여할 때만 스스로 건설할 수 있다는 사실을 받아들이길 바랐다. 아무렇게나 만들어진 미래가 어느 날 우리 앞에 나타나거나 타인이 우리의 미래를 설계하도록 내버려 두면 안 된다.

　이것이 한 퓨처리스트가 자기계발서를 쓰기로 결정한 이유다. 너무나도 많은 사람이 미래를 볼 수 없고 바꿀 수도 없는 사각지대처럼 취급한다. 이는 전혀 사실이 아니다. 당신을 포함한 우리 모두 당장 오늘부터 변화할 수 있다. 그러니 모험을 떠날 채비가 되었기를 바란다. 지금부터 내가 당신과, 당신의 자녀와, 당신이 속한 공동체를 위해 항상 꿈꿔온 미래를 상상하고, 디자인하고, 건설해나가도록 이끌어줄 것이기 때문이다. 혹시 모르지 않는가? 우리 같은 사람들이 모두 모험을 떠난다면 아마 이 세상의 미래도 바꿀 수 있을지.

▍실제로 해보기

이 책이 최대한 많은 독자들에게 의미 있고 매력적으로 다가왔으면 하는 바람으로 내가 도움을 주었던 평범한 사람들의 이야기를 가득 담았다. 또한 현실적이면서도 참여를 유도하는 책을 쓰고 싶었기에 '간단한 질문 코너'를 만들었다. 각 장의 이 코너에서는 책을 잠시 내려놓고 펜과 종이를 준비하자. 내가 기업이나 단체와 일할 때도 실제로 사용하는 방법이다. 사람들이 생각과 행동을 취하도록 유도하는 도구이자 활동이라고 할 수 있다. 당신이 필기할 종이를 준비하거나 휴대전화에 받아 적을 준비를 하는 것처럼 대기업의 CEO들과 이사회 임원들도 같은 활동을 거친다.

당신이 이 책을 집어 들었을 때 했던 기대와는 다를 수도 있지만 미래를 바꾸는 과정을 위해서라면 아무리 강조해도 부족하지 않을 만큼 중요한 활동이다. 내가 반복해서 말하듯이 미래의 당신에게 닿을 유일한 방법은 노력뿐이다. 새로운 고객과 만날 때면 나와 우리 팀은 본격적인 연구 단계에 돌입하기 전 일련의 사전 인터뷰를 통해 고객의 구체적인 요구 조건을 파악한다. 우리는 상황에 따라 인류학, 공학, 시장 조사, 기술, 심지어 조금의 공상과학처럼 다양한 관점에서 정보를 수집한다. 마지막에는 결국 수백 수천의 자료가 모여 각기 다른 형태의 가능성 있는 미래를 보여준다.

겁을 주려는 것은 아니다. '간단한 질문 코너'에서 하게 될 고민과 탐색 활동은 우리 팀이 하는 활동만큼 심도 있지 않다. 하지만 앞으로 해야 하는 노력을 위한 마음가짐이 중요하다는 사실에는 변함이 없다.

끝으로 내가 보여줄 과정에 대해 한마디 하자면 '간단한 질문 코너'를 위해 노트 같은 준비물을 갖추길 바란다. 물론 사람마다 선호하는 사고방식과 행동이 있을 것이다. 그러나 나 자신과 내가 지켜본 사람들의 경험에 따르면 종이에 직접 쓰거나 문서로 작성하는 행위는 머릿속으로만 대답할 때보다 더 쉽게 대답에 즉시성과 사실성을 부여한다. 미래를 위해 했던 모든 고민과 명상의 기록을 한 장소에 보관하는 것도 도움이 된다. 언젠가 이 기록들을 찾아볼 날이 올 것이다.

교수처럼 설명하는 일은 여기서 멈추겠다. 하지만 그전에 학기가 시작하기 전 내가 학생들에게 해주는 말로 마무리하겠다. "과정이 과정 자체다." 아직은 이게 무슨 말인지 완전히 이해하지 못해도 좋다. 곧 이해할 수 있게 되리라.

다음 장에서는:
올바른 미래의 설계

많은 사람이 미래를 안개로 가려지고 오해로 둘러싸인 알 수 없는 영역으로 생각한다. 이는 평소 자주 들어온 마크 트웨인Mark Twain의 말을 떠오르게 한다. "이 세상의 골칫거리는 사람들의 무지에서 오는 것이 아니라 쓸데없는 것들을 너무 많이 아는 데서 온다." 미래를 통제하는 능력을 얻으려면 우선 당신이 오랫동안 간직해온 잘못된 인식들에서 벗어나야 한다. 이것이 2장 '지금까지 미래에 대해 들어온 모든 것은 틀렸다'에서 우리가 살펴볼 내용이다.

지금까지 미래에 대해
들어온 모든 것은 틀렸다

이 책에는 유령이 살고 있다. 사람들이 미래를 생각할 때 따라 붙는 유령이다. 하지만 그들이 모르는 것이 하나 있다면 이 유령은 진짜가 아니라는 것이다. 이 유령은 마치 옛날 흑백영화의 괴물처럼 허구에 불과하다.

내가 살면서 나눴던 가장 이상한 대화가 언제였는지 묻는다면 때는 2018년, 어느 늦은 오후였다. 나는 기술 전문 잡지 〈와이어드WIRED〉의 창간 25주년을 축하하는 자리에 초대되어 샌프란시스코의 어느 야외 테라스를 만끽하고 있었다. 2018년은 내가 퓨처리스트로 활동한 지 25주년이 되는 해이기도 했기에 〈와이어드〉의 편집자가 내게 연설을 부탁했다.

"좀 이상하고 개인적인 이야기를 해도 되나요?" 내 옆에 앉은 젊은 여성이 바다를 내려다보며 내게 물었다. 그의 이름은 오드리로 우리는 최근에 한 영화사 프로젝트에서 함께 일하며 알게 된 사이였다.

"말씀하세요." 내가 말했다.

그러자 오드리는 얼마 전 꿈에서 목격했던 드론과 로봇, 증강현실이 미쳐 날뛰는 종말 후의 세상을 생생하고 자세하게 설명했다.

"공상과학 영화 같은 꿈이네요." 내가 말했다.

"맞아요!" 얼굴이 환해지며 그가 소리쳤다. 계속해서 어두운 내용으로 이어지는 꿈을 들려주는 그의 이마가 잔뜩 찌푸려졌다. 자아를 가진 로봇들. 도로를 벗어나는 자율주행 자동차들. 갑자기 자신을 찾아온 어머니(마치 공상 영화 속의 사건 같은 상황이다!). 가짜로 밝혀지는 어머니의 정체(너무나 당연하게도!). 어느 순간 꿈속의 오드리는 증강현실 고글을 벗고 그가 살고 있다고 생각했던 미래의 도시가 사실 폭탄으로 파괴된 전쟁터라는 현실을 깨닫는다. 심지어 그는 불타오르는 시체 냄새도 묘사했다. 루프톱 위의 근사한 파티와는 아주 대조적인 대화 주제였다.

"정말 무서운 꿈이었군요, 오드리." 내가 말했다. 연설이 시작되기 몇 분 전이라 자리를 떠나며 양해를 구해야만 했다. "하지만 제가 가기 전에 말해주고 싶은 게 있는데요." 내가 덧붙였다. "오드리 씨의 악몽은 현실이 되지 못할 거예요. 인류가 그

꿈을 두고 보기만 하지 않을 테니까요. 통제권은 인간에게 있습니다. 특히나 기술에 관해서라면 인간은 항상 그 중심에 서 있을 거고요. 당신의 악몽은 기술을 통제하지 못해서 일어났다기보다는 사람으로서 중심을 잘 잡지 못해 일어난 일들이었을 뿐이에요."

오드리의 꿈은 이 책에 붙은 유령의 좋은 예시다. 대부분의 사람처럼 오드리는 자신의 무력감을 가장 두려워하고 있었다. 두려움이 오드리의 악몽을 만들어냈다. 그의 어머니는 진짜 어머니가 아니었다. 그가 살던 도시는 그가 생각했던 도시가 아니었다. 잘 안다고 생각했던 현실은 현실과는 전혀 달랐다. 무언가가 그의 현실을 조종하고, 그가 만나는 사람들과 그가 보는 사물들을 통제하려 들었다. 그 무언가에는 힘이 있었다. 오드리의 악몽에서는 증강현실이 그의 현실을 조종했다. 증강현실이 실제로 존재하는 기술이었기에 오드리의 공포는 배가 될 수밖에 없었다. 그러나 오드리의 악몽은 사실 자신의 미래를 통제할 수 없는 두려움에서 비롯되었을 뿐이다.

이번 장에서는 미래에 대해 좀 더 자세히 살펴보겠다. 또 우리 사회에 만연하는 관념처럼 어둡고, 반 이상향적이고, 공포를 전제로 하는 미래는 영화에서나 나올 법한 특수효과처럼 허구에 지나지 않는다는 사실도 배울 것이다. 영화 속의 괴물이 사실은 무엇으로 만들어졌는지 알아차렸을 때처럼, 우리가 두려워하는 미래가 무엇으로 이루어졌는지 아는 순간 두려움은 웃음마저 자아낸다.

지금부터 몇 가지 핵심적인 진실들을 통해 잃어버린 통제권을 완전히 되찾고, 당신의 미래에 다시 산소를 공급할 수 있도록 돕겠다.

▌진실 하나:
▌미래는 고정되어 있지 않다

눈을 감고 미래를 상상해보자. 무엇이 보이는가? 노인이 된 당신이 어느 먼 도시의 거리나 해변을 거니는 모습이 보일 수도 있다. 자녀가 있다면 어느새 성인이 된 아이들과 손주들이 보일 수도 있다. 아니면 변해버린 도시 경관이나 기후 변화의 영향으로 달라져 버린 삶의 모습이 떠오를지도 모른다. 요점은 당신이 어떤 미래를 상상하든, 당신이 상상하는 미래의 순간은 결과값이 고정된 모습으로만 떠오르기 마련이라는 것이다. 왜냐하면 당신은 지금까지 시간이란 이미 형태가 뚜렷한 미래로 향하는 것이라고 믿도록 세뇌되어 왔기 때문이다. 미래가 마치 운명이나 숙명처럼 이미 정해진 길이라고 말이다.

내 생각은 어떤지 궁금한가? 운명은 바보들이나 믿는 것이다. 좋게 말하면 책임 회피고 나쁘게 말하면 거짓말에 불과하다. 당신이 어떻게 미래를 다루는 방식을 배웠는지는 모르겠지만 다시 생각해보길 바란다.

이 책은 당신이 원하는 미래를 상상하고, 디자인하고, 이루어내는 방법을 가르치기 위해 쓰였다. 그 과정에서 우리는 당신이 원하지 않는 미래를 피하는 방법도 배울 것이다. 많은 이들에게 미래는 사각지대와도 같다. 보통 사각지대가 존재한다는 것은 알고 있지만 사각지대가 어디에 있는지 알아채기는 힘겨워한다. 이것이 내가 존재하는 이유다. 당신도 충분히 미래를 볼 수 있다. 미래를 보는 과정의 첫 단추는 지금까지 미래에 대해 들어온 모든 것이 틀렸음을 이해하는 것이다. 꽤 거창하고 포괄적인 이야기처럼 들리지만, 조금만 기다려 준다면 지금 설명해보겠다.

모두에게 해당하는 말이지만 특히 힘이나 영향력을 가진 사람들이 미래에 대해 논하는 방식은 완전히 틀려먹었다. 당신은 그동안 권위 있는 방송인이나 정부 관계자가 단어만 조금 바꿔서 하는 다음과 같은 말을 몇 번이나 들어보았는가?

- "미래에는 로봇들이 사람의 직업을 모두 빼앗아 갈 것이다."
- "××××년에는 사람이 운전할 기회가 사라지고 자율주행 자동차가 의무화될 것이다."
- "미래에는 건강보험 회사들이 우리 몸에 칩을 심어 감시할 것이다."

이는 미래를 최종 종착지처럼 묘사하는 표현들이 얼마나 잘
못되었는지를 보여주는 예시다. 이 예시들은 미래를 꼭 우리
가 향해 가야 하는 장소처럼 표현했지만 이는 사실이 아니다.
미래를 마치 아이오와주에 있는 도시 디모인처럼 우리가 직접
찾아갈 수 있는 장소로 표현했지만 이는 사실과 다르다. 오해
는 말라. 나도 여행한 적 있는 디모인은 분명 아름다운 도시이
다. 요점을 이해했길 바란다.

우리는 미래를 불가피한 대상으로 취급하기도 한다. 우리가
미래를 특정한 장소처럼 취급하는 것과 같은 맥락이다. 마치
좋든 싫든 당신은 디모인에 가게 될 것이라는 태도처럼 말이
다. 다시 한번 말하지만, 이는 사실이 아니다(그리고 다시 한번 말
하지만 디모인에 악감정이 있는 것은 아니다!). 세상에는 다양한 미래
가 존재한다.

미래는 고정되어 있지 않고 우리는 무력하지 않다. 그렇다
면 지금부터 이 정보를 가지고 무엇을 해야 할까? 해야 할 일
은 간단하다. 당신의 미래에 활발히 참여하면 된다. 한 걸음 물
러서서 미래가 일어나기만을 기다리면 안 된다. 디모인에 가
기 싫다면 가지 말아라. 더 중요하게는 다른 사람이 당신의 미
래를 정의하도록 내버려 두지 말아라. 다른 사람이 당신의 미
래를 정의하기 시작하면 그 끝이 좋을 수가 없다. 당신에게는
미래를 원하는 형태로 빚어낼 만한 능력이 충분하다. 그 힘을
어떻게 사용할지는 당신에게 달렸다.

어려운 일처럼 들릴 수 있다는 것을 잘 안다. 대부분의 사람은 미래를 고민하느라 밤낮을 지새우지 않는다. 꼭 그래야 하는 이유가 있을까? 하루는 바쁘고, 미래를 고민하는 일이 우리의 직업인 것도 아니다. 가족을 챙기고 학교와 직장에 다니기만도 벅차다. 많은 이들에게는 당장 저녁에 무엇을 먹을지 생각하는 것도 충분히 퓨처리스트다운 행동이라고 본다. 그것도 나쁘지 않은 일이다.

진짜 문제는 사람들에게 미래를 생각할 만한 매체나 여건이 주어지지 않는다는 데서 온다. 이것 역시 내가 존재하는 이유다. 내 아내는 종종 내가 10~15년 후의 미래에서 살다가 주말에만 잠시 집에 들리는 사람처럼 느껴진다고 말한다.

그러니 나는 당신을 도울 수 있다. 미래를 바라보는 새로운 방식을 배우는 것. 이것이 바로 내가 이 책을 쓴 이유이자 당신이 이 책을 읽고 있는 이유다. 물론 내가 당신의 미래를 대신 말해줄 수는 없다. 당신 말고는 그 누구도 당신의 미래를 말해줄 수 없다. 이것이 당신의 미래를 알고 있다고 말하는 사람들을 경계해야 하는 이유다.

다시 강조하지만 당신 말고는 아무도 당신의 미래를 알지 못한다. 나는 적절한 도구를 제공해 당신을 도울 뿐이다. 당신이 원하는 미래에 사는 자신의 모습을 상상하는 방법은 물론, 그 미래에 도달하는 데 필요한 실용적인 방법도 단계별로 보여주겠다.

이제 미래는 이미 결정된 종착지가 아니며, 당신에게는 다른 형태의 미래로 향할 능력이 충분하다는 것을 배웠다. 그렇다면 이번에는 이렇게 묻겠다. 지금부터는 어디로 가고 싶은가? 당신이 원하는 미래는 무엇인가? 이 질문에 답하려면 당신의 미래에서 자신의 모습을 상상하고, 내일을 위해 새로운 꿈을 꿔야 한다. 그리고 이것이 미래에 대한 두 번째 진실로 가는 길을 제시한다.

▌진실 둘:
▌미래는 공상과학 영화가 아니다

자신의 미래를 상상할 때면 사람들은 자연스럽게 공상과학을 떠올린다. 지극히 자연스러운 현상이다. 공상과학은 미래에 초점을 두고 만들어졌으며, 우리는 평생에 걸쳐 공상과학을 다루는 미디어에 노출되기 때문이다. 우리는 미래를 주제로 한 이미지나 영화를 보며 우주여행(〈마션〉, 〈애드 아스트라〉, 〈그래비티〉), 미래 도시(〈마이너리티 리포트〉, 〈헝거게임〉, 〈제5원소〉), 자율주행 자동차(〈토탈 리콜〉, 〈트랜스포머〉), 로봇(〈아이 로봇〉, 〈에이 아이〉, 〈터미네이터〉), 그리고 사람보다 똑똑한 기계(〈그녀〉, 〈엑스 마키나〉, 〈2001 스페이스 오디세이〉)가 공존하는 미래의 모습을 상상해왔다.

공상과학은 풍요롭고 경이로운 미래의 무한한 가능성을 보어준다. 그러니 우리가 우리의 미래를 상상할 때도 공상과학의 내용을 받아들이면 될까? 이 질문에 먼저 답하자면 답은 '안 된다'이다. 공상과학 자체가 전혀 사실이 아니기 때문이다. 자, 지금부터 설명해보겠다.

우선 아직도 알아차리지 못했을 수도 있는데, 나는 과학과 공상과학의 모든 것을 사랑하는 덕후다. 그것도 엄청난 덕후다. 아까도 말했듯이 나는 공상과학 소설가이기도 하다. 내 소설 《워: 마법사와 로봇WaR: Wizards and Robots》은 마지못해 모험에 휩쓸려 버린 10대 소녀가 시간을 여행하는 사이보그들과 함께 나쁜 로봇에 맞서 싸우며 지구를 지켜내는 이야기를 들려준다. 이 정도만 설명해도 내가 얼마나 공상과학에 푹 빠져 있는지 알 수 있을 것이다. 솔직히 어느 누가 지구의 대도시를 지켜내기 위해 거대한 기계들과 싸우는 영화를 사랑하지 않을 수 있단 말인가?

하지만 더 솔직하게 말하자면 학교 컴퓨터실에서 공상과학 소설을 읽던 열 살짜리 소년이 어른이 되기로 마음먹는 순간 모든 것이 달라졌다. 공상과학은 누가 뭐래도 재미있지만, 미래를 진지하게 고민하고 싶다면 깨끗이 잊어버려야 한다. 미래는 공상과학처럼 돌아가지 않는다. 공상과학에서 즐거움을 얻되, 인생 계획을 공상과학에 기반해 세우면 안 된다.

이를 더 잘 설명하기 위해 자신이 상상하는 미래를 이뤄내는 여러 방법에 통달한 내 친구이자 인생의 조력자를 소개하겠다.

세계가 만나는 연구실

로스앤젤레스 시내에 있는 서던캘리포니아대학교USC는 명성이 높은 학교로 그중에서도 영화학과가 가장 유명하다. 조지 루카스George Lucas와 론 하워드Ron Howard를 비롯한 수많은 일류 영화 제작자들을 배출한 이 대학은 자연히 젊은 영화 제작자와 작가들에게 매력적인 장소일 수밖에 없다.

차에서 내리자 섬세하게 배색된 유리창과 무어 양식의 첨탑이 어우러진 슈라인 오디토리엄이 나를 반겼다. 이 연주회장에서 그동안 그래미상, 오스카상, 에미상을 포함한 권위 있는 시상식이 개최되었다. USC 캠퍼스 주변의 건물들처럼 우뚝 솟은 야자수로 둘러싸인 연주회장은 할리우드의 위엄을 상기시킨다.

연주회장의 모퉁이를 돌면 영화 〈백 투 더 퓨처〉와 〈포레스트 검프〉의 연출가 로버트 저메키스Robert Zemeckis의 이름을 딴 저메키스 디지털 아트 센터를 찾아볼 수 있다. 연주회장으로 들어간 나는 USC의 교수이자 월드 빌딩 미디어 랩World Building Media Lab의 책임자인 알렉스 맥도웰Alex McDowell과 만날 수 있었다.

당신에게 미래에 대해 생각하는 방법들을 알려주려면, 우선 미래에 대한 이야기를 쓰는 것이 직업인 사람과 만나야 한다고 생각했다. 알렉스가 바로 그 사람이다. 알렉스의 수많은 업적 중에서도 그는 스티븐 스필버그Steven Spielberg의 영화 〈마이너리티 리포트〉와 2013년에 상영된 슈퍼맨 리부트 〈맨 오브

스틸〉의 프로덕션 디자이너로 잘 알려져 있다.

남부 캘리포니아의 날씨는 언제나 쾌청하다. 알렉스를 만난 날 역시 마찬가지였다. 우주정거장, 미래지향적 건물들의 축소 모형과 열정적인 학생들로 가득한 월드 빌딩 미디어 랩에서 알렉스를 찾을 수 있었다.

"여기예요, BDJ." 알렉스가 자신의 사무실 방향으로 손짓하며 나를 불렀다. 영국 출신인 알렉스의 억양은 그가 하는 모든 말이 깊이 있고 지적으로 들리게 했다. 심지어 화장실이 어디 있는지 알려줄 때조차 그렇게 느껴졌다.

"미래를 상상하는 일에 관해 이야기 나누고 싶습니다." 간단한 인사를 나눈 뒤 내가 말했다.

"바로 찾아오셨습니다." 그가 웃으며 대답했다. "미래를 상상하는 것이야말로 우리가 여기서 하는 일이죠." 알렉스는 건물 한편에서 학생들이 열심히 만들고 있는 수중 대도시 모델을 가리켰다.

"저도 그렇게 느꼈어요." 내가 말했다. "하지만 공상과학 영화 안의 미래와 현실의 미래를 상상하는 건 분명히 다른 일이죠."

"정확하시네요." 알렉스가 의자에 몸을 기대앉으며 동의했다. 그의 어깨 뒤로 청명한 하늘 아래 늘어진 야자수가 보였다. "공상과학 영화의 요점은 좋은 이야기를 들려주는 데 있습니다. 좋은 이야기가 관객을 끌어들이고, 관객 수는 수익을 올리고, 많은 수익은 영화사 임원들을 기쁘게 하죠. 할리우드의 모든 영화가 그렇듯 공상과학 영화도 수익을 목적으로 만들어집니다. 우리 같은 사람들에게는 다행히도 스릴 있는 이야기들이 인기가 좋습니다. 사람들은 흥분되는 이야기를 갈망해요."

"상업성에 관해 말씀하신 부분이 와 닿네요." 내가 말했다. "미래를 다룬 영화를 보는 사람들은 영화는 영화일 뿐이라는 걸 기억할 필요가 있어요. 이 영화는 오로지 사람들 주머니에서 13.50달러를 꺼내게 하려는 목적으로 만들어졌다는 사실을 말이에요. 요즘 영화표 값이 정확히 얼마인지는 모르지만요."

"맞아요." 알렉스가 말했다. "그리고 별로 대단한 일도 아니죠. 그게 제 직업이에요. 저는 스필버그나 핀처Fincher나 길리엄Gilliam 같은 감독들과 함께 그들만의 방식으로 엄청나게 짜릿하지만 실제로도 있을 법한 세계를 만들어왔어요. 가상의 세계가 그럴듯할수록 관객들은 스크린 안에서 일어나는 이야기가 현실에서도 일어날 법하다고 느끼죠. 〈마이너리티 리포트〉를 예로 들자면 제작 기간 내내 다양한 과학자, 인류학자, 전문가들과 많이 대화하며 우리가 만드는 세계가 최대한 현실감 넘치도록 노력했어요. 관객을 사로잡으려면 우리가 구상한 절망적인 세계가 실제로 찾아올지도 모른다고 믿게 만들어야 했습니다."

"방금 말씀하신 절망감도 중요한 것 같아요." 내가 말했다. "사람들은 갈등과 극적인 상황이 있는 영화를 찾게 되니까요. 완벽한 주인공들이 어떤 나쁜 일도 벌어지지 않는 완벽한 세상에 사는 영화를 보고 싶어 하는 사람은 없죠."

"아주 지루한 영화처럼 들리네요." 알렉스가 말했다. "그 영화가 〈트루먼 쇼〉라면 또 몰라도요."

"그러게요." 내가 웃음을 터뜨리며 말했다. "하지만 미래를 다룬 공상과학 영화들이 상업적으로 제작된 상품이라는 사실을 기억할 필요는 있어요. 일부러 어둡고 디스토피아적인 분위기를 넣어야 더 훌륭하고 인상적인 영화가 되는 법이죠."

"맞아요." 알렉스가 학생들이 있는 랩 쪽을 바라보며 대답했다. "여기서 학생들에게 가르치는 게 바로 그거예요."

"정말 진지하게 미래를 상상하고 싶다면 공상과학 영화를 기준으로 삼으면 안 되겠군요." 내가 말했다. "아침에 눈을 떴는데 우리가 〈마이너리티 리포트〉 같은 공상과학 영화 속 세계에 있으면 안 되니까요."

"악몽 같은 상황일 거예요." 알렉스가 내 말에 동의했다.

"공상과학 영화는…… 재미로만 봐야죠." 내가 말했다. "인생을 계획할 때는 잊어버리는 게 좋고요."

"그렇게 생각해본 적은 없는데 정말 그렇네요." 알렉스가 자세를 고쳐 앉으며 말했다. "그 말이 맞습니다."

진실 셋:
미래에는 은밀한 비밀이 숨겨져 있다

자, 지금까지 알아본 내용을 되짚어 보자. 우선 미래는 우리가 막무가내로 돌진해 가는 고정된 장소가 아니라는 사실을 배웠다. 여기서 우리의 기분은 크게 상관없다. 미래는 공상과학 영화가 아니라는 사실도 배웠다. 이것은 아주 좋은 소식이다. 그렇다면 미래는 어떤 모습을 하고 있을까? 지금부터 미래의 세 번째이자 마지막 진실을 알아보자. 나는 이 진실을 미래의 '은밀한 비밀'이라고 부른다.

"지금으로부터 25년 후의 미래." 우렁찬 목소리가 울려 퍼진다. "당신은 완전히 변한 세상으로 이어진 문밖으로 나갑니다." 드럼 소리가 들리기 시작한다.

나는 뉴올리언스의 어느 어두운 강당 안에 앉아 영상을 보고 있었다. 미래의 도시들을 주제로 한 학회에 참석하기 위해 이곳에 방문한 참이었다. 그리고 이 영상은 개회식을 위해 주최 측에서 준비한 것이었다.

나는 그동안 이 분야에서 자주 이용되는 '비전 영상vision video'들을 숱하게 봐왔다. 후원사와 기획사들은 직접 제작한 미래의 모습으로 관중을 흥분시키고, 자신들의 전략적 사고 능력이 얼마나 뛰어난지 세상에 선보이는 것을 즐긴다.

지금쯤 눈치챘다면 나는 사실 비전 영상들을 그다지 좋아하지 않는다.

"자율주행 자동차들이 당신을 직장으로, 아이들을 학교로 데려다줄 것입니다." 미래의 의복처럼 보이는 옷을 입은 매력적인 외관의 사람들이 완벽한 미소를 띠고 있는 이미지가 계속되었다. 단조롭고 단색적인 영상이라는 뜻이다. 나는 아직도 왜 사람들이 미래에는 밝은색의 옷이나 청바지를 즐겨 입지 않으리라 생각하는지 모르겠다.

"무인 드론들이 택배와 의약품을 배달하고……." 내레이터가 계속해서 말했다. 나는 이미 듣기를 멈춘 지 오래였지만 말이다. 이런 영상들이 보여주는 기술들이 언젠가는 개발될 것을 잘 안다. 이 기술들이 우리의 일상과 도시를 부정적인 모습으로 바꾸리라 생각하는 것도 아니다.

내가 높은 제작비를 들여 만든 비전 영상을 싫어하는 이유는 이 영상들이 미래의 은밀한 비밀을 감추려는 겉꾸미기에 불과하기 때문이다.

미래를 이야기하는 사람들은 미래를 필연적으로 도달해야 하는 장소라고 생각할 뿐만 아니라, 광범위하고 거대한 변화라고 생각하는 실수를 저지른다.

여기 미래에 숨겨진 은밀한 비밀을 말해주겠다. 미래는 오늘과 많이 다르지 않은 모습을 하고 있을 것이다. 뉴욕에 가게 된다면 5번가를 찾아가자. 그리고 10년, 20년, 심지어 30년 전의 5번가와 오늘날의 5번가의 모습을 비교해보자. 거의 같은 모습임을 확인할 수 있다. 물론 거리의 차나 사람들이 입은 옷

　　　　　　　　　　　　　　퓨처리스트

은 조금 다를 수 있다. 하지만 전체적인 모습과 분위기는 그때나 지금이나 거의 다른 점이 없다.

그리고 이것은 좋은 소식이다! 인류는 크고 엄청난 변화에 잘 적응하지 못하기 때문이다. 알렉스가 말했듯 어느 날 아침 잠에서 깼는데 내가 사는 세상이 공상과학 영화 속의 세상으로 변했다고 생각해보자. 악몽 같은 기분일 것이다.

또 미래가 오늘과 거의 비슷한 모습을 하고 있다면 새롭게 배워야 하는 것들도 많지 않을 것이다. 이것들은 후에 좀 더 다루도록 하겠다.

이 비밀을 아는 것만으로도 어떤 미래를 대비해야 하는지 이해할 수 있다. 당신의 미래를 바꿀 수 있다는 사실도 이해할 수 있다. 걱정할 것이 많지 않은 미래는 생각보다 무섭지 않다.

본격적으로 더 많은 이야기를 시작하기에 앞서 마지막으로 당신이 미래에 대비하도록 도와줄 도구를 소개하겠다. 이는 방어기제라고 할 수도 있겠다. 미래를 상상하고, 디자인하고, 현실로 만드는 과정에서 당신이 원하는 것과는 다른 미래를 믿게 하려는 사람들을 만나기 마련이기 때문이다. 이 사람들의 말은 들을 필요 없다. 지금부터 그 이유를 말해주겠다.

예측과 예측하는
사람들을 조심하라

퓨처리스트로 일하다 보면 내가 미래를 예측하길 바라는 사람들을 많이 만난다. 내 직업이 미래에 관련된 분야인 탓이다. 내 대답은 언제나 같다. 나는 미래를 보는 퓨처리스트가 아니다. 사실대로 말하자면 나는 미래를 예측하기를 거부하는 퓨처리스트다. 왜냐고? 예측은 쓸모없기 때문이다. 예측은 바보 같은 짓이다.

내가 가장 사랑하는 미래 예측에 대한 명언들은 공상과학의 명장 아이작 아시모프Isaac Asimov의 로봇 이야기에서 등장한다. 아시모프는 생전에 설명의 대가로도 명성이 높았다. 그는 천문학astronomy, 생물학biology, 화학chesmistry 등 다양한 학문을 넘나들며 공상과학 소설보다 훨씬 많은 수의 과학책을 집필했다. 그가 책을 집필한 분야의 학문을 다 나열하려면 알파벳 Z까지도 막힘없이 나열할 수 있을 것이다. 아시모프가 쓴 책 중에는 성경과 세계사 관련 책도 있다.

하지만 아시모프는 미래 예측에 관해서라면 아주 분명한 자세를 취했다. 사람들은 그가 공상과학 소설가이자 과학책 작가라는 이유로 항상 미래를 예측하기를 바랐다. 사람들의 기대에 그는 이렇게 말했다.

미래 예측은 가망도 없고 감사 인사도 받지 못하는 일이다. 예측을

해봤자 조롱으로 시작해 경멸로 끝나기 일쑤다.[3]

나는 수업 첫날 항상 학생들에게 아시모프의 말을 들려준다. 이 말을 듣고도 퓨처리스트가 되고 싶다면 제대로 찾아왔다는 말도 해준다.

학생들에게 퓨처리스트는 미래를 예측하는 사람이 아니라는 말도 해준다. 우리의 직업은 미래를 맞히는 것이 아니다. 미래를 맞히는 것은 자칭 미래 전문가와 예언가들이 하고 싶어 하는 일에 불과하다. 그들은 미래를 맞히고 싶어 한다. 이들은 자신이 했던 예측이 하나 맞아떨어지면 모두가 보는 가운데 카메라 앞에 서서 "보셨습니까? 내가 말한 대로 되지 않았습니까?"라고 말하고 싶은 사람들이다.

하지만 퓨처리스트가 하는 일은 다르다. 최소한 내가 응용 퓨처리스트로서 하는 일은 다르다.

응용 퓨처리스트는 미래를 맞히는 것이 아닌 미래를 바로잡는 일을 한다. 별로 큰 차이가 아닌 것처럼 보이겠지만 응용 퓨처리스트의 역할은 이 문장으로 전부 설명할 수 있다. 내 고객이 작은 신생 기업인지, 혹은 호주 정부인지는 상관없다. 나는 사실에 기반해 실현 가능할지도 모르는 미래와 실현 가능한 미래를 설계하는 데 그치지 않고 고객들이 최상의 결과를 얻을 준비를 할 수 있도록 돕는다. 다시 말해 그들이 자신의 미래를 바로잡고 성공을 거둘 수 있는 방향으로 디자인하는 것을 돕는다.

바로 이것이 우리가 지금부터 함께 할 일이다. 당신의 미래를 말해줄 수는 없지만 다양한 도구와 사고방식을 통해 당신이 미래를 바로잡고, 원하는 미래를 얻을 수 있도록 돕겠다.

세상에는 미래를 예측하기 좋아하는 사람이 많다. 이들은 당신의 미래가 어떤 모습일지 말해주길 좋아하고, 심하게는 당신이 어쩔 수 없는 무시무시한 미래의 모습을 말해주며 겁을 주고 싶어 한다. 황당한 일이다. 당신을 무력하게 만들고 싶은 사람들은 미래를 아주 구체적으로 예측하며 당신이 할 수 있는 일은 아무것도 없다고 말한다.

여기 당신이 자신의 미래를 디자인하기 시작하면 반드시 만나게 될 사람들을 물리칠 간단한 방법이 있다. 이들은 부정적인 미래로 당신을 공격하며 무력감을 선사하려 들 것이다. 누구든지 미래에 대해 떠들며 당신의 미래를 예측하려 든다면 스스로에게 아래의 질문을 해보자.

- 이 사람은 누구인가?
- 왜 나에게 이런 말을 하는 것인가?
- 이 정보로 내가 무엇을 하기를 바라는가?

간단한 질문들이다. TV를 보거나 노트북을 쓸 때, 혹은 헬스장이나 공항에서, 당신을 위압하는 미래의 이야기가 들려오면 하던 일을 멈추고 곧바로 활용할 수 있도록 최대한 단순하고 간결하게 만든 질문이다.

당신 집 앞의 퓨처리스트

위의 질문들은 가장 중요한 핵심으로 이어진다. 지금까지 우리는 당신의 인생에 초대되어 당신의 미래에 대해 말해보았다 (이 말을 하는 내가 마치 미래에서 온 뱀파이어라도 된 기분이 들지만 일단 넘어가도록 하겠다). 나는 앞으로도 어떠한 예측도 하지 않을 것이다. 당신의 미래도 말해주지 않을 것이다. 나는 당신이 미래를 생각하는 다양한 방식을 말해줄 수 있을 뿐이다. 당신의 미래를 찾고 이룰 수 있는 사람은 결국 당신밖에 없다.

지금부터 당신에게 퓨처리스트처럼 생각하는 방법을 보여줄 생각에 즐겁다. 당신이 이 방법을 통해 미래를 설계하는 과정을 시작할 생각에 즐겁다. 미래를 통제하는 진정한 힘은 퓨처리스트처럼 생각할 때 시작된다.

하지만 우선 마음의 준비를 위해 간단한 활동을 해보자.

간단한 질문 코너 1

첫 활동을 개시할 시간이다.

1장에서 언급했던 간단한 질문 코너를 시작해보자. 지금쯤 이 코너만을 위한 노트 한 권을 준비했길 바란다. 앞서도 말했듯이 미래에 관련된 생각과 아이디어를 모두 한곳에 기록해서 나중에 쉽게 찾아볼 수 있도록 하자. 퓨처캐스팅은 일종의 과정이다. 이 과정을 지나다 보면 당신의 노트는 가장 가치 있는 도구가 되어 있을 것이다.

활동을 시작하려면 다음의 질문들에 답하기만 하면 된다. 각 질문에 얼마만큼의 시간을 할애할지는 당신이 생각하는 방식에 따라 다르다. 커피 한잔을 마실 만큼의 시간보다는 길게 답하자. 하지만 주말 약속을 취소하고 질문에 매달릴 필요는 없다. 자, 지금부터 시작해보겠다.

❶단계 · 미래를 생각하라

미지의 존재에 대한 공포는 많은 사람이 가장 두려워하는 것 중 하나다. 미래가 두려운 이유도 같다. 미래가 인생의 거대한 사각지대처럼 느껴지는 까닭에 크고, 두렵고, 설명할 수 없는 미지의 존재처럼 느껴진다. 악순환은 여기서 시작된다. 미래를 잘 모르겠다고 느낄수록 미래가 더 두렵게 느껴진다. 두려움이 커질수록 미래는 더 보기 힘들어진다. 앞으로 소개할 활동은 당신이 이 악순환에서 벗어나 두려움을 잊도록 돕기 위해 고안되었다. 당신의 앞을 막아선 장애물에서 벗어나 자신과 소중한 사람들을 위해 더 건강한 새로운 미래를 상상할 수 있게 되리라.

미래의 무엇이 당신을 가장 두렵게 하는가?

브레인스토밍을 시작으로 활동을 개시해보자. 이 질문에 답하며 한밤중 당신을 괴롭히는 두려움을 최소한 3~4개 정도는 떨쳐 버리길 바란다. 실직이나 경제불황이 두려울 수도 있다. 혹은 자신이나 사랑하는 사람이 건강을 잃는 것이 두려울 수도 있다. 그것도 아니면 곁에 아무도 없이 혼자 늙어버리는 상상에 떨고 있을지도 모른다. 순서는 상관없다. 모두 기록하고 다음 질문으로 넘어가자.

추가 질문

- 아주 사소한 두려움이나 걱정도 좋다. 당신을 괴롭히는 두려움이나 걱정거리가 있는가?

온종일 당신의 머리를 맴도는 두려움은 무엇인가? 꼭 인생을 송두리째 바꿀 커다란 일이 아니어도 된다. 살이 찔까 봐 걱정되는가? 최신 기술에 너무 오랜 시간을 소비한다고 느끼는가?

질문 ②

가장 최근에 들었던 미래에 대한 예측은 무엇인가?

이번 장 내내 말했듯이 우리 주변에는 점쟁이들이 가득하다. 당장 뉴스만 틀어도 이런저런 예측들이 폭격처럼 쏟아진다. 꼭 TV에 출연하는 전문가가 한 말이 아니어도 좋다. 헬스장의 러닝머신에서 우연히 만난 사람이 주식 시장에서 성공할 수 있는 팁을 공유한 일도 괜찮다. 근래에 들었던 예측이 하나 이상이라면 더 좋다.

추가 질문

· **예측을 듣고 어떤 기분이 들었는가?**
· **무슨 생각이 들었는가?**

예측을 들었을 때 어떤 기분이 들었는지 간단히 적어보자. 예측을 듣는 동안 당신은 무엇을 떠올렸는가? 예측이 당신이 생각해왔던 미래의 모습을 바꾸었는가? 바꾸었다면 좋은 방향으로 바꾸었는가? 나쁜 방향으로 바꾸었는가? 이유는 무엇인가?

질문 ③

당신이 볼 수 있는 가장 먼 미래의 순간은 무엇인가?

이 질문의 답은 당신의 나이에도 영향을 받는다. 당신의 나이가 적을수록 더 먼 미래를 볼 가능성이 크다. 그래봤자 여전히 5~10년 정도의 미래밖에 보지 못한다고 해도 말이다. 아무튼, 잠시 당신이 떠올릴 수 있는 가장 먼 미래의 모습을 상상해보자. 어떤 장소가 떠오르는가? 당신 곁에는 누가 있는가? 당신의 모습은 어떻게 생겼는가? 세부사항이 아주 중요한 퓨처캐스팅에서는 구체적인 미래를 상상할수록 좋다.

- 먼 미래를 상상할 때 어떤 점이 가장 기대되는가?
- 무엇이 가장 걱정되는가?

위의 질문들은 마치 새로운 운동법을 시도할 때와 비슷하다. 생소한 운동은 평소에 사용하지 않는 근육에 자극을 주고, 생각처럼 쉽지 않다. 몸이 뻐근해지거나 짜증이 날 수도 있지만 그만한 가치가 있다. 미래를 생각하고 명확하게 표현하는 연습은 앞으로 미래를 상상하고, 디자인하고, 이루는 데 어마어마한 도움이 될 것이다.

❷단계 · 미래에 관해 이야기하라

이번에는 주변인 세 명에게 위의 질문을 그대로 해보자. 한 명은 친구, 한 명은 가족, 나머지 한 명은 직장 동료처럼 나이, 성별, 출신이 다른 사람을 선정하자. 일부러 당신과 다른 정체성을 지닌 사람들을 찾다 보면 그들의 개인적인 경험에서 우러나오는 진실한 대답을 들을 수 있다. 세대가 다른 사람, 피부색이 다른 사람, 성별이 다른 사람, 사회경제적 여건이 다른 사람. 다른 사람들의 관점과 답변이 당신 혼자서는 생각해보지 못한 여러 가지를 깨닫게 할 것이다. 나와 다른 견해는 새로운 인식과 발상의 전환을 부른다. 이는 미래에 관해 물을 때도 마찬가지다.

그럼 이제 이 세 사람에게 이메일이나 문자로 답변을 부탁하자. 혹은 전화 통화를 하거나 직접 이야기하며 대답을 기록해도 좋다. 어떤 방식을 통해서든 가능한 한 많고 구체적인 답변을 기록하도록 하자. 미래를 생각하는 것이 앞으로 숨을 쉬듯 자연스럽게 해내야 하는 중요한 기술이라면, 미래를 이야기하는 것도 그에 못지않게 중요하다. 미래에 관한 이야기는 당신뿐만 아니라 당신이 섭외한 사람들에게도 생소한 활동이라는 사실을 기억하자. 그들도 이 활동을 똑같이 생소하고 어색하게 느낄 수 있다. 어쩌면 바보 같다고 생각할지도 모른다. 자, 여기서 뜻밖의 수확도 얻을 수 있다, 이 활동은 당신 인생에 비협조적이고 해로운 사람들을 구별하고, 당신이 원하는 미래를 이루도록 도와줄 사람들을 찾아 팀을 꾸릴 수 있는 손쉬운 방법이다.

❸ 단계 · 미래를 돌보기

답변인들의 답을 비교 대조하며 이번 활동을 마무리하자. 이제 겨우 책의 2단원을 읽었을 뿐인 시점에서 당신이 미래를 보는 인식을 완전히 바꿨을 것이라고는 생각하지 않는다. 그래도 지금의 당신이 보는 미래와 답변인들이 보는 미래 사이에 분명한 차이점이 보이길 바란다. 당신은 그들보다 먼저 자신과 미래 사이의 관계를 새롭게 정의하는 과정을 시작했으니 말이다.

미래를 돌보는 행위가 중요한 이유는 그것이 우리에게 생각할 시간과 여유를 주기 때문이다. 대부분의 사람은 자신이 원하는 미래를 생각하거나 다른 이들과 이야기하며 미래를 돌이킬 만한 시간을 허락하지 않는다.

질문

· **지금까지 무엇을 배웠는가?**

- 여전히 전과 같은 미래를 원하는가?
- 지금까지 배운 것이 당신이 상상하는 미래를 바꾸었는가?

당신의 미래는 고정되어 있지 않다. 미래가 바뀔 수 있듯이 당신도 바뀔 수 있다. 변화를 시작하는 과정에서 당신이 만들어 나가는 미래의 방향이 바뀌어도 괜찮다. 사실 이는 긍정적인 일이다. 미래를 돌보는 행위는 미래를 바로잡을 만한 여유를 준다.

나는 끊임없이 내 인생을 퓨처캐스팅하고 있으므로 그 차이는 좀 더 분명하게 드러난다. 다음은 내가 수년 동안 이 활동을 통해 발견한 몇 가지 패턴이다.

- **심판의 날을 걱정하는 경향이 있음.** 미래를 상상하는 사람들이 너무나 즉각적으로 최악의 상황을 떠올리는 모습은 항상 충격이었다. 죽음을 예로 들어보자. 죽음은 반드시 찾아온다. 그러나 이 사실을 계속 곱씹을 필요는 없다. 대신 당장 눈앞에 닥친 문제를 통제하는 데 집중해보자. 나는 잘 먹고, 열심히 운동하고, 해마다 건강검진을 받는 등 내가 통제할 수 있는 나의 신체적, 정신적 건강을 통제하기 위해 노력한다. 나의 낙관적인 인생관은 퓨처리스트로서의 경험이 내게 선사한 최고의 선물 중 하나다. 낙천주의자가 되거나 비관주의자가 되거나, 긍정적인 사람이 되거나 부정적인 사람이 되는 것은 개인의 선택에 달렸다. 단 하나의 정답은 없다. 모든 것은 당신에게 달렸다. 긍정적인 미래를 선택하는 일에는 강력한 힘이 있다. 당신도 이 힘을 느낄 수 있길 바란다.

- **예측을 대충 흘려듣지 못함.** 다시 말하지만, 미래를 예측하는 것은 바보 같은 짓이다(퓨처리스트가 하는 말이니 믿어도 좋다). 내 직업은 미래를 예측하는 것이 아니다. 나는 사람들과 단체가 다양한 미래를 설계하고 가장 좋은 선택을 하도록 돕는다. 당신의 인생을 퓨처캐스팅하고자 한다면, 다양한 미래의 설계와 최상의 선택에 초점을 맞추는 데 집중해야 한다. 미래를 예측하려 들지 말자. 대신 미래를 위해 항상 만발의 준비를 하는 데 집중하자.

- **디스토피아적인 시선으로 미래를 바라봄.** 원한다면 할리우드 영화를 탓해도 좋다. 사람들은 극도로 어둡게 묘사된 미래의 이야기에 열광한다. 나도 공상과학 스릴러물을 좋아하는 사람 중 한 명이다. 그러나 영화 스크린이나 소설 속의 광경은 사람들을 즐겁게 하는 일이 직업인 사람들이 만들어낸 허구의 이야기에 불과하다. 실제 세상의 미래는 전혀 다르다. 여기서 당신의 나이는 크게 중요하지 않다. 우리가 아는 세상은 우리가 죽기 전까지 크게 달라지지 않을 것이다.

자, 여기까지 첫 번째 간단한 질문 코너를 마쳤다. 스스로를 칭찬해주자. 아니, 시늉만 말고 정말로 자신에게 박수를 보내자! 손뼉을 치지 않겠다면 최소한 잠깐 하던 일을 멈추고 뿌듯한 기분을 만끽하자. 헬스장에 가거나 조깅을 하는 것처럼 우리가 한 활동에도 많은 수고가 든다. 힘들여 끝마쳤다면 잠깐 자신의 수고를 인정해주는 시간이 필요하다. 답변을 제공한 사람들에게 진심 어린 감사 인사를 건네는 것도 잊지 말자!

다음 장을 포함한 책의 나머지 부분에서는 퓨처리스트처럼 생각하는 방법에 대해 알아보겠다.

다음 장에서는:
본론으로 들어가자

미래에 대해 들어왔던 고질적인 미신을 바로잡았으니 비로소 진짜 미래의 모습을 마주할 차례다. 우리는 이제 퓨처리스트처럼 생각할 준비를 마쳤다. 3장에서는 퓨처캐스팅 과정과 나만의 단계적 방법론을 소개해보겠다. 퓨처캐스팅 과정을 통해 자신이 원하는 미래를 성공적으로 정의하고 쟁취한 다양한 사람들의 이야기도 들려주겠다.

3

퓨처리스트처럼
생각하기

"당신이 미래를 예견한다고요?" 한 여성이 의심에 찬 말투로 물었다.

"아뇨, 전혀 아니에요, 미라 씨." 그의 옷깃에 붙은 이름표를 확인하며 내가 대답했다. "저는 앞으로 일어날 가능성이 있는 자신의 미래를 찾을 수 있도록 도울 뿐이에요."

댈러스 시내에 자리한 어느 대규모의 에너지 기업. 나는 기업의 회의장 앞에 서서 워크숍을 준비하고 있었다. 단순히 기업의 미래뿐만 아니라 에너지 산업 전체에 일어날지도 모르는 미래를 설계하기 위한 워크숍이었다.

"지금부터 이틀 동안 긍정적이고 부정적인 모습의 미래를 모두 살펴보고, 회사가 옳은 방향으로 나아갈 수 있도록 지도

하겠습니다." 내가 덧붙이며 말했다.

"아니, 그래서…… 당신이 미래를 볼 수 있다고요?" 미라가 아직도 믿지 못하겠다는 표정으로 물었다. 방 안의 모두가 우리의 대화를 숨죽이며 듣고 있었다. 미라뿐만 아니라 다른 경영진들도 같은 생각을 하고 있음을 알 수 있었다. 미라에게는 자신의 의심을 입 밖으로 꺼낼 만한 용기가 있었을 뿐이다.

"꼭 그런 건 아니에요." 내가 미소를 지으며 답했다.

다소 적대적인 분위기 속에서 워크숍이 시작되었지만 사실 나는 이런 종류의 논의를 오히려 즐기는 편이었다. 사람들의 진심과 편견을 가능한 한 빨리 알아내는 것이 내게도 좋기 때문이다. 퓨처리즘Futurism을 믿지 않는 사람은 차고 넘친다. 앞에서 이미 한참 설명했듯이 우리 대부분이 지금까지 미래에 대해 들어온 모든 것은 틀렸기 때문이다. 당연히 나 같은 사람이 나타나 지금까지 알고 있던 것과 다른 미래를 제시하면 의심의 눈길을 보낼 수밖에 없다. 충분히 이해한다.

"저는 퓨처리스트입니다. 여러분 같은 사람들이 미래를 탐구할 때 필요한 도구와 과정을 아는 사람이죠." 내가 계속해서 말을 이었다. "미리 말하자면 저는 에너지의 미래에 대해서는 전혀 아는 게 없는 비전문가입니다. 하지만 여기 모이신 분들께서는 다르죠. 저희는 오늘 제가 알고 있는 과정과 여러분의 전문지식을 이용해 에너지의 미래를 함께 탐구해볼 겁니다."

미라가 고개를 저으며 회의실 탁자 위에 있는 유리병을 들어 자신의 컵에 물을 따랐다. 더 하고 싶은 말이 있었지만, 워크숍이 시작하기도 전에 분위기를 망치고 싶지 않아 예의를 지키려 노력하는 모습이었다.

"제게 미래를 보는 능력은 없지만 미래를 바꾸는 방법은 보여드릴 수 있습니다." 내가 자신 있는 태도로 덧붙였다.

"잠깐, 뭐라고요?" 미라의 질문이 다시 한번 사람들의 이목을 끌었다. 그는 내게 할 말이 더 있다고는 생각지도 못하는 눈치였다.

"저기, 올해 슈퍼볼은 무슨 팀이 이길지부터 말해주면 안 되나요?" 탁자 반대편에 앉은 남자가 웃으며 끼어들었다. 이 남자의 이름은 프랭크로, 나를 이 기업에 초청한 매니저였다. "그런 미래야말로 정말 도움이 되니까요!"

"할 수만 있다면 정말 알려드리고 싶네요." 내가 말했다. "하지만 여기 있는 카우보이스^{Dallas Cowboys(국 텍사스 주의 미식축구팀-옮긴이)} 팬들을 화나게 하고 싶지 않습니다." 방 안에 더 많은 웃음소리가 울리며 사람들의 긴장도 풀리기 시작했다. 스포츠 관련 농담만큼 회의실을 편안한 분위기로 만드는 것도 없다.

"하지만 농담이 아니라 저는 미래를 예측하는 사람이 아닙니다." 내가 말을 이었다. "그래도 지난 몇 년 동안 단순히 실현 가능할지도 모르는 미래와 실현 가능한 미래가 무엇인지 알아내고, 그 미래의 방향을 바꾸는 방법을 배울 수 있었죠. 그 방법은 바로……." 나는 문장을 끝맺지 않는 극적인 연출로 사람들의 주의를 내게 집중시켰다.

"그 방법은 바로?" 미라가 물었다.

"제발요, BDJ, 다들 애가 타 죽을 지경이에요." 프랭크가 회의실 탁자를 조금 과하다 싶을 정도로 세게 내려치며 말했다.

"미래를 바꾸려면 먼저 여러분이 말하고자 하는 미래의 이야기를 바꿔야 합니다." 내가 말했다. "미래의 당신이 살아가는 이야기를 바꿀 수 있다면 지금까지와는 다른 결정을 내리기 시작할 겁니다. 그리고 그 결정들이 당신을 전혀 다른 형태의 미래로 인도합니다. 아주 간단하죠. 여러분과 유사한 기업들뿐만 아니라 정부 기관과 군사 시설도 모두 같은 과정을 거쳤습니다. 이야기를 바꾸면 미래를 바꿀 수 있습니다. 퓨처캐스팅의 가장 중요한 첫걸음이죠. 지금 당장 함께 시작해보겠습니다."

가장 의심이 많은 미라가 내게 조금 마음을 열었는지 확인하기 위해 그에게 시선을 돌렸다. 여느 최고경영진답게 미라는 표정을 숨기는 데 아주 능숙했다. 하지만 시간이 흐르며 그가 눈썹을 치켜올리거나 고개를 젓는 모습이 눈에 띄게 줄어드는 것을 느낄 수 있었다. 내게는 충분히 성공적인 워크숍의 시작이었다.

퓨처캐스팅의
1-2-3단계

그 후 이틀 동안 나는 내가 지난 30년간 개발하고 연마해온 퓨처캐스팅 과정을 미라를 포함한 그의 기업과 공유했다. 이번 장에서 당신과도 공유해보겠다.

댈러스의 경영진들에게도 말했듯이 퓨처캐스팅의 가장 중요한 첫 단계는 미래의 자신이 살고 싶은 인생의 이야기를 바꾸는 것이다. 그러려면 우선 지금까지 상상해온 미래와는 다른 미래에 사는 자신을 떠올려야 한다. 미래의 이야기를 새로 써야 하는 것이다. 새로운 이야기를 쓰는 데는 다양한 전략이 있다. 이는 잠시 후에 더 상세히 다루어보겠다. 일단은 새로운 이야기를 떠올리기 전에는 미래를 바꿀 수 없다는 점만 이해해보자.

이야기를 떠올렸다면 이제 당신을 새로운 미래로 데려다줄 원동력이 무엇인지 파악하자. 이 '미래를 위한 원동력'은 당신을 돕고 지지하는 사람들, 당신이 새로운 이야기를 향해 나아가게 할 도구들, 이미 모든 과정을 겪어본 전문가들을 의미한다. 지금부터 이 세 가지 자원을 파악하고 활용해 순조롭게 당신의 새로운 미래로 향하는 방법을 알아보겠다.

새로운 미래에 사는 자신을 떠올리고 미래를 위한 원동력이 무엇인지 파악했다면 이제는 내가 '백캐스팅backcasting'이라고 부르는 마지막 단계를 실행할 차례이다. 이 단계에서는 당신이 원하거나 원하지 않는 미래에 도달하는 데 필요한 구체적인 과정들을 정의한다. 쉽지 않게 들릴 수도 있다. 그러나 전체의 큰 과정을 점진적인 단계들로 나누다 보면 조금은 덜 어렵게 느껴질 것이다. 백캐스팅이라는 이름은 이 단계가 시간을 반대 방향으로 거슬러 올라가며 진행되기 때문에 비롯되었다. 우선 당신이 새로운 미래의 절반 지점halfway까지 도달하기 위해 무엇을 해야 하는지 상상해보자. 그다음에는 새로운 미래의 4분의 1지점partway까지 도달하려면 무엇을 해야 하는지 상상해보자. 여기까지 상상해봤다면 이번에는 지금 당장 무슨 일을 해야 하는지 상상해보자. 나는 이를 '월요일Monday'이라고도 부른다.

행동력이 퓨처캐스팅의 전부라고 해도 과언이 아니다. 퓨처캐스팅에서 가장 중요한 능력은 과정을 시작하고, 추진력을 얻고, 속도를 유지하는 능력이다. 얼마나 많은 사람의 미래가 단순히 어디서부터 시작해야 할지 모른다는 이유로 실현되지 못했는지 모른다. 너무 깊게 고민하다 분석 불능 상태에 빠져버리고 마는 것이다. 미래를 상상하는 것이 퓨처캐스팅의 첫 번째 법칙이라면 행동하는 것은 그다음으로 중요하다.

여기까지 퓨처캐스팅 과정을 쉽게 설명해보았다. 이번 장에서는 더 많은 세부사항과 예시, 활동, 전략 등을 다룰 예정이다. 퓨처캐스팅을 이용해 자신이 진정으로 원하는 직업을 찾은 여성의 이야기도 등장한다. 또한 사랑과 인간관계, 금전과 재정, 건강과 인생 등 삶의 모든 측면에 퓨처캐스팅을 적용한 사람들의 이야기도 들려주겠다. 마지막으로 당신이 직접 퓨처캐스팅을 시작해볼 수 있는 활동을 제공하며 이 장을 끝마칠 것이다.

"과정이 과정 자체다." 내가 학생들에게 수시로 해주는 말이다. 어떤 미래든 상관없다. 이 과정을 잘 적용한다면 무엇이든지 가능하다.

퓨처리스트에게 책임을 묻다

나는 10년 넘게 퓨처리스트들을 양성해왔다. 내가 가르친 학생들이 세계적으로 손꼽히는 기업, 정부 기관, 비영리단체에서 퓨처리스트로 활동하고 있다는 사실은 내게 커다란 자부심이다.

지난 8년간 나는 모든 학생들에게 첫 수업 시간 전까지 댄 가드너Dan Gardner의 저서 《앨빈 토플러와 작별하라》를 읽고 오도록 했다. 〈뉴욕타임스〉 베스트셀러에 오른 심리학과 의사 결정 관련 도서를 집필해온 댄은 오타와대학교 공공국제정책대학원의 자문 위원이자 선임연구원으로 활동하고 있다.

《앨빈 토플러와 작별하라》에서 댄은 부지런한 언론인 특유의 조사력을 발휘해 그동안 퓨처리스트들이 예측해온 미래가 얼마나 틀렸는지를 새롭게 조명했다. 이 책을 쓰던 중이었던 나는 댄에게 퓨처캐스팅을 처음 접하는 사람들이 퓨처캐스팅 과정의 틀을 어떻게 짜면 좋을지 묻기로 했다.

"제가 책을 쓰던 2009년은 사람들이 유가에 아주 예민한 시기였어요." 댄은 최근에 나눴던 통화 내용을 예로 들며 설명했다. "인류가 드디어 피크 오일(peak oil)에 도달한 건지 다들 궁금해했죠. 유가가 한계에 도달했는지 말이에요."

"저도 기억이 나요." 내가 말했다.

"그 후로 유가 관련 사건들을 제대로 예측한 사람은 아무도 없어요." 댄이 웃었다. "2009년의 당신이 오늘의 유가를 예견했다면 아마 다들 미쳤다고 했을 거예요. 미래 전문가라는 사람들도 계속해서 틀린 예측을 한다는 사실을 보여줄 뿐이죠. 우리가 아무리 넓은 식견을 가지려고 노력해도 우리의 사고는 보통 너무 좁은 편이니까요."

"그렇다면 자신의 미래를 상상하고 이루려는 비전문가들에게 어떤 조언을 해주실 수 있을까요?" 내가 단도직입적으로 물었다.

"균형이 중요하다고 말해주고 싶어요." 댄이 입을 열었다. "우리는 2개 이상의 욕망이나 발상 사이에서 균형을 유지할 줄 알아야 합니다. 우선 사람은 확실성을 추구하는 욕망을 가지고 태어납니다. 미래에 정확히 무슨 일이 일어날지 알고 싶어 해요. 그래서 우리는 다가오는 미래에서 우리가 무엇에 대비해야 하는지 정확히 알고 있다고 생각하는 전문가를 찾게 되는 거죠."

"사람들이 예측을 그대로 받아들이는 이유군요. 수용하면 안 되는데 말이에요." 내가 덧붙였다.

"맞아요." 댄이 말했다. "그리고 여기 미래는 확실하지 않고 무슨 일이든 일어날 수 있다는 발상이 있습니다. 앞서 말한 욕망과 이 발상 중 하나만 골라서 완전한 진실이라고 할 순 없어요. 둘 사이의 균형을 잘 맞추는 게 중요합니다."

"말씀하신 균형을 맞추기 위해서는 무엇이 필요할까요?" 내가 물었다.

"겸손함이라고 생각합니다." 댄이 힘주어 대답했다. "확실성을 요구하는 직업을 선택하면 크게 고생하죠. 하지만 겸손한 사람들에게는 훨씬 더 좋은 성공의 기회가 주어져요. 이 사람들은 앞으로 5년 안에 무슨 일이 일어날지 물으면 자신도 정확하게는 모른다는 걸 인정하는 사람들이에요. 그러나 이들은 곧바로 자신들의 사고 과정과 5년 안의 미래를 내다보기 위해 무엇을 할 건지 설명할 줄 압니다."

"방금 하신 말씀은 저도 학생들에게 항상 해주는 말이에요." 내가 말했다. "미래를 맞히는 게 중요한 게 아니라 바른 미래에 도달하는 게 중요한 거죠."

"미래를 향해 나아가려면 공포에 질려 고개를 떨구고 있으면 안 됩니다." 댄이 대화를 마무리하며 말했다. "알 수 없는 것에 대한 두려움에 떨며 계속 바닥만 내려다보고 있을 순 없어요. 어떤 방식으로 수평선 너머에 무엇이 있는지 생각해볼 계획을 세워야 해요. 우리는 고개를 들고 미래를 똑바로 바라볼 수 있어야 합니다."

퓨처캐스팅 과정에 깊게 빠져보자

제1단계: 미래의 자신 - 미래의 이야기를 써보자

인간이 만든 모든 위대한 것들은 상상에서부터 시작했다. 퓨처캐스팅 과정의 첫 단계는 스스로에게 다음의 질문을 던지는 데서 출발한다. 내가 원하는 미래는 무엇인가? 언뜻 들으면 놀라울 정도로 간단하지만 의외로 많은 고객이 가장 고전하는 질문이다. 그들은 자신이 어떤 종류의 미래를 원하는지 알지 못한다. 앞에서 말했던 것처럼 미래는 고정되어 있고, 불가피하고, 혹은 생각조차 하기 두렵다는 등의 다양한 이유로 이 질문에 답해볼 여유조차 갖지 못했던 것이다.

어쩌다 스스로에게 미래를 상상해도 좋다는 허락을 내린다고 해도, 상상한 미래를 현실로 만드는 수단이 부족한 경우가 태반이다. 퓨처캐스팅은 방금 말한 허락과 수단을 모두 제공하는 과정이다.

다시 1단계로 돌아가자. 당신이 원하는 미래는 무엇인가? 최대한 자세하고 명확하게 답하는 것이 중요하다.

나는 팀이라는 이름의 고객과 일한 적이 있다. 40세의 팀은 최악의 건강 상태로 고통받고 있었다. 행복한 결혼 생활, 잘 자라는 아이들, 좋은 직장. 건강 말고는 더 바랄 것이 없는 인생이었다. 그러나 점점 악화되어가는 신체적 건강이 그의 행복에 큰 골칫거리였다.

"당신이 원하는 미래가 뭔가요?" 첫 만남에 내기 물었다.

"건강해지고 싶어요." 팀이 대답했다. "좀 더 건강한 인생을 살고 싶어요."

"좋아요, 그렇다면 당신이 생각하는 건강한 인생이 정확히 어떤 모습인가요?" 내가 물었다.

"잘 모르겠어요." 팀이 말했다.

자신이 원하는 미래의 정확한 모습을 알고 있어야 한다고 말한 나는 계속해서 많은 질문을 던졌다. 개인 트레이너나 영양학 전문가가 아니어도 팀이 미래의 건강한 모습을 아주 구체적인 방식으로 생각하도록 유도하기 충분한 질문이었다. 다음 만남에서 팀은 자신의 계획을 설명했다.

"BDJ, 이게 내가 원하는 미래예요. 지금 내 체중은 102킬로그램이에요. 대학에서 라크로스를 했을 때의 몸무게였던 86킬로그램까지 체중을 줄이고 싶어요. 256인 콜레스테롤 수치는 195로, 217인 중성지방 수치는 150이나 그 이하로 낮출 거에요. 오늘 이 자리에 서 있는 저는 숨을 몰아쉬지 않고는 계단도 오르지 못해요. 제 목표는 3개월 내에 5킬로미터를 25분 안에 완주하는 겁니다."

팀에게는 이보다 더 많은 계획이 있었지만 내가 말하고자 하는 바가 무엇인지 알아차렸길 바란다. 미래에 진입하려면 구체적인 계획이 필요하다. 1장에서 언급한 것처럼 세부 사항을 펜과 종이로 직접 적거나 타이핑하는 습관이 중요한 이유다. 무언가를 실제로 적는 행위는 사고를 활발하게 한다. 눈앞에 적혀 있는 당신의 목표와 목적을 볼 때 그들은 현실에 한 걸음 더 가까워진다.

아무것도 적지 못하고 빈 종이만 바라보고 있다면 이번에는 다른 방식으로 접근해보자. 원하는 미래가 아닌 피하고 싶은 미래의 모습을 떠올려 보는 것이다. 나는 이 전략을 사이버 공격이나 갑작스러운 경제 붕괴 같은 대규모 변수를 걱정하는 회사와 기업에게도 쓴다. 이들은 대규모 변수가 사업에 부정적인 영향을 끼치는 것을 원치 않는다. 나는 이것을 퓨처캐스팅의 일부인 '위협캐스팅threatcasting'이라고 부른다. 기업뿐만 아니라 개인에게도 쉽게 적용할 수 있는 과정이다.

당신이 피하고 싶은 미래는 현재의 생활 수준을 유지할 만한 재산이 없는 미래일지도 모른다. 어쩌면 결혼 생활이 끝날까 봐 걱정될 수도 있다(실제로 많은 부부가 헤어지지 않는가? 심지어 조금만 앞선 생각을 했다면 헤어지지 않았을 문제로 헤어지는 경우가 많다). 당신이 피하고 싶은 미래를 생각하기만 해도 자연스럽게 당신이 원하는 미래로 향하게 된다. 어느 방향으로 가든지 여기서도 세부사항이 가장 중요하다. 지금 당신은 당신의 미래에 대한 이야기를 하고 있다는 것을 기억하자. 훌륭한 이야기에는 세부사항이 많은 법이다.

마지막으로 퓨처캐스팅 과정에 포함된 스토리텔링에 대해 말하자면, 미래에는 강력한 힘이 있다. 나는 내가 하는 일에 아주 진지하다. 지난 수십 년간 나는 내일이라는 공연의 가장 앞 좌석에만 앉아 커다란 단체나 일반인 가릴 것 없이 자신의 미래를 바꾸는 모습을 직접 목격해왔다. 그리고 이를 크나큰 영광으로 생각한다. 누구나 자신의 미래를 바꿀 수 있다. 당신도 당신의 미래를 바꿀 수 있다.

이런 사고방식은 당신에게 힘을 부여하고 당신의 인생을 바꿀 것이다. 우리는 꿈이 마법과 같다는 것을 잘 안다. 꿈은 우리에게 동기를 부여한다. 악몽이라면 우리 가슴 깊은 곳에 두려움을 심기도 한다. 이처럼 꿈은 우리 안에 파고들어 평범한 이야기와는 다른 방식으로 우리를 감명시킨다.

용기를 내 다른 꿈을 꾸자. 당신이 진정으로, 진심으로 원하는 미래의 꿈을 꾸자. 이것이 내가 당신에게 주는 과제이다. 이유는 간단하다. 꿈을 꾸는 것이 가능하기 때문이다. 대담한 꿈을 꾸고 그 꿈을 진정으로 믿을 수 있다면 당신의 미래도 바꿀 수 있다.

제2단계: 미래의 원동력 - 당신을 미래로 나아가게 만드는 힘

미래는 그냥 저절로 일어나지 않는다. 앞으로도 계속해서 강조할 내용이다. 미래는 당신의 인생을 긍정적이거나 부정적인 방향으로 나아가게 하는 요소들에 의해 형성된다. 당신이 스스로를 위한 새로운 미래의 이야기를 썼다면, 그 미래까지 도달하는 데 필요한 구체적인 요소가 무엇인지 알아야 한다.

앞서도 말했듯이 이 요소들은 사람, 도구, 전문가 등 세 가지 범주로 구분된다. 시간을 들여 각각의 요소를 탐구하고 정의하는 것이 중요하다. 적당히 듣기 좋은 말을 해주고 싶지는 않다. 퓨처캐스팅 중에서도 이 부분에는 많은 노동력과 시간이 필요하다. 군사 시설이나 포춘 500에 선정된 회사처럼 중요한 고객과 일할 때면 이 '미래 측성' 단계에 3~6개월의 시간을 할애하기도 한다.

미래 측성 단계에 이렇게 오랜 시간을 들일 필요는 없지만 확실히 주말 동안 해치울 수 있는 일은 아니다. 철저한 조사와 깊은 고민은 필수다. 더군다나 전에 많이 해본 생각들이 아니기에 뇌가 평소에 잘 쓰지 않는 부분을 자극하려면 시간이 걸린다. 마치 근육이 새로운 운동에 적응하려면 시간이 걸리는 것처럼 말이다. 개인차는 있겠지만 나는 내 고객들에게 미래 측성 과정에 최소 2주의 시간을 투자하라고 조언한다. 이 과정이 한 번에 끝나는 과정이 아니라는 것도 기억하자. 일단 당신이 원하는 미래로 향하기 시작했다면 종종 처음으로 돌아와 계획을 다시 살피기도 해야 한다.

이 단계가 당신을 불편하게 만들 수 있다는 사실도 유념하기 바란다. 의미 있는 일들, 특히 미래처럼 중요한 일은 가끔 사람을 불안하게 만드는 법이다. 가슴이 철렁하는 느낌, 울렁거리는 기분, 갑자기 흐르는 식은땀은 당신이 옳은 방향으로 나아가고 있다는 증거다.

진정한 변화는 불편함을 동반한다. 나는 내 고객들에게도 분명 힘들고 불편한 과정을 겪게 될 것이라고 경고한다. 이것이 우리가 하는 일이 현실에 영향을 끼칠 수 있는 이유다. 우리가 하는 일이 중요하고 결과물을 내놓는 이유다. 아무 수고 없이 이룰 수 있는 일이었다면 그저 TV 앞에 앉아 있는 것만큼이나 의미 없는 일이었을 것이다.

자, 지금부터 시작하자.

| 사람들: 당신만의 팀을 만들자 |

누구에게나 인생의 가장 큰 원동력은 사람이다. 사람이 미래를 만들어도 혼자서는 만들지 못한다. 당신이 상상한 미래를 실천하기 위한 계획을 세웠다면 이제 공동체의 도움이 필요하다. 당신을 도와줄 사람들이 필요하다. 즉, 당신만의 팀이 필요하다.

당신 곁을 지키는 이 사람들은 미래로 떠나는 여행의 동반자가 될 것이다. 우선 당신의 미래를 소중하게 여기고, 무슨 일이 있어도 신뢰할 수 있는 사람을 찾자. 가족과 친구를 가장 먼저 떠올리거나 직장 동료를 떠올릴 수도 있다. 정해진 숫자는 없지만 처음에는 적어도 5명 이상의 팀원을 모으자.

신뢰할 만한 사람을 찾았다면 그들과 만나 당신의 이야기를 들려주자. 화요일 오후 1시의 점심 약속, 목요일 출근 전 커피 한잔, 주말 스포츠 경기가 끝난 뒤 맥주 한잔처럼 정식으로 약속을 잡자. 회의실로 이동하는 중에 우연히 마주친 사람에게 당신의 이야기를 공유하지 말자. 소중한 미래는 소중하게 취급되어야 한다.

당신의 이야기를 서면으로 전해도 좋다. 어떤 방식을 선택하든 나 자신을 훤히 드러내는 기분이 들 것이다. 이것은 좋은 현상이다! 타인과 신뢰를 쌓는 가장 빠른 방법은 나 자신을 드러내는 것이기 때문이다.

당신의 이야기를 공유하는 데에는 두 가지 이유가 있다. 첫째, 책임의 척도를 만든다. 이야기를 공유하는 순간 이야기에 사실성이 더해지고 당신을 감시할 수 있는 사람이 생긴다. 내 고객 중에는 가까운 친구들뿐만 아니라 소셜 미디어에도 자신의 이야기를 공개한 사람이 있었다. 개인적으로는 소셜 미디어가 현대 사회에 끼치는 영향력에 확신이 없지만, 이 경우에는 의미 있는 역할을 했다고 본다.

우리는 이야기를 공유하며 책임감을 기르고 팀원들에게서 조언을 구할 수 있다. 팀원을 고를 때 이 사실에 유념하자. 당신에게는 자신의 생각을 분명하고 직설적으로 말하는 것을 두려워하지 않는 사람이 필요하다. 누군가는 당신의 계획이 훌륭하다고 생각할 수 있지만, 누군가는 허점을 찾아낼 수도 있다.

당신이 이야기하는 미래에는 강력한 힘이 있다. 당신의 이야기는 미래를 현실로 만들고, 당신에게 해로운 이를 탐지하기도 한다. 당신이나 당신의 계획과는 전혀 상관없는 이유로

트집을 삽는 사람이나 당신의 미래가 이루어질 것을 믿시 않는 사람들을 만날 수도 있다. 그들과의 관계가 그리 건강한 관계는 아니라는 사실을 깨닫게 될지도 모른다.

우리가 열린 마음으로 귀 기울여 주변을 살펴야 하는 이유다. 어떤 종류의 조언이든 당신의 시야를 넓힐 수 있다. 팀원과 나누는 모든 대화가 당신의 미래를 확고히 하고, 확장하고, 중심에 서게 한다. 또 당신이 미래를 공유하는 모든 이들은 미래를 향해 가는 과정 내내 당신 곁을 지킬 것이다. 기억하자. 인생은 팀 스포츠다.

그렇다면 팀원을 찾는 방법에는 무엇이 있을까? 당신의 미래에 팀원들의 능력이 반영된다면 어디서 어떻게 뛰어난 인재를 찾을 수 있을까? 한마디로 답할 수는 없어도 그동안 퓨처리스트로 활동하며 터득한 노하우를 알려주겠다.

먼저 항상 호혜적인 관계 유지에 힘쓰자. 팀원들과의 관계가 꼭 사무적일 필요는 없다. 대부분의 사람들은 조건 없이 기쁜 마음으로 남을 돕는다. 항상 대가를 바라며 남을 도와줄 필요는 없다는 뜻이다. 하지만 당신이 받은 도움을 유용한 방식으로 갚을 방법을 궁리하자. 당장 도움이 필요하지 않아도 언젠가 도움이 필요할 때 반드시 당신을 찾아달라고 당부하자. 관계의 기반을 단단하게 다져줄 것이다.

다음으로는 항상 팀원 간의 연결고리가 되도록 노력해야 한다. 팀의 규모가 커질수록 서로의 도움이 필요해지는 경우가 늘어나기 때문이다. 서로 도움을 주고받을 수 있는 사람들이 누군지 파악하는 버릇을 들이자. 당신이 구축하는 팀원들 간의 연결망이 견고한 만큼 당신의 힘도 강해진다. 항상 팀원들 사이의 연결고리가 되려는 노력이 팀의 관계를 건강하고 생기 있게 유지해준다.

다음으로 해주고 싶은 조언은 많은 설명이 필요 없다. 당신에게 해로운 관계를 피하자. 많은 사람이 자신의 미래를 해치는 관계를 끊어내는 데 어려움을 겪는다. 나도 그동안 포용의 미덕을 설파해왔지만 세상에는 절대 당신 편이 될 수 없는 사람들도 있다. 독성을 품은 관계는 가장 주의해야 하는 경고 신호다. 당신에게 해로운 관계에는 여러 형태가 있지만, 가장 흔한 예로는 당신이 그리는 미래의 모습을 지지하지 않는 사람이 있다. 당신의 야망을 질투하거나 당신이 이루려는 미래를 볼 수 있는 만큼의 상상력이 없기 때문일 수도 있다. 이유가 무엇이든 독성을 품은 관계는 당신의 성공에 위협적이다. 이런 사람들을 발견한다면 팀에서 제외하고 당신의 인생에서도 밀어내는 것이 좋다.

중요한 규칙을 하나 더 말해주겠다. 솔직해지자. 진정성은 퓨처캐스팅에서 가장 중요한 요소이다. 우선 스스로에게 솔직해지면 큰 꿈을 꿀 수 있다. 스스로에게 솔직해졌다면 이제 당신과 마주치는 사람들에게 진심으로 대하자. 네트워킹이라면 겁부터 먹는 수줍음 많고 내성적인 사람들에게 자주 하는 조언이다. 당신이 내향적인 사람이라면 모임에서 억지로 외향적인 사람인 척 연기하지 않아도 된다. 당신의 수줍음과 겸손함을 자랑스럽게 여기자. 수줍음과 겸손함은 결국 당신을 옳은 사람들에게 이끄는 힘이 될 것이다.

마지막으로 항상 인적 네트워크를 형성하는 데 힘쓰라는 말을 해주고 싶다. 퓨처캐스팅은 한 번 한다고 끝나는 과정이 아니다. 나는 진심으로 퓨처캐스팅이 인생을 살아가는 방법의 하나라고 생각한다. 실제로 퓨처캐스팅을 하며 끊임없이 당신에게 가치를 더하는 팀원들을 찾아다니다 보면 좋은 일이 생긴다. 그동안 학회나 디너파티에서 만난 사람들이 내게 얼마나 훌륭한 통찰력과 시각을 나눠 주었는지 모른다. 모임의 기회가 생길 때마다 헤어지기 전에 연락처를 교환하고 며칠 안에 간단한 인사말을 남기는 것도 잊지 않는다. 인사를 통해 가벼운 친분을 쌓거나 아예 나의 팀원으로 만들기도 한다. 인사를 하면 언젠가 그들의 전문지식이 필요할 때 부담 없이 연락할 수 있는 사이가 된다.

지금부터는 이미 앞서 해보았던 활동을 할 예정이다. 2장에서 경험한 간단한 질문 코너는 당신 편인 사람을 찾고 팀원을 모으는 첫 번째 기회였다. 이 코너를 통해 마음을 편하게 먹고 미래를 고민하는 방법도 배울 수 있었다. 열린 마음으로 당신을 지지하는 사람들과 미래에 대해 이야기할 수 있는 것이 이 활동의 핵심이다. 서로의 미래에 영향을 끼칠 수 있다는 것은 마법과도 같은 일이다. 누군가와 대화를 마친 후 긍정적인 에너지나 응원받는 기분을 느끼지 못했다면, 그 사람을 팀에 합류시킬 것인지 다시 고민하자.

간단한 성찰 코너: 불편한 대화의 힘

누군가와 불편한 대화를 나누었다면 스스로에게 다음의 질문을 해보자.

- 대화가 불편해진 이유가 무엇인가?
- 상대방이 부정적이거나 시큰둥한 반응을 보였는가? 당신이나 당신이 가진 아이디어의 핵심적인 부분을 부정했는가? 상대방의 반응이 예상 밖이었는가?
- 상대방의 관점은 당신의 도전 의식을 북돋웠는가? 상대방에게서 배운 것이 있는가?

팀원과의 대화는 긍정적인 동시에 당신의 도전 의식을 자극하고 마음을 불편하게 만들어야 한다. 당신의 의견을 대수롭지 않게 여기는 것과 도전 의식을 자극하는 것은 분명히 다른 일이다. 당신을 무시하는 사람은 당신의 가치와 인성을 제대로 알아보지 못하는 사람이다. 끔찍한 일이다. 이런 사람들은 멀리해야 한다. 한편, 긍정적인 의도로 당신을 자극하는 사람은 세상을 다른 시선으로 바라보는 기회를 준다. 축복과도 같은 일이다.

사람은 자연스럽게 불편한 상황을 피하고 싶어 한다. 아마 2장의 활동을 하면서도 느꼈을 것이다. 모두의 의견에 동의할 필요는 없지만, 최대한 가치 있는 대화를 하고 싶다면 호기심을 가지는 것도 중요하다. 우선 상대방이 한 말이 당신을 불편하게 만들었다는 사실과 그 이유를 입 밖으로 소리 내어 설명하자. 그리고 상대방이 한 말을 존중하지만 다른 방식으로 설명하거나 고쳐 말하길 바란다는 의사를 표현하자.

이런 종류의 대화를 통해 우리는 변화하고 성장하고 학습할 수 있다. 불편한 대화는 당신이 떠올리는 미래의 자신의 모습을 빚어낼 뿐만 아니라, 그 모습이 더욱 실현 가능하고 성취 가능한 대상으로 느끼게 만든다. 불편한 대화를 나눌 수 있는 적합한 사람들을 곁에 두면 미래를 현실로 만들 수 있다.

팀원을 모두 찾았다면 이제 그들과 함께 일할 최적의 방법을 고민해보자. 대화하는 데 문제가 없는 사람들도 있고, 질문에 어떻게 반응하거나 대답할지 모르는 사람들도 있다. 퓨처리스트로 일하다 보면 흔하게 마주치는 일이다. 내게 조언을 받기 위해 상당한 돈을 지불하는 회사나 기업의 사람들도 별반 다르지 않다. 그들은 보통 방어적이거나, 긴장해 굳어 있거나, 완전히 반항적인 태도로 답변하기 일쑤다. 물론 이런 일이 일어날 때마다 사적인 감정을 개입하지는 않는다. 당신도 마찬가지여야 한다(물론 당신은 내가 기업과 일할 때보다 훨씬 개인적인 수준에서 대화를 해야 할 테지만 말이다). 가치 있는 의견을 가지고 있지만 표현에 서툰 사람이라면 미리 질문 목록을 준비해가는 것이 특히나 중요하다. "제가 묘사하는 미래가 이해되시나요?"나 "제가 충분히 자세하게 설명하고 있나요?" 같은 질문을 할 수도 있다. 내가 가장 좋아하는 질문 중에는 "당신이 저였다면 이 미래를 이루기 위해 가장 먼저 무엇을 하실 건가요?"도 있다. 당신의 입장에서 생각해볼 기회는 팀원들의 참여를 유도하는 한편, 질문에 모두 답해야 한다는 부담감을 덜어주는 데 효과적이다. 대화가 끝날 때쯤 "이게 효과가 있을까요?"처럼 직접적인 질문을 해도 좋다. 이 질문을 통해 팀원은 미처 당신에게 말하지 못했던 의심을 떨칠 기회를 얻게 된다.

| 도구들: 당신을 나아가게 할 자원을 모아보자 |

당신의 미래를 건설하는 데 팀원을 모으고 조언을 얻는 것은 중요한 역할을 한다. 하지만 세상에는 사람들 말고도 또 다른 원동력이 존재한다. 바로 도구다. 도구는 사람이 아닌 물질적인 자원이다. 가능성을 내재한 이 자원은 우리가 미래를 건설하고 유지하도록 돕는다.

도구는 다양한 장소에서 찾아볼 수 있다. 개개인의 미래가 다르기 때문에 각자의 미래를 건설하는 데 필요한 원동력도 다를 수밖에 없다. 노구의 형태도 다양하다. 보통 온라인에서 디지털 상품이나 서비스의 형태로 제공되는 경우가 많다. 새 직장을 구하고, 연애 상대를 찾고, 재정 상태를 정비하는 등 목적 달성에 도움을 주는 도구가 그 예다. 특정 산업 분야에 종사하는 사람들이 네트워킹을 위해 모이는 단체도 도구의 일종이다. 사교 생활에 변화를 주고 싶은 사람들이 이용하는 주민센터나 지역의 종교 단체도 도구가 될 수 있다.

처음에는 당신이 찾아낸 도구가 너무 많거나 따로 흩어져 있다고 느껴져도 걱정하지 말자. 어차피 퓨처캐스팅 과정을 밟으며 계속해서 도구들을 정제하고 규정해야 한다. 이직을 예로 들어보자. 어쩌면 당신이 그리는 미래는 금융 관련직에서 교육자로의 길로 연결되어 있을지 모른다. 이 과정에서 친구와 가족에게 좋은 조언도 얻었다면 이제는 조금 더 구체적인 진로가 필요하다. 교육산업 현황을 다룬 책 몇 권, 당신이 사는 지역의 교육자 모임, 잠재적인 소득 감소에 대비하도록 도와줄 금융 프로그램 등을 도구로 활용하자.

최소 2주의 시간을 필요로 하는 이 단계는 항상 일직선으로 진행되지는 않는다. 퓨처캐스팅 과정을 거치는 당신이 성장하고 미래가 형태를 띠기 시작하면 당신의 도구도 자연스럽게 바뀌게 된다. 우리는 마치 둥실둥실 흔들리는 돛단배처럼 이 자원, 저 자원으로 옮겨 다닌다. 그러나 우리를 옆으로 흔드는 움직임은 방해가 되지 못한다. 우리는 마치 항해하는 배처럼 우리를 옳은 방향으로 인도하는 도구들과 함께 항상 앞을 향해 나아가고 있다.

실제로 미래 측성 단계는 한 가지 자원에 매달리지 않고 다른 자원을 자유롭게 활용하는 힘도 포함한다. 우리 인생에서 의미 있는 과정은 정해진 선 위에서 곧게 전개되지 않는다는 사실을 보여준다. 인생이라는 여행은 유동적이다. 우리는 한 장소에서 다른 장소로, 한 사람에서 다른 사람으로, 한 자원에서 다른 자원으로 흘러간다. 각각의 흐름은 우리가 전개하는 과정에 관련된 새로운 사실을 가르쳐주고, 다음에 취해야 하는 행동의 길을 보여준다.

도구는 당신이 만들고 싶은 미래에 따라 다양한 형태를 띤다. 그러나 우선 최선의 도구를 준비하기 위한 행동 지침을 알아보자. 일단 도구를 상황에 맞게 다듬는 것이 중요하다. 벽돌로 된 담을 짓기로 했다면 흙손이 필요하다. 나무 등받이가 달린 의자를 만들고 싶다면 선반旋盤이 필요하다. 퓨처캐스팅에서도 마찬가지다. 구직을 하고 있다면 링크드인LinkedIn이나 글래스도어Glassdoor 같은 웹사이트와 온라인 도구를 활용할 수 있다. 사랑을 찾고 싶은 사람은 범블Bumble, 틴더Tinder, 매치Match 같은 소개팅 앱을 활용할 수 있다. 항상 꿈꿔온 완벽한 집을 찾고 싶다면 네이버후드스카우트NeighborhoodScout, 레드핀Redfin, 질로우Zillow과 같은 도구도 유용하다. 온라인 도구보다 오프라인 도구를 선호한다면 지역 도서관에서 귀중한 책과 기사를 찾아

뵈도 좋다.

당신에게 가장 잘 맞는 도구가 무엇인지 생각해보는 것도 중요하다. 세상에는 다양한 전략적 도구와 자원이 있다. 데이터 중심적이고 분석적이거나, 감정에 기반하는 도구도 있다. 모든 상황에 두루 통용되는 도구는 없다. 당신이 선호하는 업무 방식과 과거에는 어떤 종류의 목표 지향적 전략이 잘 통했는지 생각해보자. 데이터와 분석적인 접근을 선호하는 사람에게는 소프트웨어 형태의 도구가, 감정과 기분을 따르는 사람에게는 일기 같은 도구가 잘 맞을 것이다. 스스로를 잘 알고 도구를 파악하면 미래를 알 수 있다.

나의 경우 자원을 논하다 보면 기술에 초점을 두는 편이지만 사람도 여전히 미래 촉진 단계의 중요한 자원이라는 사실을 잊지 말자. 특히 사람들로부터 유익한 웹사이트나 정보를 얻을 만한 단체 등을 추천받을 수 있다. 퓨처캐스팅을 하려면 늘 어느 정도는 탐정과 같은 면모를 보여야 한다. 도구를 찾는데 자꾸 막다른 길을 마주친다면 망설이지 말고 다른 사람에게 전화를 걸거나 이메일을 보내 조언을 구하자.

마지막으로 가는 것이 있어야 오는 것이 있음을 기억하자. 앞서 팀을 꾸릴 때는 호혜적인 관계의 유지가 중요하다고 말했다. 도구에도 같은 규칙이 적용된다. 퓨처캐스팅 과정에 도움이 될 단체를 찾았다면 그 단체를 지지할 방법을 찾아보자. 되도록 단체로 직접 찾아가기 전에 방법을 찾는 것이 좋다. 예를 들어 인맥 형성을 목적으로 하는 단체에 가입하고 싶다면 곧 열리는 행사에 자원봉사자가 필요하지는 않은지 알아보자. 봉사자가 필요하다고 한다면 첫 만남이나 통화 중에 도움을 제안해보자. 단체 담당자들의 호감을 사는 동시에 더 빠른 성공의 기회를 얻을 수 있을 것이다.

| 전문가들: 이미 경험한 사람들 찾기 |

이 단계의 퓨처캐스팅에서는 미래의 이야기에 초점을 맞추고 실행 계획의 초반부를 완성해보겠다. 마지막으로 당신에게 필요한 원동력은 전문가다. 이들은 당신의 미래를 현실로 만드는 데 필요한 정확한 방향과 정보를 제공한다.

최근 몇 년간 전문 지식은 과학과 사실에 근거한 정보와 더불어 그 위신을 위협받아 왔다. 도가 지나친 정치적 논란은 피하겠지만, 안 그래도 많은 경험을 요구하는 퓨처캐스팅에 전문가의 전문 지식이 아주 큰 역할을 한다는 말은 꼭 하고 싶다. 나는 지금도 학생들에게 1999년에 처음 발간된 훌륭한 책 《학습과학: 뇌, 마음, 경험 그리고 교육》을 추천한다. 내가 가장 좋아하는 구절에서 저자들은 "전문가는 정보에서 초보자는 알아보지 못하는 특색과 의미 있는 패턴을 찾아낸다"고 말한다.[4] 퓨처캐스팅에서 패턴의 발견은 아주 중요하다. 전문가가 퓨처캐스팅 과정에서 가장 영향력 있는 마지막 원동력인 이유이기도 하다.

당신과 유사한 길을 걸었던 사람들을 찾아보자. 건강이 좋지 않은 40대 남자 팀의 사례로 돌아가자. 그가 가장 먼저 한 일은 중년의 나이에 건강을 되찾은 경험이 있는 사람들을 찾는 것이었다. 수소문한 지 얼마 되지 않아 팀은 자신과 비슷한 경험을 했지만 결국 건강을 되찾은 대학 친구를 찾았다. 둘은 같은 라크로스팀에서 활동했던 팀메이트였다. 친구와의 대화 끝에 팀은 운동 계획을 도와줄 개인 트레이너, 식단을 짜줄 영양사, 마음의 균형을 바로잡아 줄 요가와 명상 트레이너처럼 자신의 목표 달성에 도움을 줄 전문가 목록을 만들었다. 우리의 미래는 모두 다른 모습을 하고 있다. 당신의 미래는 팀의 미래나 다른 사람의 미래와는 다르다. 당신의 인생은 당신만의 것이기 때문이다. 같은 이유로 당신만을 위한 전문가 목록도 남들과는 다르기 마련이다.

전문가 목록을 완성했다면 이제 도움을 요청하고 배울 수 있는 모든 것을 배울 차례이다. 앞서 팀원들의 조언을 받아들였을 때보다 더 많은 정보를 받아들일 수 있는 스펀지가 되어 최대한 많은 세부사항을 흡수하자. 당신이 찾은 전문가가 본받을 만한 미래를 가진 사람이라면, 그가 지금의 자리까지 오기 위해 무엇을 해야 했는지 알아보자. 비록 전문가의 미래가 당신이 염원하는 미래와 완전히 같지는 않더라도 그의 인맥, 그가 지나온 여정, 그의 통찰력, 그의 팀원이 당신을 도울 것이다.

퓨처리스트

퓨처캐스팅 과정의 대부분이 그러하듯 전문가와의 교류가 불편하게 느껴질 수도 있다. 전문가가 한 번도 만난 적 없는 낯선 사람일 경우에는 특히 더 불편할 수 있다. 하지만 전에도 말했듯이 익숙한 영역에서 벗어나려면 당연히 불편하고 힘들 수밖에 없다. 우리는 TV 앞에 앉아 관전하는 사람들이 아니다. 미래를 성취하는 것이 우리의 목표다.

전문가와 이야기하다 보면 놀라운 사실은 발견할 수 있다. 사람들은 다른 사람들을 돕기 좋아한다. 특히 전문가들은 자신이 일생을 바쳐 얻은 지식을 공유하고 싶어 한다. 전문가와 만날 때는 그들의 시간을 존중하고 만반의 준비를 해야 한다. 이 두 가지만 지킨다면 사람들이 얼마나 타인에게 베푸는 일을 좋아하는지 깜짝 놀라게 될 것이다. 성공한 사람은 누구나 열정적이고 생각이 비슷한 사람끼리 만나면 발생하는 성공의 에너지를 잘 안다. 당신이 만나는 전문가들은 당신의 조언자, 협력자, 때로는 친구가 될 것이다.

그렇다면 전문가는 어디서 찾을 수 있을까? 전문가도 우리와 같은 사람이다. 팀원을 모을 때처럼 네트워킹과 호혜의 법칙을 포함한 규칙을 따르자. 하지만 당신이 찾는 전문가는 보통 면식이 전혀 없고, 높은 자리에 있는 사람일 경우가 많다. 단순히 팀원을 모을 때보다 조금 더 신중하게 행동해야 한다는 의미다.

철저한 준비성은 누구를 만나더라도 좋은 결과를 얻는 데 일조하지만, 당신이 가치 있게 여기고 배우고 싶은 전문 지식을 가진 사람과 만날 때는 반드시 갖춰야 하는 미덕이다. 당신이 만나는 전문가의 배경(고향이 어디인지, 무슨 학교를 졸업했는지, 얼마나 오랫동안 현직에서 일했는지 등)을 미리 알고 가면 대화의 초반부를 원활하게 풀어갈 수 있다. 또 당신이 전문가에게 진심으로 관심이 있다는 것도 보여준다. 솔직해지자. 아부는 어디에서나 유용하다. 게다가 권력을 가진 사람들에게는 더욱 효과가 뛰어나다.

질문 목록을 만드는 것도 준비 작업의 일부다. 아부를 하려면 적극적으로 그들이 지나온 길과 인생에 대해 물어보자. "오늘 이 자리에 서기까지 어떤 과정을 겪으셨나요?", "여기까지 오기 위해 해야 했던 가장 중요한 일은 무엇인가요?", "과정을 겪을 때 당신을 도왔던 가장 중요한 사람들은 누구인가요?" 같은 질문이 그 예다. 당신이 꼭 만나봐야 한다고 생각하는 다른 전문가는 없는지 꼭 물어보며 그들의 인적 네트워크와 풍부한 경험을 활용하는 것도 잊지 말자.

전문가의 말을 경청하는 것도 중요하다. 물론 입을 닫고 경청해야 하겠지만, 사람은 긴장하면 필요 이상으로 말을 많이 하는 경우가 있다. 사전에 전문가를 만나고 싶었던 이유와 무엇을 배우고 싶은지 간결하게 정리해 가자. 전문가에게 말할 시간을 충분히 주는 배려도 필요하다. 전문가가 기대했던 것보다 적극적으로 대화에 참여하지 않을 경우에 대비해 추가 질문 목록도 만들어가자. 모든 전문가가 외향적인 성격은 아니다. 원하는 정보를 얻으려면 생각보다 더 많은 노력이 필요할 수도 있다.

약속 장소에 도착했다면 긴장을 풀고 자신감을 가지도록 노력하자. 물론 전문가의 시간을 존중하고 전문 지식을 따르는 것은 당연하다. 하지만 이것이 당신의 야망과 타협해야 한다는 뜻은 아니다. 당신 미래의 이야기를 쓸 때면 과감해져야 한다고 했던 말을 기억하자. 전문가와의 만남에도 같은 종류의 자신감이 필요하다. 순수하게 도움을 주기 위해 만나는 장소에서 상대방의 포부를 과소평가하는 사람은 없다고 믿는다. 하지만 무슨 이유에선지 전문가가 당신을 과소평가한다면 곧바로 당신과는 맞지 않는 사람인 것을 알 수 있다.

제3단계: 백캐스팅을 시작하자

명확한 미래의 모습을 그렸고 미래를 향해 나아가게 해줄 원동력이 무엇인지 알았다면 지금부터는 목표에 도달하기 위해 밟아야 할 정확한 단계를 알아내자. 백캐스팅을 시작할 시간이다.

고객과 퓨처캐스팅을 할 때마다 백캐스팅 시간이 기다려진다. 몇 주 동안 연구 자료와 인터뷰, 강도 높은 질문을 종합해 최악과 최상의 미래를 설계했다면, 본격적으로 우리가 배운 모든 것을 활용해 구체적인 실행 계획을 만들 차례이다. 응용 퓨처리스트가 된다는 것은 바로 이런 의미다.

보통 사람에게는 믿기 힘들 만큼 벅찬 과정처럼 보일 수 있다. 오늘 당신이 서 있는 자리와 당신이 상상한 미래 사이에 광활한 공간이 있는 것처럼 느끼기도 쉽다. 하지만 당신은 당신이 느끼는 것보다 미래에 더 가까이 서 있다. 나를 믿어도 좋다.

백캐스팅은 목표에 닿는 데 필요한 구체적인 단계들을 찾아 당신과 미래 사이의 간격을 메우는 과정이다. 다시 한번 말하지만 세부 사항은 추상적인 미래를 행동을 취할 수 있는 대상으로 만드는 중요한 역할을 한다. 세부 사항에 집중하면 광활했던 공간이 더 이상 그렇게 느껴지지 않을 것이다.

백캐스팅을 시작하기에 앞서 앞으로 해야 하는 행동을 세 단계로 나누어 보았다.

- 절반 지점
- 4분의 1지점
- 월요일

다음은 몇 년 전 내 고객 한 명이 퓨처캐스팅 과정을 머릿속에 그려볼 수 있도록 돕기 위해 준비한 그림이다. 퓨처캐스팅 초기의 원동력은 물론 백캐스팅 과정도 한눈에 볼 수 있다.

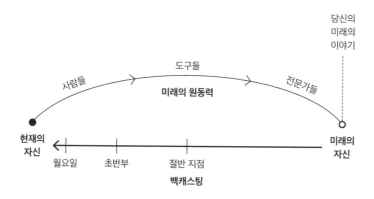

이제는 당신을 포함한 모두에게 이 그림을 나눠준다. 미래를 바꾸려면 엄청난 노력이 필요한 것처럼 보일지도 모른다. 그러나 이 그림이 미래를 변화시키는 것이 사실 꽤 간단하고 간결한 일이라는 것을 보여주길 바란다. 여기까지 이해했다면 지금부터 백캐스팅의 원리에 대해 조금 더 상세히 설명해보겠다.

| 절반 지점 정하기 |

먼저 오늘의 당신이 있는 자리와 당신이 원하는 장소 사이의 절반 지점에 도달하려면 무엇을 해야 할지 스스로에게 물어보자. 내가 자주 다루는 이직 문제를 예로 들어보자. 여기서 당신이 꿈꾸는 미래는 새로운 직장으로 이직해 새로운 업무에 익숙해지는 상황이다. 전체 과정의 시작부터 끝까지 18개월이 걸렸다고 가정해보자. 이 18개월의 절반 지점은 어떤 모습인가? 9개월이 지난 시점에는 드디어 현 고용주에게 퇴직 의사를 알릴 준비를 마칠지 모른다. 혹은 이직을 가능하게 하는 데 꼭 필요한 수업에 등록할 준비가 되어 있을지도 모른다.

세부 사항이 아직 불확실해도 괜찮다. 절반 지점은 절반 지점일 뿐이기 때문이다. 미래는 아직도 꽤 먼 곳에서 우리를 기다리고 있다. 지금 할 수 있는 만큼 최대한 구체적인 절반 지점을 설정하는 것으로 충분하다. 언제든지 실행 계획으로 돌아와 여정이 진행되며 보고 배우는 것들로 더 많은 세부 사항을 채워내면 된다.

| 다음 정류장: 4분의 1지점 |

전체 미래의 50퍼센트 만큼의 거리에서 도달할 목표를 설정했다면, 다음은 25퍼센트 만큼의 거리는 어떤 모습일지 알아볼 차례. 이번 목표는 절반 지점보다 더 찾기 쉽다. 이직을 희망하는 사람이라면 새롭게 선택한 직업군에서 일하는 데 필요한 교육 과정을 찾고 최소 세 곳의 교육 기관에 수강 신청하는 것이 될 수 있다.

4분의 1지점을 찾는 것은 즐겁다. 보통 지금까지와는 다른 방향으로 나아가기 위해 내딛는 첫걸음일 때가 많기 때문이다. 4분의 1지점은 원하지 않는 현실을 뒤로 하고 원하는 미래로 나아가기 위한 노력을 시작하는 공식적인 순간이기도 하다.

지금 당장 할 수 있는 일들, 월요일의 차례다. 보통 부담 없는 일들이 주를 이루기 때문에 백캐스팅 중 가장 쉬운 단계다. 월요일은 학비를 저금하거나 수입이 불안정할 때 쓸 돈을 모을 예금계좌를 따로 개설하는 일일 수도 있다. 월요일의 목표는 미래의 이야기를 다시 쓰거나 완성된 이야기를 들려줄 사람을 찾는 것처럼 앞서 살펴봤던 미래 촉진 과정에 포함된 목표일 수도 있다.

당신의 월요일이 어떤 모습이든 명확하고 구체적인 행동을 취하는 것이 핵심이다. 한 번 출발지를 벗어나면 당신이 상상한 미래는 당신이 상상했던 것보다 더 가깝고 더 실현 가능한 위치에 있다는 것을 깨닫게 되리라.

퓨처캐스팅의 비밀: 과정이 전부다

퓨처캐스팅은 우리가 원하는 미래를 그리고, 앞으로 나아가도록 도와주는 원동력을 찾고, 목표에 도착하기 위해 밟아야 하는 구체적인 단계의 이해를 돕는다. 간단히 말해 퓨처캐스팅은 하나의 과정이다. 그러나 결코 빨리 끝낼 수 있는 과정은 아니다. 나는 고객들에게 하루 만에 미래를 상상하고, 디자인하고, 건설할 수 있다면 아마 잘못된 과정을 따르고 있는 것이라고 말해준다. 미래에는 노력이 따른다.

퓨처캐스팅 과정을 따라가다 보면 당신이 지금까지 성취해온 것들을 끊임없이 돌아보게 될 것이다. 당신 미래의 이야기를 반복해 읽으며 이야기가 제대로 진행되고 있는지 확인하게 될 것이다. 어쩌면 당신이 지금까지 배운 것을 바꾸거나 개선해야 할지도 모른다. 혹은 더 많은 세부사항이 필요할지도 모른다. 당신에게 일어난 사건이나 새롭게 알게 된 개념이 지금까지 썼던 이야기를 각색하고 싶어지도록 만들 수도 있다. 그래도 괜찮다. 미래의 자신은 항상 움직이고 있다. 당신이 달라지면 미래도 달라진다. 과정은 계속해서 우리가 원하는 미래를 탐험하고, 단 한 가지 모습의 미래에 정착하지 않게 해준다. 진실은 이렇다. 미래는 몇 번이고 당신을 당신이 원하는 곳으로 데려다줄 움직임이자, 사건이자, 여행이다.

이제 퓨처캐스팅 과정을 배워봤으니 수잔을 소개해주고 싶다. 수잔은 막연하게 변화를 바랐으나 자신이 원하는 것이 무엇인지 확신하지 못했던 고객 중 한 명이다. 우리 중 많은 이들도 공감하듯 수잔은 자신이 지금 하는 일을 더는 하고 싶지 않다는 사실만 알고 있었다. 그는 현재의 모습은 받아들일 수 없었으나 미래는 불투명하다고 느꼈다. 퓨처캐스팅을 통해 우리는 그가 무엇이 되고 싶은지, 또 어떻게 해야 그 목표에 도달할 수 있을지 함께 알아보았다.

본격적으로 시작하기 전에 잠시 짚고 넘어갈 것이 있다. 나는 숙련된 정신과 의사와 환자 사이의 비밀 유지 의무 조항만큼 내 고객에게 철저한 보안을 약속한다. 나를 믿어준 사람들의 사생활을 존중하기 위해 이 책에 등장하는 모든 인물의 이름과 인적 사항은 실제와 다르다. 하지만 수잔을 비롯해 이 책에서 당신이 만날 사람은 모두 실제로 미래를 재구성해야 했던 실존하는 인물들이다.

무엇이 되고 싶은지 배우는 것

오전 예약 시간에 맞추어 발걸음을 서두르는 내 몸에 시카고의 찬바람이 스며들었다. 겨울의 첫날, 날씨에 비해서 입은 옷이 너무 얇았다. 미래를 그리는 대가로 먹고사는 사람이 자랑스러워할 만한 일은 아니었다. 그래도 미시간호에서 불어오는 강풍을 제외하면 아름답고 화창한 날씨였다.

부산한 거리를 벗어나 커피숍에 들어서자 따뜻하고 차분한 공기에 콧노래가 절로 나왔다. 커피숍은 수요일 오전 10시 30분에 찾아볼 수 있는 다양한 사람들로 가득했다. 큰 헤드폰을 끼고 노트북을 두드리는 학생들. 테이블을 둘러싼 관광객들은 복고풍의 보헤미안적인 분위기를 풍기며 그날의 관광 일정을 짜고 있었고, 몇몇 전문직 종사자들은 조용히 전화 통화를 하거나 이메일에 답장을 보내고 있었다.

나는 내 고객 수잔과 만나기 위해 시카고를 방문한 참이었다. 40대의 수잔은 대규모 기술 기업에서 마케팅 이사로 활동하고 있었다.

수잔과 나는 몇 년 전 어느 회의에서 만나 함께 일한 사이로 대부분의 연락은 소셜 네트워크를 통해 이루어졌다. 수잔과 마지막으로 연락한 것이 6개월 전이었기 때문에 커피를 마시자는 연락이 왔을 때는 용건이 무엇인지 감을 잡지 못했다.

수잔이 아직 도착하지 않았기에 블랙커피 한 잔을 주문해 하나 남은 빈 테이블에 자리를 잡았다. 몇 분 후 문을 박차고 들어온 수잔은 곧바로 나를 향해 걸어오더니 가방을 의자에 던지고, 가벼운 포옹을 나눈 뒤, 녹차를 주문하기 위해 뛰어갔다.

수잔의 정신없는 모습이 그가 단정치 못하다는 인상을 주었지만 나는 알고 있었다. 수잔은 회사에서도, 마케팅 분야에서도, 심지어 세계적으로도 인정받는 상당한 위치의 경영인이라는 사실을 말이다. 하지만 여전히 무언가 잘못되었다는 느낌이 강하게 들었다.

그가 테이블로 돌아오자 나는 웃으며 물었다. "무엇을 도와드릴까요?"

"제가 뭐가 되고 싶은지 모르겠어요." 수잔이 짧지만 불안해 보이는 미소와 함께 대답했다. "진짜예요, BDJ. 그동안 많이 생각해봤는데, 제가 뭐가 되고 싶은지 정말 모르겠어요." 그가 깊은 한숨을 쉬더니 나무 젓개로 녹차를 휘저었다.

무수히 많은 고객과 무수히 겪은 상황이었다. 처음으로 미래를 상상해보려 하지만 거대하고 지루하고 공허한 장소만이 보이는 상황. 고객들에게는 섬뜩하지만 내게는 조금 신나는 상황이다. 곧 퓨처캐스팅이 시작된다는 의미이기 때문이다.

"제가 지금 하는 일을 계속하고 싶지 않다는 건 알아요." 현실의 순간으로 돌아온 수잔이 계속해서 말했다. "오해는 마세요. 제 직업도 좋고 직장동료들도 좋지만 46살이 돼서도 이 일을 하고 있으리라고는 생각도 못 했어요."

"이해해요." 내가 대답했다. "그래서 무엇을 도와드릴까요?"

"저는 어떻게 해야 할까요?"

직업에 관한 조언은 내가 사람들과 가장 많이 나누는 대화 주제다. 사람들은 자신이 무엇을 하며 생계를 유지해야 하는지 알고 싶어 한다. 수잔 같은 경우의 사람들은 어쩌다 보니 종사하게 된 분야 대신 항상 원해온 직업을 가지려면 어떻게 해야 하는지 알고 싶어 한다.

이러한 질문들은 답하기 곤란할 때가 많다. 본질을 살펴보면 직장이나 진로 계획과는 관계없는 질문이고, 또 많은 사람이 대답하기 가장 힘들어하는 다음 질문의 전조일 뿐이기 때문이다. '무엇이 당신을 행복하게 만드는가?'

행복은 어렵다. 워낙 규정하기 어려운 주제이기에 행복만 연구하는 대학 과정과 연구 프로그램도 있을 정도이다. 몇 년 전 나는 수잔 같은 사람들이 행복해질 방법을 찾기 위해 관련 분야의 전문가들을 찾아갔다.

스콧 클라우티어Scott Cloutier는 애리조나주립대학교 줄리앤리

글리 글로벌 지속가능경영 연구소의 조교수이자 수석 과학자다. 그는 행복해지기 위한 기회를 최대화하는 지속 가능한 방법을 배우는 새 강좌 개설에 열중하고 있다. 애리조나주의 템피사막에서 맞은 어느 아름다운 겨울날, 나는 스콧을 만나 행복에 관해 물어보았다.

"행복은 스펙트럼입니다." 그가 의자에 몸을 기대며 말했다. "한쪽에는 슬픔이, 다른 한쪽에는 순수한 기쁨이 있죠. 행복은 스펙트럼 위의 균형을 찾는 것과 같습니다."

"그럼, 사람들이 진로 고민을 할 때……." 내가 운을 떼다 말고 말을 멈추었다. 다시 입을 열었을 때는 좀 더 구체적인 질문을 할 수 있었다. "사람들이 미래의 직장에서 일하는 자기 자신을 떠올릴 때, 방금 말씀하신 완벽한 균형을 찾는 데 도움이 될 만한 사고방식에는 무엇이 있을까요?"

"두 가지를 고려해야 합니다." 스콧이 손가락 두 개를 들어 보이며 말했다. "쾌락과 목적. 이 둘의 차이점을 알아야 해요. 쾌락은 쉽습니다. 저희는 지금 당장이라도 거리로 나가 쾌락을 얻을 수 있죠. 음식, 섹스, 술, 마약. 말만 하세요. 이 세상은 쾌락으로 가득 차 있어요. 문제는 쾌락은 순간뿐이고, 순간이 지나가면 공허함만이 남는다는 거죠. 쾌락은 우리를 행복하게 해주진 않아요."

"쾌락이 중요하지 않다면 목적이 중요하다고 생각해도 되나요?" 내가 말했다.

"맞습니다." 스콧이 대답했다. "목적은 우리를 앞으로 나아가게 합니다. 목적은 우리에게 의미를 제공합니다. 목적은 우리가 되고 싶은 사람의 모습을 꿈꾸도록 해주고, 우리 마음속에 자리 잡은 꿈은 복잡한 인생을 살아가는 데 힘이 되어주죠."

나는 내가 그동안 만나온 사람들을 떠올렸다. 화목한 가족, 커다란 집, 많은 재산을 가진, 최소한 겉으로는 부족함 없는 삶을 살고 있던 사람들이었다. 단 하나 부족함이 있다면 그들은 진정한 만족감을 느낄 수 없었다. 이 사람들을 생각하다 보니 그들이 하나같이 목적 없는 삶에 힘들어했던 것이 기억났다.

"그렇다면 사람들이 분명한 목적만 가진다면 행복으로 향하는 길도 뚜렷해질 수 있을까요?" 내가 물었다.

"네, 뚜렷해질 겁니다." 스콧이 웃으며 말했다. "쾌락으로 가득한 인생도 좋지만, 인생 전체를 놓고 길게 봤을 때 우리를 행복하게 해줄 수는 없는 법이죠."

나는 스콧과의 대화를 염두에 두고 수잔에게 몇 가지 질문을 했다. 그가 자신의 목적에 대해 생각하게 만드는 질문들이었다. 나는 수잔이 자신을 행복하게 하는 미래를 상상하고, 앞으로 수십 년의 인생을 어디서 보내고 싶은지 생각해보길 바랐다.

여러 주제를 넘나들며 한참 이야기를 나눴지만, 수잔은 도무지 명쾌한 답을 내리지 못했다. 나는 결국 그가 대답할 수 있을 만한 질문을 던졌다. "돈을 많이 벌고 싶나요?"

"뭐리고 히 셨죠?" 수잔이 말했다. 그의 얼굴에는 놀란 기색이 역력했다. "아니, 돈을 많이 벌기 싫은 사람이 어디 있겠어요? 다들 부자가 되고 싶어 하지 않나요?"

"그렇죠, 다들 부자가 되고 싶어 하죠." 내가 대답했다. "하지만 아주 일부의 사람들만이 자기가 어떤 종류의 부자가 되고 싶은지 알고 있어요."

"그게 무슨 뜻이죠?" 수잔이 나를 힐끗 쳐다보며 물었다.

"다시 물을게요." 내가 커피를 한 모금 마시며 말했다. "요트 부자가 되고 싶나요?"

"요트 부자요? 아직도 무슨 말씀이신지 잘 모르겠어요."

"요트를 살 수 있을 정도의 부자가 되고 싶나요? 아주 간단한 질문이에요."

잠시 생각에 잠긴 수잔은 곧 고개를 저으며 답했다. "아니요, 요트는 별로 갖고 싶지 않아요. 요트가 있대도 어디에 세워놔야 할지도 모르겠고요."

"잘 알겠습니다. 좋은 시작이에요. 그렇다면 저택 부자는 되고 싶나요?"

"어, 저택을 살 만큼 부자가 되고 싶냐는 뜻인가요?" 그가 물었다.

"바로 맞췄어요. 커다란 저택에 수영장, 테니스장, 차가 5대는 들어가는 차고, 관리인들을 거느릴 정도의 부자가 되고 싶은가요?

"솔직히 말해서 나쁘지 않은 생각이에요. 제 남편 패트릭은 기겁하겠지만요."

나는 여기서 잠시 멈춰 미래를 정의 내리려면 세부사항에 엄청난 주의를 기울여야 함을 설명했다. 요점을 설명하기 위해 내가 국제적인 공급망 전문 협회가 디지털 미래 시대에 대비하기 위한 계획을 수립하는 데 도움을 주었던 사례를 말해주었다. 협회의 경영진들은 자율주행차량, 빅 데이터, 인공 지능 같은 기술들이 공급망 산업에 엄청난 파동을 몰고 올 것을 알고 있었다. 그러나 이들은 언젠가 반드시 찾아올 변화에 대비하기 위해 당장 취해야 하는 구체적인 행동들을 알지 못했다. 실현 가능한 미래의 모습들을 퓨처캐스팅한 나는 협회에게 새롭게 필요한 직책을 정립하는 한편, 현재 직원들의 재교육 계획을 수립하도록 도왔다. 인력 감축을 최소화하고 산업 전반의 투명성과 지속성을 높이기 위해서였다.

"당신이 원하는 생활방식을 그릴 때도 같은 정도의 수고가 필요해요." 내가 수잔에게 말했다. "그냥 부자가 되고 싶다는 말은 부족하죠. 어떤 종류의 부자가 되고 싶은지 알아야 해요. 저택 부자가 되고 싶은가요? 아니면 집 대출금을 다 갚고 아이들 대학 등록금도 다 모으고 곧 은퇴해도 될 만큼의 저금을 모은 부자가 되고 싶은가요?"

수잔과 나는 미래를 더 상세하게 그려보며 그 후로도 한참 이야기를 나누었다. 그는 더는 마케팅 이사로 일하고 싶지 않

있다. 인타깝게도 목적을 찾고 정말 하고 싶은 일을 찾았더니 전보다 더 풀기 힘든 문제에 직면하게 된 것이다. 어쨌든 차 한 잔을 마시며 풀만 한 문제는 아니었다. 하지만 이보다는 퓨처캐스팅 과정이 시작되었다는 것이 더 중요했다. 무엇이든지 시작이 가장 힘든 법이다.

"어때요?" 내가 물었다. "다음에 다시 만나서 얘기할까요?"

"네." 그가 대답했다. "수정 구슬 잊지 말고 챙겨가세요." 아침에 만난 이후 처음으로 그의 눈썹이 조금 누그러졌다. 눈에서는 작은 미소마저 엿보였다. 미래는 여전히 불투명했지만, 일단 미래에 집중하기 시작했다는 사실이 수잔을 안도시켰다.

오전 동안 수잔과 나눈 대화가 조금 두서없기는 했지만, 나의 의도는 아주 분명했다. 나는 수잔이 퓨처캐스팅의 중요한 첫 단계를 시작하고 자신만의 미래의 이야기를 쓰길 바랐다. 수잔 본인조차 자신이 무엇을 원하는지 몰랐지만 변화를 원한다는 것만큼은 알고 있었다. 내가 던진 질문들은 그가 더 상세한 미래를 고민하도록 몰아붙였다. '지금 하는 일을 관두는 것'은 미래를 건설할 만큼 구체적이지 않다. 가끔은 내가 만들고 싶은 변화가 내 삶에 어떤 영향을 미칠지 알아보는 것이 도움이 된다. 내가 수잔에게 요트 부자가 되고 싶은지 물었던 이유다. 내가 정말 좋아하는 질문이다. 누구도 예상하지 못하는 기습 질문이기도 하고, 이 질문을 받는 순간만큼은 더 구체적으로 어떤 미래를 원하는지 자기 자신에게 솔직하게 물어볼 수 있기 때문이다.

| 6개월 후 |

나는 다시 시카고를 방문했다. 살짝 습한 봄 날씨였다. 시내를 돌아다니던 나는 잠깐 시간을 내 수잔과 만날 수 있었다. 그동안 스카이프Skype와 이메일로 수잔의 퓨처캐스팅 진행 과정을 받아 보았지만, 그래도 직접 만나 많은 이야기를 듣고 싶었다.

우리는 도시 교외에 위치한 피자집에서 만나기로 했다. 오후 2시 30분의 식당은 한산했다. 바쁜 점심시간이 끝나고 이른 저녁 손님들은 아직 오지 않은 시간이었다.

"음." 내가 입을 열었다. "어떻게 지냈어요?"

"직장을 관뒀어요." 수잔이 행복한 얼굴로 말했다.

"정말요?" 내가 말했다. 최근에 나눴던 대화에서는 그가 한 번도 언급한 적 없는 소식이었다.

"네, 이틀 전에 관뒀어요. 다른 사람한테는 아직 말 안 했어요. 하지만 모두 당신 덕분에 가능한 일이었어요. 당신한테는 꼭 말해야 할 것 같아서요."

"글쎄요, 아니에요." 내가 정중히 말했다.

"아니, 정말로요." 그가 몸을 앞으로 기울이며 말했다. "당신이 한 조언을 두고 남편과 한참 이야기했어요. 우리가 원하는 미래는 어떤 모습인지 말이에요. 재밌는 건 얘기하는 게 그렇게 힘들지도 않았다는 거예요. 지금까지 미뤄왔던 게 우스울 정도예요."

노동 시장의 전반적인 미래와 자신이 몸담은 분야의 전망을 고려했을 때, 수잔은 바로 지금이 큰 변화가 필요한 시기라고 판단했다.

"일단 우리가 원하는 미래가 뭔지 알고 나니까 모든 게 명확해졌어요." 그가 말했다. 수잔은 곧 치즈와 소시지가 가득한 딥디쉬피자를 먹으며 자세한 이야기를 들려주었다.

커피숍에서 만났던 지난 겨울날 이후, 수잔은 미래가 어떤 모습일지 상상해보는 퓨처캐스팅의 명상 단계에 돌입했다. 가장 먼저 수잔은 자신의 네트워크망을 넓히기 시작했다. 한 분야에서 오래 일하다 보면 항상 나와 비슷한 일을 하는 사람들에게 둘러싸여 있을 수밖에 없다. 수잔의 경우에는 주변에 회사의 손익에만 신경 쓰는 마케팅 분야의 고위 경영진들이 많았다.

수잔은 신생 기업, 비영리단체, 시민단체 등 자신이 같이 일하고 싶다고 생각하는 기관의 사람들과 커피나 점심 약속을 갖기 시작했다. 다른 사람에게 자신이 원하는 미래의 직업과 피하고 싶은 직업에 관해 이야기하는 단순한 행위가 미래를 향해가는 경험을 더욱 실감 나게 했다. 사람들과 이야기하며 이상적인 미래의 진로도 닦을 수 있었다.

"많은 사람과 만나며 퓨처캐스팅 과정을 따라가던 어느 순간, 내 인생의 모든 이야기가 바뀌는 게 느껴졌어요." 수잔이 말했다.

"미래의 궤도를 바꾸었군요." 언제나 그랬듯 뿌듯한 순간이었다. 오랫동안 상담하던 환자의 치료가 효과를 보일 때 정신과 의사가 느끼는 기분이 이렇지 않을까 생각한다.

"바로 그거예요!" 수잔이 대답했다. "물론 지금까지 제가 회사에서 쌓아온 경력도 자랑스럽게 생각해요. 하지만 그것들이 제게는 얼마나 의미 없는 일인지 깨달았어요."

"쾌락보다는 목적이 중요한 거죠." 나는 '행복 교수님'으로 알려진 스콧 클라우티어와 나누었던 대화와 그의 가르침을 가리키며 말했다.

"맞아요." 그가 동의했다. "처음에는 다른 형태의 미래를 생각하기조차 겁났어요. 남편과 제가 가진 모든 건 대기업 연봉 덕분에 가능했으니까요. 저희는 목적 말고는 다 가지고 있었어요. 미래의 궤도를 바꾸고 목적에 초점을 맞췄더니 가능성의 문이 활짝 열렸어요."

다음 몇 주 동안 수잔의 미래는 더 분명한 형태를 갖추기 시작했다. 그는 대기업에서 일한 경험을 이용해 성공의 길을 찾고 있는 사람들을 인도하고 싶다고 생각했다. 본인이 회사를 세우기보다 다른 이들이 성공적인 기업을 세우고 성장시키도록 돕고 싶었다. 무엇보다도 다음 세대의 여성 경영자들이 세상으로 나올 방법을 찾도록 돕고 싶은 마음이 가장 컸다.

자기 미래의 이야기를 확실히 알게 된 수잔은 워크숍을 개최할 준비를 했다. 퓨처캐스팅의 제2단계, '미래를 현실로 만드는 데 필요한 원동력 찾기'가 시작된 것이다. 경영 컨설턴트 경험이 없었던 수잔은 자신을 성공으로 나아가게 해줄 다양한 원동력을 답사하기 시작했다.

그는 우선 책과 기사를 통해 자신과 비슷한 전업 경험이 있는 사람들의 사례를 읽었다. 기존에 알고 지내던 사람들과 새롭게 알게 된 전문가들을 통해 자신과 같은 분야에서 활동하는 존경받는 인물들에게도 접근했다. 수잔이 더 많은 사람에게 자신만의 미래의 이야기를 들려줄수록 긍정적인 반응은 더 많이 돌아왔다. 훌륭한 수잔의 평판에 그를 고용하고 싶어 하는 사람들도 생겼다. 하지만 수잔은 자신이 상상한 새로운 미래를 현실로 만들려면 갈 길이 멀다는 것을 잘 알고 있었다.

"모든 만남과 대화 끝에 조언자 한 명을 만날 수 있었어요." 수잔이 계속해서 말했다. "우리는 지난 몇 달간 변화를 계획할 때 필요한 공식을 만드는 데 몰두했어요. 저와 비슷한 변화 과정을 겪은 사람들의 지도와 지원을 통해 제가 존중할 수 있는 기업, 직장 내 불평등을 몰아내는 데 전념하는 기업과만 협업하는 컨설턴트 사업을 구상했어요."

"확실히 미래의 직업 형태와 임시직을 선호하는 경제 현상에 잘 맞는 사업이군요." 내가 말했다. "또 어디에나 적용할 수 있는 종류의 일이기도 하고요."

"그거예요!" 수잔이 소리쳤다. "패트릭과 함께 다른 도시에서도 활동해볼 생각이에요."

수잔은 곧 자신이 상상한 미래를 현실로 만들 구체적 행동을 결정하는 퓨처캐스팅의 세 번째이자 마지막 단계, 백캐스팅을 시작할 수 있었다. 백캐스팅 단계에서는 계획의 절반 지점, 4분의 1지점, 월요일이 어디인지 설정한다. 수잔은 절반 지점까지 도달하기 위해 온라인 출판 플랫폼 미디엄Medium과 같은 웹사이트에 글을 쓰고, 활발한 소셜 미디어 활동을 하며, 각종 학회와 행사의 강연을 통해 컨설턴트 업계에서 신용을 쌓고 전문성을 증명해야 했다고 설명했다.

하지만 신용을 쌓고 전문성을 증명하려면 먼저 전문가로서의 견해를 밝히고, 실체가 있는 결과물로 자신을 홍보해야 했다. 여기까지가 백캐스팅 단계에서 말하는 4분의 1지점을 의미했다. 4분의 1지점까지 설정했다면 미래에 발동을 걸기 위해 지금 당장 시작할 수 있는 것들, 월요일이 어디인지 알아야 했다.

"집에 가면 산더미 같은 연구 자료가 절 기다리고 있어요. 준비를 마치면 강의를 할 만한 학회 목록도 뽑아야 하고요. 모든 게 아직은 준비 단계에 불과해요." 수잔이 자신의 한계를 인정하며 말했다. "그래도 회사에 사직서를 내고 왔더니 새로운 미래로 박차고 나갈 준비가 된 기분이에요."

"기대되나요?" 내가 물었다.

"정말 기대돼요." 수잔이 말했다. "조금 긴장되기도 하고요. 시작부터 남편과 함께 고민하길 잘했어요. 이 미래를 혼자 힘으로 이뤄낼 수 있을지 잘 모르겠거든요."

"아무도 혼자서는 못하는 게 당연해요." 내가 말했다. "배우자, 동업인, 친구, 직장동료, 광범위한 지역 사회까지, 다들 결정 과정에 참여해야 가능한 일이에요. 저는 제가 가르치는 학생들에게 항상 '인생은 팀 스포츠'라는 말을 해줘요. 팀 스포츠라 다행이죠. 아니었다면 인생은 형편없고 외로울 뿐이니까요."

"재정적으로 전과 좀 달라지기는 할 것 같아요." 식사를 마친 수잔이 말했다. "그래도 그만한 가치가 있는 미래예요. 얼마나 많은 사람이 제가 벌써 크게 달라졌다고 말하는지 몰라요. 사실 바뀌는 게 당연하죠. 제가 항상 원해온 미래인걸요."

간단한 질문 코너 2

지금까지 퓨처캐스팅 과정에 대해 알아보았다. 나는 당신의 미래를 알지도 못하고 말해줄 수도 없다. 하지만 이번 장에서 배운 전략으로 우리는 당신만의 미래의 이야기를 발견하고, 당신을 미래로 데려다줄 다양한 원동력을 알아보고, 목표까지 필요한 구체적인 단계를 밟기 위한 힘과 도구를 얻었다. 수잔의 여정은 그와 그의 남편 패트릭을 불편하지만 기대되는 미래로 데려다주었다. 사실을 말하자면 대부분의 미래가 이 두 가지 성질을 모두 가지고 있다.

그렇다면 지금까지 배운 과정을 어떻게 실제로 적용할 것인가? 당신은 어떤 미래를 탐험해보고 싶은가? 앞으로 대답해볼 질문들이다. 간단한 질문 코너 1은 그냥 가벼운 몸풀기에 불과하다. 운동을 시작한 첫날 가볍게 달리는 조깅과 같다. 큰 결심도 필요 없다. 물에 뛰어들기 전에 물 온도를 확인했다고 생각하면 된다. 지금 당장 퓨처캐스팅 과정을 끝내려고 노력할 필요도 없다. 아직 당신에게 말해주고 싶은 미래가 아주 많기 때문이다. 하지만 지금의 당신은 다음의 과제를 통해 퓨처캐스팅의 기초를 다질 준비를 마쳤다. 다시 노트나 전자기기를 꺼내 기록하자. 추상적인 생각을 실행 가능한 계획으로 만드는 최적의 방법이다. 자, 그럼 시작해보자.

➊ 단계 · 미래의 자신

당신이 원하는(혹은 원하지 않는) 미래의 이야기를 써보자

설마 놀랐다고는 하지 않길 바란다. 쉽게 쉽게 넘어갈 생각은 처음부터 없었다. 걱정하지 말자. 꼭 완성된 미래의 이야기를 쓸 필요 없다. 이번 활동에서는 단 한 가지 측면에 초점을 맞추자. 명상을 시작하거나 독서 모임에 가입하는 것처럼 아주 사소한 것이라도 좋으니 반드시 가능한 한 구체적이고 상세한 이야기를 써야 한다. 예를 들어 어떤 종류의 명상을 하고 싶은지, 독서 모임의 인원은 총 몇 명이 좋을지 생각해보자.

당신이 원하지 않는 미래의 이야기를 쓴다면 스스로에게 묻자. '내가 잘하지만 그만하고 싶은 일에는 무엇이 있을까?' 어쩌면 당신이 아주 잘하지만, 미래에는 하고 싶지 않은 일이 있을지도 모른다.

이 활동의 목적은 퓨처캐스팅 과정에 더 익숙해지는 것이다. 또 효과적인 퓨처캐스팅을 하려면 세부사항은 필수다. 미래를 자세히 상상하려고 노력하면 당신의 미래는 더 사실감을 가진다. 세부사항은 미래의 이야기를 쓰고 원동력을 찾을 때 더 풍부한 소재를 제공한다.

❷ 단계 · 미래의 원동력

당신이 원하는 미래를 위한 다섯 개의 원동력을 찾자

이번에는 당신이 선택한 사람, 도구, 전문가의 목록을 만들자. 당장 있는 힘을 다해서 세 가지 종류의 원동력을 모두 포함한 완벽한 계획을 완성할 필요는 없다. 그저 각각의 종류에 포함되는 원동력을 한두 개 정도만 찾아보자. 당신의 상황에 맞는 더 구체적인 질문을 떠올릴 수 있도록 명상을 예로 들어보겠다.

질문

사람들

· 최근 명상을 시작한 친구나 직장동료가 있는가? 혹은 비슷한 변화로 시 쓰기나 기타를 배우기 시작한 사람을 아는가?

도구들

· 당신이 사는 지역에는 명상 그룹이 있는가?
· 명상에 도움이 되는 앱이 있는가?

퓨처리스트

- 매일매일 일상적으로 명상을 하는 사람을 아는가?
- 그 사람이 책을 쓰거나 강의를 한 적이 있는가?

미래의 원동력을 찾을 때는 1단계와 마찬가지로 세세한 부분까지 생각하는 것이 중요하다. 최대한 구체적인 부분까지 생각해야 한다. 실재하는 사람들과 전문가들의 이름을 기록하고, 도움이 될 만한 앱, 모임, 혹은 다른 자원들도 찾아보자. 약간의 수고가 들지만 시작하는 순간 당신을 미래로 나아가게 만드는 추진력이 되는 일이다.

❸ 단계 · 백캐스팅

절반 지점, 4분의 1지점, 월요일을 스케치하자

퓨처캐스팅의 마지막 단계도 같은 과정을 포함한다. 당신의 미래를 위해 필요한 점진적 단계를 생각해보자. 다음의 질문들은 앞서 등장했던 명상 수업을 예시로 들었다. 이 질문을 바탕으로 당신만의 질문을 만들자. 당신이 계획한 여정의 핵심적인 지점들을 상세히 되짚어볼 기회다.

- 절반 지점은 명상 수업을 듣고 이제는 혼자서도 명상을 할 수 있다고 느끼는 지점인가?
- 4분의 1지점은 명상 수업의 첫날인가?
- 월요일은 미래의 원동력을 목록으로 만들고, 명상에 활용 가능한 앱과

간단하고 쉬운 질문들이다. 이 활동의 요점이 바로 여기 있다. 이 활동은 퓨처캐스팅 과정의 모든 단계에 익숙해지는 것을 목적으로 만들어졌다. 일단 과정에 익숙해진 뒤 직장을 옮기거나 다른 도시로 이사하거나 사랑하는 사람을 찾는 것처럼 더 크고 복잡한 과제에 도전할 수 있도록 말이다. 약속하겠다. 무엇을 퓨처캐스팅하든지 모두 같은 과정을 거쳐야 한다. 포춘 500 기업들과도 거쳤고, 누가 봐도 힘든 시기를 보내는 것처럼 보이는 술집의 사람과도 함께 거쳤던 과정이다.

그러니 이 활동에 즐겁게, 하지만 진지하게 임하기 바란다. 더 무거운 주제로 옮겨가기 전에 퓨처캐스팅이 어떻게 당신의 인생을 바꿀 수 있는지 볼 좋은 기회가 될 것이다.

▌ 다음 장에서는:
▌ 당신이 통제할 수 있는 것들

무거운 주제에 관한 이야기가 나왔으니 말이지만 통제력(더 정확하게 말하자면 통제력의 부재)은 무거운 짐처럼 많은 사람을 괴롭게 한다. 미래를 파악하는 일에서는 특히 더 그렇다. 4장에서는 돈, 부동산, 계획 짜기 등 우리가 특히 무력하다고 느끼는 분야를 살펴보는 데 전념할 예정이다. 사안이 클수록 통제하기 힘든 법이다. 아니면 우리가 그렇다고 믿도록 만들어졌는지도 모른다. 갈등, 팬데믹, 경제 붕괴처럼 겉보기에 통제할 수 없는 것처럼 보이는 심각한 국제적 이슈를 일상적으로 퓨처캐스팅해온 사람으로서 말하자면, 세상에 퓨처캐스팅을 적용할 수 없는 것은 없다.

우리는 자신이
생각하는 것 이상으로
미래를 더 잘 통제할 수 있다

퓨처리스트처럼 생각하는 방법을 배웠으니 이번에는 지금까지 배운 전략을 당신의 삶에 더 다양하게 적용하는 방법을 알아보자. 이를 위해서 퓨처캐스팅의 핵심, 미래는 사람에 의해 만들어진다는 금언에 더 깊게 접근해보고자 한다. 퓨처캐스팅 과정을 진행하려면 반드시 마음을 활짝 열고 이 기본적인 진실을 받아들여야 한다.

미래에 대한 무력감을 느끼고 미지의 존재를 두려워하는 마음은 새로운 미래로 향하는 데 필요한 단계는 고사하고 미래를 바꾸려는 생각조차 하지 못하게 만든다. 사람들은 미래가 고정되어 있다는 가짜 믿음에 사로잡혀 있다. 그보다 사실과 더 거리가 먼 것은 없는데 말이다.

사람은 이러한 자기 패배적 사고방식에서 탈출할 수 있는 피난구다. 사람이 미래를 만든다. 당신이 미래를 만들 수 있다. 미래를 만들 힘은 당신에게 있고 당신에게만 있다. 이 사실을 인정하고 행동으로 옮겨야 한다.

아직도 내 말을 믿지 못하겠는가? 내가 직접 사람이 미래를 만드는 것을 목격한 경우를 들려주겠다.

미국 특허 7673254번, 혹은 나와 스티브 잡스의 공통점

스마트폰은 세계를 바꾸어 놓았다. 여기에 동의하지 않는 사람은 없으리라. 이 전자기기는 우리 손에 컴퓨터의 힘을 선사했다. 사랑하는 사람들과 연락하는 방법이나 한 장소에서 다른 장소로 가는 방법까지, 스마트폰은 우리가 하는 거의 모든 일에 영향을 끼친다. 연애, 쇼핑, 혹은 세상에 무슨 일이 일어나고 있는지 보여주는 뉴스도 스마트폰으로 알 수 있다.

자신의 스마트폰을 들어보자. 이 경이로운 현대의 기술을 손에 쥐어보자. 스마트폰을 가장 처음으로 만져봤을 때를 떠올리자. 내 손으로 미래를 들고 있는 기분이 들지는 않던가? 나도 마찬가지였다. 나는 퓨처리스트인데도 말이다!

스마트폰을 들면 무슨 생각이 드는가? 나는 지금까지 수백 명의 사람에게 같은 질문을 해왔다. 누군가는 자신이 마쳐야

히는 업무를 떠올린다고 대답했다. 누군가는 자신이 제일 좋아하는 소셜 미디어 앱에서 무슨 일이 벌어지고 있는지 궁금하다고 대답했다. 몇몇은 깨지고 지저분한 액정이 부끄럽다는 생각을 한다고 대답하기도 했다. 하지만 스마트폰을 보면 무슨 생각을 하냐는 질문을 했던 수많은 시간 동안 그 누구도 "이걸 만들기 위해 노력했던 수천 명의 사람을 생각한다"라고는 대답하지 않았다.

나는 그 이유를 이해한다. 우리가 매일같이 사용하는 물건에 대해 생각하는 사람이 얼마나 있겠는가? 스마트폰은 매끈하고 멋지게 디자인되었지만, 무엇보다도 사용자가 손쉽게 쓸 수 있도록 만들어졌다. 스마트폰 디자이너들은 당신이 스마트폰을 만들기 위해 소모되었던 수천수만 시간을 떠올리는 것이 아니라 당신이 스마트폰을 즐겁게 사용하길 바랄 뿐이다. 하지만 나는 내 스마트폰을 볼 때마다 이것을 만든 사람들을 생각한다. 왜냐고? 내가 그 사람 중 한 명이었기 때문이다.

2007년, 애플이 공개한 첫 번째 아이폰은 엄청난 돌풍을 몰고 왔다. 같은 해 600만여 개의 아이폰이 팔려나갔다. 전 세계의 주요 도시에서는 누구보다 먼저 마법 같은 휴대전화를 사고 싶은 사람들이 애플 매장 바깥까지 길게 줄을 선 모습을 볼 수 있었다.

잠깐 보여주고 싶은 것이 있다. 스마트폰을 들어 전화번호와 이메일이 저장된 전화번호부를 눌러보자. 새 연락처 저장하기를 누르자. 빈 화면이 나타나면 새 번호를 입력할 수 있는 전화번호 칸을 누르자. 자! 문자와 번호가 함께 있던 자판이 번호만 있는 자판으로 변한 것이 보이는가? 이것이 바로 내가 발명한 특허다.

정말이다. 미국 특허 7673254번. 이름도 기억하기 쉽다. '문맥과 언어별 데이터 입력을 위한 장치, 시스템, 방식'. (나는 이름을 짓는 마케팅 전문가가 아니라 엔지니어라는 것을 기억하자.) 2006년은 아이폰이 나오기 1년 전이자 내가 전자기기를 위한 새로운 인터페이스를 디자인하느라 바쁠 때였다. 당시 우리 팀은 손바닥 크기의 작은 액정에 가장 적은 수의 자판이 들어간 자판기를 개발 중이었다. 내가 고안한 방법은 깔끔하고 효율적인 방식으로 이를 가능하게 만들었다. 나는 곧 특허를 신청했고, 지금은 전 세계의 스마트폰에서 이 소소한 기능을 찾아볼 수 있다.

이것이 바로 스티브 잡스와 나와 이름도 모르는 수천 명의 사람이 가진 공통점이다. 이들과 나는 함께 스마트폰의 개발에 일조했다. 개인의 역할이 모여 우리 삶의 방식을 바꾸어놓은 획기적인 기계를 발명할 수 있었다.

수많은 사람의 일부였던 내가 스마트폰의 개발에 일조한 것처럼, 미래가 매일 만들어지는 방식도 크게 다르지 않다. 기술은 사람에 의해 발전된다. 사람은 미래를 만들 수 있다. 미래는 단계별로 조금씩 만들어진다. 우리가 인간으로서 하는 모든 일은 결국 사람에게 달려 있다. 기술과 비즈니스와 상업도 미래의 일부지만, 미래를 움직이는 것은 결국 사람이나. 퓨처 캐스팅의 2단계 '미래의 원동력 활용하기'가 아주 중요한 이유다. 미래를 건설하는 당신을 누가 도울 수 있을지 파악하고 함께 한다면, 당신의 미래 이야기를 현실로 만드는 데 박차를 가할 수 있다.

이 원칙을 자세히 설명할수록 꼭 언급하고 싶은 주제가 있다. 이것은 우리가 미래를 고민할 때면 지나칠 정도의 걱정을 일으킨다. 바로 돈이다. 우리 중에는 노후 자금이 부족할까 봐 걱정하는 사람이 있다. 직장을 잃고, 결국에는 파산법원으로 향하게 되는 미래를 걱정하는 비관적인 사람도 있다. 우리 대부분은 두 부류의 중간 정도에서 아이들을 대학까지 무사히 보낼 수 있을지, 혹은 피나는 노력을 통해 얻어낸 지금의 생활 방식을 계속 유지할 수 있을지 걱정할 것이다.

이번 장에서 곧 배우게 되겠지만 이런 두려움들은 돈의 미래, 더 구체적으로 말하자면 개인적 금융의 미래는 사람에게 달려 있다는 사실을 알면 쉽게 잠재울 수 있다.

| 사람
| 전문가

생방송에 나갈 때면 언제나 안절부절못하는 상태가 되어버린다. 퓨처리스트로 일하며 수백은 아니더라도 수십 번은 생방송에 출현했지만 아직도 출연자 대기실에 들어서는 순간 심장 박동이 빨라진다. 무엇보다도 이 방송이 뉴욕시에 기반을 두고 금융을 주제로 하는 생방송 프로그램이라는 사실이 나를 가장 긴장시켰다. 뉴욕은 여전히 세계 금융 시장의 중심으로 불린다. 뉴욕에서 금융에 대해 논하는 것은 워싱턴 D.C.에서 정치를 말하고 로스앤젤레스에서 영화를 논하는 것과 같다.

2011년, 나는 생방송 코너의 무대 뒤에서 내 차례를 기다리고 있었다. 우리는 시장 정세를 살펴보기 위해 증권 거래소가 마감하기를 기다리고 있었다. 뉴욕시의 금융은 주식 시장에만 집중되어 있다. 어느 회사의 주가가 올랐나? 누가 내려갔나? 얼마에서 시장이 닫힐까? 얼마에서 열릴까? 그렇다면 그 이유는? 왜? 왜? 왜? 주식 시장의 모든 일자리가 저 질문에 답할 수 있느냐에 따라 나타났다 사라지기를 반복한다. 하지만 확실하게 짚고 넘어가자. 모두가 정말 알고 싶은 것은 오늘의 시장이 어땠고 왜 그랬는지가 아니다. 사람들은 내일은 시장이 어떻게 변할 것이고, 오늘의 정보로 어떻게 내일의 수익을 낼 수 있는지를 궁금해한다. 간단히 말해서 사람들은 미래를 알고 싶어 한다.

뉴욕의 금융 전문가들이 나를 초청한 이유가 여기 있다. 문제가 있다면 (당신도 잘 알듯이) 나는 예측하기를 거부한다는 것이다. 나는 경제학자나 주식 시장의 전문가가 아니다. 나는 절대 금융에 관련된 미래를 예측하지 않는다. 이는 TV 프로듀서들을 미치게 하지만 그들은 그래도 나를 방송에 초대해 미래에 대해 말해달라고 부탁한다.

무대 뒤의 내가 조명 아래로 나서기 직전이었다. 얼굴과 머리에는 화장이 잔뜩 되어 있었다. 분장 팀은 이미 몇십 년을 대머리로 살아온 내 머리가 조명에 빛나지 않도록 언제나 분을 듬뿍 발랐다. 조금 이상한 기분이 들어도 딱히 신경이 쓰이지는 않았다.

마침내 4시가 다가오자 생방송 시작을 알리는 마감 종이 울렸다. 나는 환한 조명 아래 분석가 팀이 미래에 대해 담소를 나누기 위해 기다리고 있는 무대로 안내되었다. 나는 TV에서는 세련되고 전문적인 인상을 풍기는 방송인들이 밝은 스튜디오 조명 아래에서는 일반인처럼 보여 항상 놀라는 편이다. 헤드폰을 쓰고 진지한 표정을 한 프로듀서의 신호를 받고 무대에 올라서서 주위를 둘러보면, 다들 마트 계산대에 줄을 서서 기다리는 사람이나 교회 옆자리에서 흔히 만나는 사람처럼 보이는 것이다. 우리 같은 보통 사람들처럼 말이다. 똑똑한 사람들은 말을 빨리하는 경향이 있지만 그뿐이다. 나는 4명의 분석가가 나란히 앉은 줄 가장 끝자리에 있는 회전의자에 앉아 내 차례를 준비했다.

"안녕하세요, BDJ. 미래는 좀 어때요?" 고정 출연하는 분석가 중 한 명인 아미르가 말을 걸어왔다. 사실 나는 전에도 방송에 출연한 적이 있다. 같은 해 6월에는 아미르의 딸이 다니는 고등학교의 졸업식 연설문에 도움을 주기도 했다.

"다시 온 걸 환영해요, BDJ." 멋진 호스트 제니스가 고개를 끄덕이고 미소를 지으며 말했다.

또 다른 분석가 프레드가 두 손으로 기도하는 모양을 만들며 끼어들었다. "BDJ, 월드 시리즈에서 양키스가 이기는지 알고 싶어요."

"준비됐나요, BDJ?" 제니스가 프레드의 농담을 뒤로하고 내게 물었다. "오늘도 평소와 같아요. 새롭게 나온 상품이 있다면 소개해주시고, 앞으로 무슨 일이 생길 것 같은지 말해주시면 돼요."

"네, 알겠습니다." 내가 웃으며 말했다.

"아미르." 제니스가 계속해서 말했다. "주식회사 뉴(가명이다)가 직원의 3분의 1을 해고한다고 발표했어요."

이어폰을 낀 프레드도 프로듀서에게서 막 들어온 소식을 전해 들었다. "톰슨스(역시 가명이다)의 리처드가 방금 전화했다네요."

"우와." 아미르가 고개를 저으며 말했다. "〈뉴욕타임스〉의 캐슬린이 엄청나게 좋아하겠는데요."

"오늘 아침 방송에서 샌디가 그러는데 신규 상장은 12월에나 할 거래요."

"좋은 소식은 아니네요." 프레드가 말했다. "샌디와 통화할 수 있을까요?"

불편한 회전의자에 앉아 내 차례를 기다리는 몇 분간 이런 저런 대화가 오갔다. 나는 즉각 가장 인기 있는 금융 방송의 출연진 모두가 사람에 관해 이야기하고 있다는 것을 깨달았다. 표면적으로는 시장 시세나 통화 가치 평가처럼 추상적인 개념들이 시장의 미래에 어떤 영향을 끼칠지 궁금해하는 대화처럼 들렸지만, 대화의 본질을 살펴보면 모든 정보가 사실 사람과 관련되어 있었다. 돈의 미래는 사람에게 달려 있다. 적절한 사람만 만난다면 세상에 이해하지 못할 미래는 없다. 다시 말해 당신이 누구를 아는지가 당신이 어떤 사람이 될지 결정한다는 뜻이다.

방금 내가 한 말을 잘 기억하길 바라며, 지금부터 매독스라 불리던 남자를 소개하겠다. 그의 이야기가 개인의 재정 상태는 누구를 아느냐에 따라 달라질 수 있다는 것을 보여줄 것이다.

우유부단함의 치료법

"지금부터 자네가 듣는 순간 잊어버려야 하는 대화를 나누고 싶어." 매독스가 학회장의 접이식 의자에 기대며 말했다.

때는 2018년 10월, 나는 전 세계 각지에서 개최되는 기업가들의 행사 파운더스 라이브Founders Live에 참여하기 위해 보스턴을 방문했다. 나는 이미 뉴욕에서 열렸던 행사에도 참여한 뒤 바로 보스턴으로 왔고, 다음 행사는 런던에서 열릴 예정이었다.

파운더스 라이브가 흥미로운 이유는 누가 무대에 오를지 모른다는 데 있다. 더 중요한 것은 당신 옆에 누가 앉을지도 모른다는 것이다. 내가 행사에 처음으로 참석했을 때는 전 부통령 앨 고어^Al Gore와 전 총리 토니 블레어^Tony Blair가 내 뒤에 앉아 세계적 기업의 미래를 주제로 토론하는 것을 엿들은 적도 있다. 앨 고어를 실제로 보기 전에는 그의 키가 얼마나 큰지, 또 그가 얼마나 많은 사실을 아는지 알기 힘들다. 그렇다고 토니가 토론에서 졌다는 건 아니지만 말이다.

꼭 고어나 블레어 같은 권위자가 아니어도 보스턴에서 열린 파운더스 라이브에서는 평범해 보이지만 비범한 일을 하는 사람을 많이 찾아볼 수 있었다. 식품 포장 방식을 완전히 바꾸는 것을 목표로 두 번째 신규 사업을 구상하는 대학생을 만났다. 투자할 만한 여성 소유의 기업을 찾는 최고운용책임자와도 이야기를 나누었다. 여성이 CEO일 때 더 많은 수익이 창출되는 것이 이유라고 했다.

오후 휴식 시간 중에 내게 다가온 매독스는 한숨을 쉬며 내 옆자리에 앉았다. 그는 몇 년 전에 알게 된 생물학자이자 기업가다. 당시 그는 합성생물학을 이용해 암을 치료하는 일에 몰두하고 있었다.

제대로 들었다. 매독스는 암을 치료하고자 했다. 확실히 평균 이상을 이루고자 하는 능력 있는 친구였다.

"난 진지해, BDJ." 매독스가 말했다. "자네 도움이 필요해.

하지만 다른 사람에게 이 얘기를 한다면 나는 평생 모르는 일이라고 잡아뗄 거야."

"그래도 상관없어." 내가 말했다. "내가 뭘 어떻게 도와줄까?"

"돈 얘기를 하고 싶어." 매독스가 목소리를 죽이며 말했다. "내 재산에 대해 상담하고 싶어."

"내가 금융 전문가가 아니라는 건 알고 있지?" 내가 말했다.

"알아, 안다고." 그가 목소리를 줄이라는 손짓을 보이며 말했다. "자네가 하는 일이 뭔지는 잘 알아. 내 미래에 대해 말해 줬으면 좋겠어. 어떻게 해야 내 재정의 미래, 더 중요하게는 내 가족의 재정적인 미래가 어떤 모습일지 이해할 수 있을까? 금융 관리사를 찾아가 봤자 영업이나 당할 것 같거든. 자네는 달라. 자네는 자기가 금융 전문가가 아니라는 말부터 해주겠지." 그가 내 팔을 툭 치며 웃었다.

"나를 아주 잘 알고 있군." 내가 대답했다. "밖으로 나갈까? 더 조용한 곳으로 가자고."

"좋은 생각이야. 어서 가지." 매독스가 자리에서 일어나며 말했다. "다음 강의까지 30분 정도 시간이 있어."

"오, 그래. 그 정도 시간이면 재정 문제야 충분히 정리하고도 남지." 내가 이죽거리며 말했다.

우리는 오후의 햇살 사이로 걸어 나갔다. 아침 내내 인공조명 아래에서 시간을 보낸 터라 강한 햇볕이 기분 좋게 느껴졌다. 항구에서 실려 오는 짠 내 나는 공기에서 가을 느낌이 물씬

풍겼다. 우리는 학회 장소를 떠나 물가를 거닐기 시작했다.

전문가와의 인터뷰:
돈이란 대체 무엇인가?

매독스의 이야기를 하기에 앞서 잠깐 여담을 나누어 볼까 한다. 잠시 돈에 관해 이야기하겠다. "돈은 무엇인가?"라는 질문을 들으면 머릿속에 곧바로 1달러짜리 지폐가 떠오를 것이다. 당신 통장의 잔액이 떠오를 수도 있다. 돈을 모르는 사람은 없다. 우리는 매일 돈을 쓴다. 온종일 돈 생각을 한다. 늦은 밤에도, 다른 생각을 하고 싶을 때도 돈을 생각한다. 직장을 잃으면 어떡하지? 애들 대학 등록금은 충분한가? 갑자기 아프면 어떡하지? 은퇴할 만큼 돈이 있나? 다들 이런 생각을 해본 적이 있을 것이다.

잠 못 드는 밤에는 다음을 기억하자. 돈은 돈이 아니다. 세상 모든 것들과 마찬가지로 돈은 사람에 의해 좌우된다. 사람이 없으면 돈도 존재할 수 없다.

더 쉬운 이해를 돕기 위해 내가 가장 좋아하는 경제학자 폴 토마스Paul Thomas에게 전화를 걸었다(맞다, 제대로 들었다. 내게는 가장 좋아하는 가수처럼 가장 좋아하는 경제학자가 있다). 폴은 인텔에서 함께 일했던 동료다. 수석 경제학자였던 폴과 수석 퓨처리스트였던 나는 마주치기만 하면 토론을 하기 일쑤였다. 폴은 교수직은 물론 콘티넨털 항공사의 수석 경제학자를 지낸 적도 있다. 폴이 내가 가장 좋아하는 경제학자인 이유다. 지난 몇 년간 많은 경제학자와 일해왔지만, 예상을 벗어난 통찰력과 유머는 폴을 특히 돋보이게 한다.

"그래서 돈이란 대체 뭔가?" 최근에 나눈 통화 중 내가 물었다.

"글쎄, BDJ. 또 거기에 얽힌 이야기가 있는데 말이야." 폴이 설명하기 시작했다. "경제학자들이 특히 말하기 좋아하는 이야기라네. 진실인지 어떤지는 모르겠지만, 돈이 뭔지는 잘 보여주는 이야기지."

"재미있겠군." 내가 말했다.

"남태평양에 있는 어느 작은 섬을 떠올려 보게." 폴이 이야기를 시작했다. "이제 섬의 사람들이 바닷가에 있는 돌무더기를 각각 나눠 가지기로 했다고 가정해봐. 돌을 많이 가질수록 돈도 많아진다는 규칙에 동의한 섬사람들은 돌을 거래에 사용했지. 그런데 어느 날 바닷가에 커다란 폭풍이 지나가고, 돌들은 모래와 폭풍의 잔해에 파묻혀 버렸다네. 더는 돌을 볼 수 없게 된 섬사람들은 당황했지. 돈이 사라져 버렸으니까! 전 재산을 잃어버린 거야!"

"아주 흥미로운 이야기군." 내가 끼어들었다.

"해피 엔딩으로 끝나니까 걱정하지 마." 폴이 키득거렸다. "며칠이 지나니까 모래와 잔해가 씻겨 나간 자리에서 돌들이 다시 모습을 드러냈어. 돈이 다시 돌아온 거지. 이 이야기의 교훈은 돈은 그냥 사람들이 가치를 매긴 물질에 불과하다는 거야. 화폐나 물질 자체에는 아무 의미도 없다는 소리지. 진짜 중요한 건 사람들 사이의 약속이야."

당신이 가질 재산의 미래를 생각하기 시작했다면 폴의 말에 귀 기울이기를 바란다. 폴의 이야기는 돈의 미래는 사람에게 달려 있다는 것을 보여준다. 나는 돈은 돈이 아니라는 사실에 믿을 수 없을 만큼의 든든함을 느낀다. 돈이 가치를 가지려면 사람이 가치를 매겨야 한다.

다시 매독스의 이야기로 돌아가 보자. 우리는 해변을 향해 걸어가고 있었다.

"나는 내가 천재인 줄 알았어." 매독스가 먼저 말을 시작했다. 그는 커다란 체구에 대범한 성격, 쩌렁쩌렁한 목소리의 소유자다. 그는 이 대화를 없었던 일로 하자고 했지만, 아마 주변에 있던 사람들은 모두 그가 무슨 말을 하는지 들었을 것이다 (궁금해할까 봐 말하자면 매독스는 결국 자신의 이야기를 책에 쓰도록 허락했다). "나는 세상을 암으로부터 구해낼 천재 생물학자여야 했다고. 하지만 자네에게만 솔직히 말하자면 혼자서는 수표책 결산도 제대로 못 한다네. 더그도 돈 관리에 재능이 있지는 않고 말이야." 더그는 매독스의 남편이다. 둘의 자녀 윌라와 제프는 초등학생이었다.

"재무 관리라면 유용한 앱이 많잖아." 내가 농담을 던졌다.

"나 지금 진지하다고, BDJ." 농담할 기분이 아니라는 티를 내며 매독스가 말을 이어갔다. "미래가 무서워. 내가 없어도 더

그는 괜찮을까? 아이들은 어쩌지? 10년 안에 대학에 갈 나이가 될 텐데." 그가 굵게 땋은 드래드록을 손으로 쓸어 넘기며 말했다. "어떻게 해야 미래를 통제할 수 있을까? 어젯밤에도 안절부절못하고 있는데 더그가 그러더군. 10년 앞을 내다보는 게 자네 직업이라고 말이야. 이런 문제와 관련해서 또 도와준 사람이 있는가?"

"물론이지." 내가 말했다. "내가 도와주겠네."

"난 준비됐어, BDJ." 매독스가 내 어깨를 붙잡으며 말했다. "난 준비됐다고."

아, '난 준비됐어'의 순간은 내가 퓨처캐스팅 과정 중 가장 좋아하는 순간이다. 마치 낚싯대에 처음으로 대어가 걸린 듯한 기분이 든다. 물론 대어를 낚아 올리기까지 아직 할 일이 많지만, 일단 낚싯바늘에 코를 꿰는 데는 성공한 것이다. 우리는 계속 해변을 따라 걸었다. 내가 가장 먼저 할 일은 그와 그의 가족이 새로운 경제적 미래를 생각하게 만드는 것이었다. 내가 앞서 물었던 핵심 질문, "당신이 원하는 미래는 무엇인가?"를 떠올려 보자. 이 질문은 곧 두 번째 질문으로 이어진다. "당신이 원하지 않는 미래는 무엇인가?"

매독스는 다른 무엇보다도 가난을 두려워했다. 흔한 두려움이지만, 그의 경우는 궁핍했던 어린 시절이 원인이었다. 전혀 알지 못했던 사실이었다. 매독스의 말로는 "나라에서 수급하는 치즈를 먹을 만큼 가난"했다고 한다.

자라온 환경 덕분에 매독스는 자신이 원하지 않는 미래는 아주 분명히 알고 있었다. 오히려 그가 원하는 미래의 이야기를 만들 때 좀 더 많은 어려움을 겪었다. "미래의 재정 상태를 떠올리면 무엇이 보이는가?" 내가 물었다.

"안개가 보여." 그가 대답했다. "뿌연 안개밖에 안 보여."

이렇게 간단한 대답으로 넘어가 줄 생각은 없었다. 앞 장에서도 말했듯이 자신이 원하는 미래는 최대한 구체적으로 상상하는 것이 중요하다. 상상하는 미래가 구체적일수록 퓨처캐스팅은 더 효과적이다. 우리가 매독스의 집이나 사무실에 있었다면 나는 그에게 펜과 노트만 던져준 채 그가 상상한 미래를 다 적어낼 때까지 방에서 내보내지 않았을 것이다. 대신 나는 공원 벤치에 그를 앉히고 태어나 처음으로 자신의 미래를 진지하게 고민하도록 만들었다.

"그냥 '가난하지 않기'만으로는 부족해." 내가 말했다.

매독스는 눈을 감았다. 부산한 관광객들과 직장인들이 우리를 스쳐 지나갔지만, 매독스는 아랑곳하지 않고 진지하게 미래를 상상했다. 나도 보스턴 하버의 반짝이는 물결을 바라보며 생각에 잠겼다. 케이프 코드 인근을 지나는 고속 여객선을 품은 거대한 물줄기는 언제나 매혹적이었다. 갈매기가 내 손에 음식이 들려 있는지 확인하며 머리 위에서 울어댔다.

마침내 눈을 뜬 매독스는 길게 숨을 내쉬었다. "좋아, 뭔지 알겠어." 그가 말했다. "내게 가장 중요한 건 두 가지야. 첫째는 집. 애들이 대학에 가도 언제나 더그와 나를 찾아올 수 있는 장소가 있었으면 좋겠어. 그다음에는 더그와 나를 위한 은퇴 준비를 하고 싶어. 아이들 몫도 준비하고 싶고."

미래를 이야기할 때 부동산과 은퇴만큼 무서운 일도 드물다. 많은 사람이 재무 포트폴리오를 만들며 가장 신경 쓰는 사항이기도 하다. 당연하지 않은가? 나이가 든다는 것은 생각만으로도 무섭다. 집을 잃었거나 주거 상황이 불안정해 정부 지원금이나 바닥을 드러내는 저금에 의지해야 한다고 생각해보자. 오싹한 일이다. 다행히도 미래는 고정되어 있지 않기에 아무도 이 운명을 따르지 않아도 된다. 미래를 통제하는 것이 절대 쉬운 일이라고는 말하지 않겠다. 실제로도 재정적 어려움, 가정불화, 혹은 건강 문제 때문에 남들보다 더 적은 기회를 얻었던 사람들에게는 훨씬 더 힘든 일일 수 있다. 그러나 이런 상황에도 새로운 미래는 탄생한다. 새로운 미래는 당신이 원하는 미래를 명확히 그리는 데서 시작한다.

미래의 집에서 사는 모습을 상상하려면
오늘 당장 집을 보러 가야 한다

다시 학회장으로 돌아가며 그에게 가족을 위해 사고 싶은 집을 좀 더 뚜렷하게 그려보라고 권했다.

"자네도 알잖아, 보스턴은 감당이 안 돼." 그가 고개를 저으며 말했다. "집값이 너무 비싼 데다 계속 오르기만 하지. 여기에 무슨 대비를 어떻게 하겠어?"

이것은 퓨처캐스팅이 가진 흔한 함정이다. 사람들은 본격적인 과정을 시작하기도 전에 실패할 이유부터 찾으며 동요한다. 이 곤경에서 빠져나올 수 있도록 조언하겠다. 자신을 믿어라. 앞뒤 가리지 않고 달려들거나 현실의 상황을 무시하라는 뜻이 아니다. 학교 교사의 월급으로 생활하고 있다면 고급 펜트하우스는 미래에 포함하지 말자. 그러나 자신의 모습을 크게 상상하는 일을 겁내지도 말자. 내가 앞 장에서 냈던 숙제를 기억하자. 용기를 내 다른 꿈을 꾸자. 당신이 진정으로, 진심으로 원하는 미래의 꿈을 꾸자.

"먼저 미래를 현실처럼 실감 나게 느껴야 해. 당장 눈앞에 닥친 상황처럼 말이지." 내가 말했다. "가서 원하는 집을 찾아봐."

"그럴 만한 돈이 없어." 매독스가 이의를 제기했다.

"아무 상관없어." 내가 대답했다. "사실 돈이 없으면 더 좋지. 돈이 생겼을 때는 자네가 원하는 게 뭔지 이미 알고 있는 게 되니까. 자네와 더그가 목표로 삼을 수 있는 표적이 생기는 거야. 미래의 집에서 사는 자신의 모습을 보려면 오늘 당장 집을 보러 가야지."

"꼭 광고의 홍보 문구처럼 들리는군." 매독스가 눈을 흘기며 말했다.

그의 말이 맞다. 마치 광고의 홍보 문구처럼 들리는 말이다.

하지만 기억하기 쉬운 말이라고 해서 사실이 아니게 되는 것은 아니다. 우리는 어느새 학회장에 거의 다 도착했다.

"주말 동안 돌아다녀 봐." 내가 계속해서 말했다. "그 집에 사는 자기 자신을 봐야 해. 특정한 집에 너무 푹 빠지지 말고 자네가 좋아하는 것과 좋아하지 않는 게 뭔지 알아내 봐. 자네와 더그가 각각 바라는 점이 있다면 의논도 해보고. 자네가 보러 다니는 집들은 물론이고 이웃집에서 사는 자신을 떠올려보게. 스스로가 충분히 시간을 들여서 아주 상세한 미래를 떠올리도록 허락해주게나. 그냥 그 동네 마트에서 어슬렁거리면서 생각해봐도 되고."

"알았어, 알았다네." 매독스가 말했다. "무슨 말인지 알겠어." 우리는 학회장의 이중문을 지나 안으로 들어갔다.

"세세하게 상상하다 보면 부동산 시세와 돈이 얼마나 필요한지 알 수 있겠지." 내가 대화를 마무리하며 말했다. "재미있는 부분은 그 후에 시작돼."

"재미있는 부분이라고?" 매독스가 물었다.

"그래. 그리고 그때부터는 자네만의 사람들을 찾아야 하지……."

기업 기밀:
나한테 맞는 부동산 가격 찾는 방법

나는 종종 사람들에게 나는 미래의 전문가지 특정한 산업 분야의 전문가가 아니라는 사실을 상기시켜야만 한다. 여기에는 부동산 중개업도 포함된다. 나는 전에 건물을 매매한 적도 있고 심지어 매매 과정도 순탄했지만, 그렇다고 내가 부동산 전문가라는 뜻은 아니다. 다행히도 세상에는 당신이 부동산을 정하는 데 도움을 줄 만한 전문가가 많다.

나는 항상 일라이스 글린크Ilyce Glink의 조언을 높이 사왔다. 글린크는 베스트셀러 《처음 집을 사는 사람이 꼭 물어야 하는 100가지 질문》을 포함해 수십여 권의 부동산과 금융 관련 도서를 집필한 저자이자 신디케이트 칼럼니스트이다. 글린크는 부동산에 관해서라면 모르는 것이 없는 전문가다. 그러나 퓨처캐스팅 과정에 적용할 수 있는 그의 진정한 조언은 내 능력으로 어떤 집을 살 수 있는지 결정할 때 빛을 발한다. 어떻게 보면 뻔하지만, 한 산업 보도에 따르면 약 40퍼센트의 주택 구매자가 예산보다 평균 2만 달러 정도 높은 가격의 집을 사는 것으로 나타났다.

그렇다면 이런 미래를 피하려면 어떻게 해야 할까? 우선 중개업자가 말하는 '나한테 맞는 가격', 즉 현실적인 예산을 정해야 한다. 글린크의 웹사이트 씽크글린크ThinkGlink는 집을 알아보는 과정의 초반부에서 유용한 핵심 질문 4개를 제시한다.

- 계약금은 얼마를 모아야 하는가?
- 내 한 달 수입은 얼마인가?
- 내 채무는 얼마인가?
- 내가 살고 싶은 지역에서 살려면 얼마가 필요한지 계산해봤는 가? 내 수입으로 감당할 수 있는 금액인가?[5]

위의 질문에 단호하고 진실하게 답하면 당신 형편에 맞는 지역에서 사는 데 필요한 현실적인 예산을 정하는 데 도움이 될 것이다. 전해 내려오는 말에 의하면 가장 이상적인 생활비의 액수는 한 가정이 버는 월수입의 30퍼센트라고 한다. 하지만 이는 교통비를 포함하지 않은 금액이다. 직장까지의 거리가 멀다면 교통비가 부담스러울 수 있다. 또 생활비와 교통비를 더했을 때의 금액이 한 가정의 월수입의 45퍼센트를 넘으면 안 된다. 미국에 사는 22만 명의 이웃이 생활비와 교통비로 얼마를 지출하는지 보여주는 주택 및 교통 요금 지수Housing and Transportation Affordability Index처럼 유용한 온라인 도구를 활용해도 좋다.

부동산을 기준으로 하는 퓨처캐스팅 과정에는 방금 언급한 세부 사항이 아주 중요하다. 예산을 무리하게 초과해 집을 사다 보면 '하우스 푸어house poor(자기 집을 가지고 있지만 빈곤층에 속하는 사람-옮긴이)'가 될 위험이 있기 때문이다. 글린크는 씽크글린크에서 이렇게 말한다. "주거비에 더 많은 수입을 지출하는 가정은 건강한 식사, 운동, 질병의 예방과 같은 다른 활동에 더 적은 액수의 돈을 쓰게 된다. 자연스럽게 의료비나 치아 관리비를 아끼려 들기도 한다. 저축이 가능할 때의 이야기지만 응급상황이나 노후를 위해 저축하는 돈의 액수도 적다."[6] 이런 모습의 미래는 꼭 피하고 싶은 미래라는 사실에 다들 전적으로 동의하리라 생각한다.

미래의 원동력 활용하기

계획을 미루는 사람이 아니었던 매독스는 대화를 끝내기 전에는 내가 보스턴을 떠나지 못하게 만들 셈이었다. 나는 학회가 끝나면 술 한잔을 기울이며 퓨처캐스팅 과정의 모든 단계를 설명해주기로 했다.

"자네만의 사람을 찾아야 해." 근처 술집의 안락한 가죽 소파에 앉으며 내가 다시 한번 말했다. "기억하게. 집을 찾는 건 단순히 돈이나 부동산의 문제가 아니야. 판매자, 구매자, 중개업자, 중개업소, 그야말로 사람에 달린 일이지. 제일 좋은 점은 이 사람들 모두 자네가 집을 사길 바란다는 거지."

"알았네. 이해했어." 매독스가 말했다.

"잠깐만, 더 말해줄 게 있어." 내가 말했다. "자네가 미래를 실현하도록 도와줄 사람들을 찾았다면 이제 미래로 향하는 길에 도움이 되는 도구와 자원을 찾아야 하네."

"앱을 말하는 건가?"

"앱도 도구라고 할 수 있지. 대출 상품이나 저축 계획일 수도 있고." 내가 말했다. "다시 말하지만 나는 금융이나 부동산 전문가가 아니야. 어떤 도구를 써야 하는지는 내가 아니라 자네가 찾은 사람들이 알려줄 수 있지. 도구를 찾았다면 마지막으로 찾아야 하는 사람들이 있어. 바로 전문가들이지."

"전문가?"

"그래. 전문가들은 자네가 가려는 길을 이미 갔던 사람들이자, 배울 점이 있는 사람들이야." 내가 설명했다. "자네의 경우에는 자네와 비슷한 상황을 겪은 사람을 찾아야지. 배우자와 자녀가 있고, 전에 성공적으로 집을 산 경험이 있는 사람을 찾아봐."

"알았어, 알았어." 매독스가 신이 나서 말했다.

"대출 상품을 찾아주고 이웃이 어떤지 알아보는 걸 전문적으로 하는 사람을 찾아도 되고."

"이해했어." 그가 고개를 끄덕였다.

매독스는 열의로 불탔지만 쉴 새 없이 쏟아지는 정보에 누가 봐도 조금 벅차하는 모습이었다. 하지만 내가 도시를 떠나기 전에 그에게 퓨처캐스팅의 전체 과정을 끝까지 설명해주고 싶었다.

"마지막 단계는 백캐스팅이야." 내가 말을 시작했다.

"잠깐만, 지금부터는 받아 적어야겠어." 매독스가 주머니에서 펜을 찾는 시늉을 하며 말했다.

"처음에는 좀 벅찰 수도 있어." 내가 말했다. "과정에 대해 처음 들을 때는 당연한 일이야. 그래도 과정 자체는 아주 간단해. 1단계 미래의 자네 모습을 그려보게. 2단계 자네를 미래로 데려다줄 사람들, 도구들, 전문가들을 찾아. 3단계 목표하는 미래를 거꾸로 거슬러 올라가면서 미래를 만드는 데 필요한 과정을 찾아."

"그래, 그래. 말로야 당연히 쉽지." 그가 끼어들었다. "자네는 퓨처리스트잖아."

"걱정하지 말게. 자네도 눈 깜작할 새에 퓨처리스트처럼 생각할 수 있게 만들어주지." 내가 말했다. "백캐스팅은 목표한 미래의 절반 지점까지 가는 데 필요한 구체적인 행동을 정의하며 시작하지. 집을 산다고 가정하면 계약금으로 쓸 돈을 모으는 일이 절반 지점일 수 있어. 50퍼센트 지점에 도달한다는 게 무슨 뜻인지 이해했다면 다시 그 시간을 반으로 나눠서 목표까지 가는데 4분의 1지점을 찾게나. 자네의 경우에는 살고 싶은 지역을 찾고, 마음에 드는 집 몇 채를 정하고, 부동산 중개업자나 대출을 도와줄 은행원을 찾는 일이 여기에 해당하겠지."

"이해했네." 매독스가 고개를 끄덕였다.

"여기까지 마쳤으면 정식으로 퓨처캐스팅 과정을 시작하기 위해 월요일에 당장 무엇을 해야 하는지 결정해."

매독스가 크고 쩌렁쩌렁하게 웃었다. "꼭 아주 쉬운 과정인 것처럼 말하는데!" 그가 말했다. "그래도 솔직히 말하자면 할 수 있을 것 같아! 이제 뭘 해야 할지 알았으니까."

"좋았어!" 내가 매독스의 미래에 축배를 들며 말했다. "몇 주 후에 자네가 어떻게 지냈는지 얘기해줘."

함께 퓨처캐스팅하는 가족들

"잔디라면 질색이야." 오랫동안 침묵을 지키던 매독스가 갑자기 말을 꺼냈다.

"뭐라고?" 내가 물었다. 그의 말을 제대로 들었는지 확신할 수 없었다. 우리는 매독스가 사는 보스턴 아파트의 작은 발코니에 앉아 있었다. 해안가에서 이야기를 나눈 이후로 8개월이 흐른 그 날의 공기는 말도 안 되게 뜨거웠다. 매독스가 며칠간 보스턴에 방문한 나를 일요일 점심 식사에 꼭 초대하겠다며 고집했다. 임대 아파트 발코니 위의 깜찍한 그릴에서 고기를 굽자니 우스웠지만, 작은 아파트는 집을 사겠다는 매독스의 의지를 불태워주는 역할을 하는 듯했다. 더그와 아이들은 실내에서 핫도그와 소시지가 구워지길 기다리고 있었다.

"잔디 진짜 싫어." 매독스가 다시 말했다. "나는 내가 잔디를 싫어하는 줄도 몰랐어. 아니, 대체 누가 잔디를 싫어하냐고? 전에는 생각해볼 기회가 없었는데 이제야 알았어. 나는 잔디를 싫어해. 사실 정원 일이라면 다 질색이야."

"무슨 소릴 하는지 전혀 모르겠군." 내가 웃었다. 매독스와 대화하다 보면 흔하게 생기는 일이다.

"자네 조언을 따랐어, BDJ." 그가 말했다. "더그와 함께 집을 보러 다니면서 우리의 미래를 상상해봤지. 자네가 말한 게 바로 이거지?"

"맞아." 내가 말했다. "계속 말해봐."

"아무튼 마음에 드는 동네를 몇 군데 답사하면서 가격을 비롯한 우리 조건에 맞는 집을 실제로 찾아 나섰지. 근데 알고 보니 우리가 주시하던 동네에 자녀와 함께 사는 친구 부부가 있었지 뭔가. 이 사람들도 전문가라고 할 수 있겠지?"

"그렇지." 내가 대답했다.

"우리가 자신들이 사는 동네에 관심이 많다는 걸 아는 그 부부가 한 달 동안 휴가를 간다는 거야. 전에 우리가 원하는 미래를 말해준 적이 있거든." 그가 퓨처리스트다운 단어를 쓰기 위해 애쓰는 것이 눈에 보였다. "부부는 우리가 그동안 집을 봐줄 수 있는지 물었어. 근방의 환경이 어떤지도 알아볼 겸 말이야. 애들 학교 일정도 조정했겠다, 제안을 기꺼이 받아들였지."

"와!" 내가 탄성을 터뜨렸다. "대단하군. 실제로 자네가 원하는 미래에서 살아볼 기발한 방법이야. 정말 멋져."

"맞아, 나도 좋은 방법이라고 생각했다네." 매독스가 스스로를 대견해하며 말했다. "그 집에서 한 달 동안 살아봤지. 다들 너무 만족했어. 이웃도 좋았고. 하나 빼고는 정말 좋은 집이었다네."

"그게 뭐였는데?" 내가 물었다.

"그 집 뒷마당이 아주 넓었어." 매독스의 목소리가 점점 어두워졌다. "바비큐도 해 믹고, 아이들이 뒷마당에서 뛰어놀 생각에 신났었지." 그가 우리 발치의 작은 그릴을 가리키며 말했다. "잔디를 깎고 마당을 정리하기 전까지는 다 좋았어. 주택에서 살려면 꼭 해야 하는 일들이잖아, 그치?"

"오, 이런." 내가 말했다. "무슨 말을 하려는지 알 것 같아."

"그래. 내가 정원 일을 싫어하는 걸 나도 이번에 처음 알았어." 매독스가 침을 튀기며 말했다. "정원 일은 질색이야. 더그도 마찬가지였고. 심지어 애들은 잔디 알레르기가 있는 것 같아. 정말, 정말 끔찍했다네!"

"안됐네." 나는 뒷마당에서 괴로워하는 매독스를 상상하며 웃었다. "지금이라도 알아서 다행이야."

"그러니까 말이야!" 그는 핫도그가 익었는지 확인하려 허리를 숙이며 말했다.

"그래서 자네의 미래는 이제 무엇인가?" 내가 물었다.

"잔디가 없는 곳이지." 그가 곧바로 대답했다. "파티오가 없다면 뒷마당 자체도 없었으면 좋겠어."

"진지하게 대답해봐." 나는 더 자세한 사항을 말해주길 조르며 말했다. "지금의 미래는 어떻게 생겼어? 절반 지점과 4분의 1지점은 무엇이야? 월요일은 벌써 달성한 것처럼 보이는데."

"그래, 정말 먼 길을 걸어왔지." 매독스가 손사래를 치며 말했다. "자네가 말한 단계는 모두 따랐어. 우릴 돕는 사람들도 있지……." 그가 '사람들'을 강조하며 말했다. "우리 담당 부동산업자가 우리 대신 집을 찾고 있어. 우리를 담당하는 담보 대출 중개인과 자산 관리사도 있지."

"와우! 그거 정말 좋은 소식이군. 혹시 벌써." 내가 말을 시작했다.

"진정하라고, 이 미래 소년 같은 친구야." 매독스가 웃으며 내 말을 끊었다. "실내로 들어가기 전에 지금까지 무슨 일이 있었는지 말해주지. 내 생각엔 지난주가 우리의 4분의 1지점이었던 것 같아. 저축액과 투자금도 다시 배치했고, 우리 담당 금융 전문가한테 우리의 목표는 시내에 있는 주택이라고 말했어." 그는 말하는 동안 허공에서 팔을 움직여 상자를 정리하는 듯한 동작을 했다. "회사가 어떤지에 따라 다르겠지만 가을쯤에는 절반 지점에 도착할 수 있을 거야. 암 치료제 개발은 진짜 어려우니까."

"많은 진전을 이루었군." 나는 가능한 한 격려의 말을 해주기 위해 노력했다.

"아, 그게 다가 아니야." 그가 말했다. "더그도 퓨처캐스팅에 열광해. 더그와 내가 먼저 얘기를 나누면 다음에는 아이들과 함께 우리가 원했던 미래에 관해 얘기하지. 온 가족이 함께 퓨처캐스팅을 했다고!"

"함께 퓨처캐스팅하는 가족이라……." 내가 운을 떼었다.

"또 홍보 문구를 가르쳐주려는 거면 관두라고." 그가 그릴 위의 핫도그와 소시지를 접시로 옮기며 말했다. "지금은 금융 관리사와 함께 앞으로 5년에서 10년 사이의 계획을 검토 중이야."

"정말 대단하군, 매독스." 내가 손뼉을 치며 말했다. "자네가 정말 해냈어. 정말 놀라운 진전이야."

"고맙네, BDJ." 매독스가 사뭇 진지한 목소리로 말했다. 그가 내 눈을 똑바로 바라보았다. "진심이야, BDJ. 정말 고마워. 지난번의 대화가 아주 먼 옛날 일처럼 느껴져. 전보다 가슴이 한결 후련해졌어."

"천만에." 내가 고개를 까닥해 보였다. "도움이 돼서 기쁘네."

"그래도 조심하는 게 좋을 거야." 그가 실내로 통하는 미닫이문을 열며 덧붙였다. "우리 애들은 지금 퓨처리스트의 열광적인 팬이라고. 아마 자네에게 질문 세례를 퍼부을 거야."

"빨리 아이들을 만나고 싶은걸." 내가 대답했다. 진심으로 기대되었다.

사람의 힘

간단한 질문 코너 3

"자, 그럼 다시 질문해보자……."

이 말을 들은 내 학생들은 곧바로 질문 코너 시간임을 눈치챈다. 잠시 책을 내려놓고, 퓨처캐스팅 과정을 기준으로 당신의 미래와 사람들 사이의 연결고리를 찾아볼 좋은 기회다.

질문 코너의 질문으로 시작하기보다는 우선 당신이 긍정적인 미래를 만드는 데 도움을 줄 수 있다고 믿는 사람을 세 명 떠올려 보자. 우리에게는 우리가 존경하고 마음을 나눌 수 있는 조력자가 한 명쯤 있다. 잘 생각해보면 이들은 우리에게 긍정적인 영향을 끼칠 수 있는 사람일 확률이 높다. 여기서 주의해야 할 것은 이들의 영향력은 보장되지 않았다는 점이다. 누군가의 가치를 알아보더라도, 그들이 실제로 우리의 인생에 영향력을 미치게 내버려 두기가 쉽지 않기 때문이다.

왜일까? 우리가 아직 미래에 대해 충분히 생각해보지 않은 까닭에, 이 사람이 미래를 이루는 데 어떤 식의 도움을 줄 수 있는지 모르기 때문이다. 인생에서 할 수 있는 최악의 일은 다른 사람이 당신의 미래를 정의하도록 내버려 두고, 심지어는 정의하기를 바라는 것임을 기억하자. 당신이 존경하는 사람이 대신 인생의 결정을 내려주길 바라는 것도 여기에 포함된다.

이 활동의 첫 부분으로 당신의 인생에 긍정적인 영향력을 끼치는 세 명의 사람을 찾아보았다. 이번에는 이 세 명이 당신의 미래에서 맡게 될 구체적인 역할을 정하고, 앞으로의 관계가 어떻게 될지 알아보자. 어떤 면에서는 마치 멘토링의 기초 수업처럼 느껴지는 활동이다. 아주 구체적인 방식으로 당신이 원하는 미래와 이들이 당신을 도울 방법을 생각하도록 만들기 때문이다.

나는 일 년에 최소 몇 번은 내 삶에 이 활동을 직접 적용한다. 1장에 등장했던 내 조언자 인텔의 앤디 브라이언트를 기억하는가? 앤디는 내가 개인을 위한 퓨처캐스팅을 연구할 때 방향을 잡도록 도와준 사람이다. 앤디는 나를 생각에 잠기게 했다. 그는 내게 내가 답을 모르거나 바로 대답할 수도 없는 질문을 던졌다. 하지만 어렵고 불편하고 오랜 시간을 들여야 했던 우리의 대화는 내가 미래를 더 구체적인 방식으로 보게 했다. 앤디와의 대화가 내 인생을 바꿨다. 나는 그제야 더 새롭고 분명한 모습의 미래를 볼 수 있었다.

티아나. 내가 원하는 미래와 내가 되고 싶은 사람의 모습으로 나를 나아가게 했고, 계속해서 나아가게 하는 또 한 명의 내 사람이다. 자라온 환경, 인생의 목표, 세계관, 경험까지 티아나와 나는 너무나도 다른 사람이다. 우리는 자주 서로의 말에 동의하지 않지만, 그와의 교류와 그의 관점은 내가 더 복합적이고 포괄적인 미래를 설계하는 데 큰 도움을 준다. 우리의 거의 모든 대화는 티아나가 왜 내가 틀렸는지, 내가 놓친 게 무엇인지, 내게 부족한 관점이 무엇인지 지적하면서 시작된다. 하지만 더 나은 미래를 만드는 것이 목표인 우리의 대화는 항상 긍정적이고 건설적이다.

자, 이제 당신 차례다.

질문 ①

- 당신의 미래를 만드는 데 적극적인 역할을 할 세 명(혹은 더 많은 수)의 사람은 누구인가?
- 당신이 원하는 미래로 나아가는 데 도움을 줄 수 있는 사람은 누구인가?
- 왜 이들이 당신을 도울 수 있다고 생각하는가?
- 이들은 당신을 긍정적인 방식으로 지지할 것인가?

추가 질문

- 이들은 당신과 다른 관점을 가지고 있는가?

- 이들의 출신과 배경이 다양한가?
- 이들은 당신의 의견에 생산적인 반대 의견을 표할 수 있는가?

위의 질문에 대답했다면, 당신이 찾은 사람들에게 앞서 했던 질문 코너 1의 질문을 던져보자. 질문을 이용해 미래의 이야기를 하며 대화가 어떻게 진행되는지 관찰해보자. 긍정적인 대화였는가? 대화 전보다 더 많은 힘과 응원이 느껴지는가?

질문 코너 1의 질문들을 충분히 생각했다면 당신의 사람들에게 당신이 원하는 미래의 모습을 말해주자. 그들이 미래로 향하는 과정에 동참하길 바란다는 말도 잊지 말자. 분명히 당신의 부탁에 미소를 보이며 당신의 미래를 현실로 만드는 데 최선을 다해 협조할 것이다.

▌밑바닥에서 보는 경치

사람이 만드는 미래라는 주제에서 벗어나기 전에 마지막으로 들려주고 싶은 이야기가 있다. 관점의 변화가 깊은 절망에 빠진 사람을 구할 수 있음을 보여주는 이야기다.

서재에서 연구 보고서를 쓰던 어느 날이었다. 문자 메시지 수신음이 울렸다. "퓨처리스트, 거기 있나요?"

"네." 내가 답장했다. "무슨 일 있나요?"

"내게도 미래가 있다고 말해줘요." 타라가 대답했다.

타라는 내가 미래의 기술과 미국인들의 꿈에 관해 전시하는 학회에 참석했을 때 만난 사람이다. 당시 학회는 에임즈에 있는 아이오와주립대학교에서 개최되었다. 몇 년의 시간이 흐르는 동안 타라의 인생은 순탄치 않게 흐르고 있었다. 어느 날 찾아온 정신 건강 문제 때문에 금전적인 어려움에 부닥친 것이다.

"당신에게도 미래가 있어요." 답장했다.

"통장에는 300달러밖에 없는데 2주 안에 집세로 1,100달러를 내야 해요. 이런 미래로 대체 뭘 해야 하는 건지 가르쳐 줘요."

"통화 가능할 때 전화 주세요." 내가 바로 답장했다. "얘기 좀 합시다."

타라는 한 달 전에도 내게 연락했었다. 그는 우리가 대학교 건물에서 마지막으로 만난 후로 무슨 일이 있었는지 말해주었다. 지나가는 말로 미래를 이야기한 적은 몇 번 있지만, 그의 상황이 이 정도로 나쁠지는 전혀 생각하지 못했다. 타라는 몰랐겠지만 나도 인생의 밑바닥을 경험한 적이 있다. 그래서 이런 종류의 대화가 딱히 거북하지 않다. 도움을 청할 곳은 바닥나고, 재정적으로 무력하며, 무일푼 신세로 추락하는 기분이라면 나도 잘 알고 있기 때문이다.

2001년 8월, 나는 신생 기술 회사의 창업 멤버 중 한 명이었다. 내가 맹신하는 기술을 기반으로 세운 회사였다. 그동안 퓨처리스트로 활동하며 거두었던 성과는 곧 인터넷과 결합한

TV가 인기를 모는 세상이 올 것이라며 나를 부추겼다. 아이폰이나 내가 인텔에서 만들게 될 스마트TV는 아직 개발되지도 않았던 시절의 이야기다. 나는 이 TV의 성공을 굳게 믿고 있었다.

정말 철석같이 믿었던 나는 전 재산을 모조리 바쳐 사업을 진행했다. 그리고 얼마 지나지 않아 9·11 테러가 일어났다. 그 뒤로 경제난이 일어나며 작은 규모의 우리 회사에 투자하겠다던 투자자들도 발을 뺐다. 나는 빈털터리가 되었다. 투자한 돈을 모조리 잃고 개인파산 신청을 해야만 했다. 그래서 절벽 끝에 매달린 기분이라면 나도 잘 안다. 무슨 이유로든 곤경에 처한 사람들의 전화라면 꼭 받는 이유이기도 하다. 나 자신도 곤경에 처해본 적 있기에, 어쩌면 내가 도울 방법이 있을지도 모르기 때문이다.

곧 전화가 걸려왔다.

"답답하겠어요." 내가 차분한 목소리로 말했다.

"그렇기도 하고 아니기도 해요." 타라가 대답했다. "사실은 답답해요. 잘 알아채셨군요." 예의를 지키고 싶지만 어려운 상황 때문에 신경이 곤두서 있는 목소리였다. 입안에 가득 찬 비명을 차마 지르지 못하고 참고 있다는 느낌이었다. "하지만 동시에 진절머리가 나는 기분을 아시겠어요? 물론 살면서 실수도 했고 잘못된 길에 들어선 적도 있지만 내 인생이 계속 이런 식이면 안 되는 거잖아요? 집세를 어떻게 내야 하나 고민이나 하면서 말이에요."

"그럼요, 안 되고 말고요." 내가 대답했다. "사는 게 항상 이렇지는 않을 거예요. 지금의 상황보다 더 나은 상황이 올 거예요."

"정말요?" 타라의 목소리에서 다시 분노가 느껴졌다. "나 자신이 무력하고 쓸모없는 기분이에요. 이 세상에 살 가치가 없는 사람처럼 느껴져요. 앞으로도 다시는 가치 있는 사람이 될 수 없을 것 같다고요."

타라는 무너지고 있었다. 무력감, 답답함, 공포에는 서로를 더 증폭시키는 힘, 우리를 더 깊은 절망의 구렁텅이에 빠뜨리는 힘이 있다.

"내가 어떻게 도울 수 있을까요?" 그에게 다시 물었다.

"1,000달러만 주세요." 타라가 바로 대답했다. 잠시 후 그가 다시 말하기 시작했다. "아니에요, BDJ. 돈 달라고 전화한 게 아니에요. 만약 1,000달러를 주신다면 지금 눈앞의 문제는 해결되겠죠. 당신이 하는 일은 그런 게 아니잖아요. 저도 알아요."

"그럼 어떻게 도와줄 수 있을까요?"

"이것만 말해주세요." 그가 크게 한숨을 내쉬며 말했다. "저한테도 미래가 있다고 말해주세요. 희망이 필요해요."

"당신에게도 미래가 있어요." 내가 건조하게 말했다.

"참나." 그가 웃었다. "문자로도 했던 말이잖아요. 그런 뜻으로 말한 게 아니에요."

"무슨 뜻으로 말했는지 잘 알아요." 내가 말을 자르며 말했다. "저는 당신에게도 미래가 있다고 말하는 거예요. 현재의 자신은 여기서 끝내세요. 곧 더 나은 상황이 찾아올 거예요. 하지만 이것만 말해줘요. 당신이 원하는 미래는 뭔가요?"

"1,000달러요." 그가 대답했다.

"당신이 원하는 더 먼 미래는 뭔가요?" 내가 물었다. "다른 모습의 미래에 사는 자신을 볼 수 있겠나요?"

"당장 이번 주의 미래도 상상하지 못하겠어요." 그가 말했다.

"자, 노력해보세요." 내가 재촉했다. "지금까지와 다른 미래에 사는 당신의 모습을 떠올려 봐요. 집세 걱정 없는 미래, 당신의 상황을 통제할 힘이 있는 미래를 상상해봐요."

수화기 너머의 그가 죽은 듯이 조용했다. 나도 조용히 그에게 생각할 시간을 주었다. 너무나 긴 시간 동안 그에게는 끔찍한 현재와 다른 모습의 미래를 상상할 허락도, 수단도 주어지지 않았다.

"어휴. 해볼게요." 그가 한숨을 쉬었다. "솔직하게 말하면 다시 학교에 다니고 싶어요. 학교는 내가 나 자신을 놔버린 장소기도 해요. 내가 왜 그랬는지도 잘 알아요. 겁이 났어요. 조울증을 겪는 사람이라면 알 거예요. 항상 극심한 공포에 질려 있죠. 길게 할 얘기는 아니에요."

그의 사정이 내 일처럼 훤했다.

"어쨌든 다시 학교에 다니고 싶다는 말이에요. 그런데 지금은 돈도 없고, 그렇다고 다시 에임즈로 돌아가기는 싫어요. 계속 아이오와주에서 사는 것도 싫어요. 버지니아주에서 살 거예요. 지루한 얘기는 그만할게요." 그가 다시 기죽은 목소리로 말했다. "그냥 불가능한 얘기예요."

"충분히 가능해요." 내가 대답했다. "전에도 해냈다면 다시 해낼 수 있어요."

"집세도 내기 힘든데 어떻게 학교에 다니겠어요?"

"우리는 지금 현재의 이야기를 하는 게 아니에요." 내가 말했다. "지금 상황이 절망적이라는 건 잘 알았어요. 그래도 저한테 몇 분만 시간을 주세요. 길게 시간 뺏지 않을게요. 당신은 당신이 생각하는 것보다 더 많은 걸 통제할 수 있어요. 당신의 미래도 직접 만들 수 있어요."

"알겠어요. 속는 셈 쳐볼게요." 그가 동의했다.

"어떤 학교에서 무슨 공부를 하고 싶나요?" 내가 물었다.

"솔직히 어디를 가든 상관없어요." 타라가 대답했다. "그냥 학교에 다니고 싶어요. 물리 치료학 학위도 마치고 싶고요. 학교를 관둔 후로 물리 치료학 공부가 제일 그리웠어요."

"좋아요." 내가 계속해서 말했다. "이제 어떻게 목표를 이룰 수 있을지 알아봅시다."

매독스와 했던 것처럼 우리는 타라의 미래를 도와줄 원동력을 찾기 시작했다. 팀원을 찾을 차례가 오자 타라는 민감한 반응을 보였다.

"당신이 학교도 다니고, 원하는 미래에 다가가도록 도와줄 사람이 있나요?" 내가 물었다.

"제 옆에는 아무도 없어요." 타라가 조용히 말했다.

"당신이 원하는 미래로 향하도록 도와줄 사람이 있을 거예요." 내가 재빨리 덧붙였다.

"제 옆에는 아무도 없다니까요." 그가 다시 말했다. "가족과도 소원하고, 전남편도 다시는 저를 도와주지 않을 거예요." 그가 울먹이며 말했다.

그가 이혼을 했는지는 몰랐다. 타라는 내게 한 번도 전남편에 대해 말하지 않았다.

"당신을 도울 사람은 아주 아주 많아요." 타라를 기운 나게 하려고 노력하며 말했다.

"누가 있다는 건가요?"

"지금 다니고 싶은 학교부터 시작해요." 내가 설명했다. "학교 사람들을 찾아가서 이야기를 나눠보세요. 입학 관리실이나 학자금 지원 담당자도 좋고, 지역 봉사 활동에 참여하는 사람도 찾아가 보세요. 대학교를 방문하고 입학을 도와줄 사람들과 얘기하는 데 돈이 드는 것도 아니잖아요. 간단해 보이지만 정말 훌륭한 첫걸음이랍니다."

타라는 한참 동안 조용했다. "그냥 가서 말을 걸라는 말씀이세요? 그분들이 왜 저랑 말하고 싶어 하겠어요?"

"그 사람들은 당신이 찾아와서 이야기 나누길 원해요." 내가 대답했다. "그게 그 사람들 일이에요."

"흠." 타라가 말했다. 무언가 달라진 느낌이었다. 그의 목소리에 서린 날카로움이 누그러졌다. "무슨 말씀인지 알겠어요."

우리는 계속해서 절반 지점과 4분의 1지점에 대해 이야기했다.

"들어보세요, BDJ." 타라가 마침내 말했다. "제가 벌써 당신의 시간을 많이 낭비했지만 이젠 알겠어요. 무슨 말씀인지 이해해요. 정신 바짝 차려야겠죠. 집세 문제도 해결해야 하고요. 그래도 지금까지와는 다른 미래를 직접 보고, 저와 미래에 관해 이야기하고 싶어 하는 사람들이 있다는 사실만으로 미래가 진짜처럼 느껴져요. 진짜 할 수 있을 것 같은 기분이 들어요."

"할 수 있을 거예요." 나는 미소를 지었다.

"당신은 정말 낙천적이군요." 타라가 웃음을 터뜨렸다. "응원해줘서 고마워요."

타라는 결국 집세 문제를 해결했다. 그가 사는 버지니아주의 노퍽 인근에 있는 올드도미니언대학교에 방문 예약도 잡았다. 훌륭한 물리 치료학과는 물론 사람들도 많이 만날 수 있는 학교였다. 여기까지가 타라가 정한 4분의 1지점이다. 지난번에 타라와 연락했을 때는 그가 학자금 지원을 받으며 대학교의 야간 수업을 수강한다는 소식을 들었다. 절반 지점까지 얼마 남지 않은 것이다.

다음 장에서는:
미래를 만들려면 사람보다 더 많은 것이 필요하다

타라와 매독스 가족처럼 당신에게도 당신이 항상 원해왔던 미래를 상상하고, 디자인하고, 현실로 만들 힘이 있다. 당신이 원하는 미래에 사는 자신을 그리고, 많은 대화를 나누고, 구체적인 행동을 한 단계씩 밟다 보면 미래는 분명히 이루어진다.

사람이 미래를 만든다는 사실을 받아들이자. 당신과 가족의 미래, 당신의 사업, 당신이 사는 지역 사회까지, 당신이 선택한 무엇이든 미래를 만들어 나가자. 당신을 지지하는 사람들을 찾으면 미래를 현실로 만드는 데 도움이 될 것이다.

인생을 퓨처캐스팅하려면 배워야 하는 핵심 요소가 하나 더 있다. 지난 세월 동안 나는 미래가 단순히 사람에 의해서만 만들어지는 것이 아니라는 사실을 발견했다. 퓨처캐스팅의 또 다른 핵심이자 다음 장의 주제, '미래는 우리 주변에서 만들어진다'에 대해 말해보겠다.

미래는 우리 주변에서
만들어진다

미래는 사람에 의해 만들어진다. 내가 전 장에서 당신을 충분히 설득했기를 바란다. 이번에는 퓨처캐스팅의 또 다른 핵심, '미래는 우리 주변에서 만들어진다'를 소개하겠다. 내 말이 정확히 무슨 의미인지 궁금한가? 일반 청중들 앞에서 강연할 때면 이 말의 의미를 묻는 질문에 다시 한번 질문으로 대답한다. "지금, 이 순간 당신의 미래는 어디에서 만들어지고 있다고 생각하십니까?" 사람들은 미래가 실리콘밸리의 깔끔하고 번쩍이는 연구실에서 만들어진다고 생각한다. 정치 권력의 중심인 워싱턴 D.C.나 중국의 공장에서 만들어진다고 생각할지도 모른다. 미래가 자신들의 뒷마당에서 매일 만들어지고 있다는 사실을 인지하는 경우는 드물다.

이는 퓨처캐스팅의 이론을 소화하기 위한 논리적인 다음 단계라고 할 수 있다. 미래는 사람에 의해 만들어지고 사람은 물리적인 장소에 존재한다면, 모든 미래는 사람이 있는 장소에 존재할 수밖에 없다. 다른 방식으로도 설명해보자면 미래는 열정적인 사람들이 한방에 모여 두 팔을 걷어붙이고 함께 그리는 비전을 실현하려고 노력할 때 만들어진다. 내가 말한 방은 실제로 존재하는 물리적인 방일 수도 있고 영상 통화나 소셜 미디어 같은 가상 공간일 수도 있다.

당신만의 미래를 건설하려면 알맞은 때에 알맞은 장소에 있어야 한다는 뜻이다. 그냥 들어서는 당연한 일처럼 보인다. 그러나 나는 잘못된 장소에 있는 바람에 멈춰버린 미래에서 앞으로 나아가지 못하는 사람들을 수도 없이 만나왔다. 잘못된 분야에 몸담는 바람에 진로가 막혀버린 사람, 잘못된 도시에서 사는 바람에 진정한 인연을 찾지 못하는 사람, 혹은 잘못된 무리와 어울리며 잘못된 생활방식에 길드는 바람에 건강을 잃어버린 사람도 만났다.

당신을 위한 새로운 미래를 만들고 싶다면 우선 당신이 쓰는 미래의 이야기를 바꿔야 한다. 또한 퓨처캐스팅 과정의 일환으로 새로운 미래가 일어날 확률이 높은 장소와 그 장소에 가는 데 필요한 단계가 무엇인지 고민해야 한다. 지금부터 방금 말한 일을 해낸 사람들을 소개하겠다.

앞길이 창창한 인생,
그러나 보이지 않는 미래

퓨처리스트로 살다 보면 뜻밖의 문자를 많이 받는다. 몇 달, 혹은 몇 년 동안 소식을 듣지 못했던 사람들이 이따금 내 휴대전화를 울린다. 나는 개의치 않는다. 사실 도움이 필요한 사람들이 나를 찾는다는 사실에 자부심을 느끼기도 한다. 사람들은 퓨처리스트의 번호를 단축번호에 저장하고 싶어 한다. 나는 종종 퀴즈쇼 〈누가 백만장자가 되고 싶은가?〉에 참가한 나의 지인들이 "전화 찬스를 쓰겠습니다"를 말하면 진행자 레지스 필빈Regis Philbin이 내게 전화를 걸어주는 모습을 상상해본다.

어느 평일 오후, 오랫동안 알고 지낸 존에게서 문자 한 통을 받았다. 그는 내가 몇 년간 상담해온 대규모 보험 회사의 설계사로 일했다. 우리는 저녁을 같이 먹고 야구를 관람하는 등 사교 활동을 같이하며 가까워졌다.

"얘기 가능해?"

"자네가 연락하다니 좋은 징조는 아닌걸!" 내가 답장했다. "가능해. 지금 시간 괜찮아?"

몇 초 후 휴대전화가 울렸다.

"안녕, 존." 걱정스러운 마음을 숨기려 노력하며 전화를 받았다.

"내가 부담 주는 건 아니었으면 해." 존이 한숨을 쉬며 말했다. "우리 애가 그 말을 하자마자 자네가 제일 먼저 생각났어."

"잠깐, 무슨 일 있었어?" 내가 말했다. "괜찮아? 목소리가 안 괜찮은 거 같은데."

"두루뭉술하게 말하려던 건 아닌데, 미안하네." 최선을 다해 걱정의 기색을 숨기며 존이 대답했다. "내 딸 록산느 말이야. 걔를 어떻게 해야 할지 모르겠어."

"내가 어떻게 도와줄까?"

"아이가 힘든 시기를 보내고 있어." 존이 설명했다. "얼마 전에 예술 학교를 졸업하고 지금 뭘 해야 할지 전혀 모르고 있지."

"젊은 친구들에게는 힘들 수 있지." 내가 말했다.

"그냥 힘든 것보다 더 심각해." 존이 말했다. "어제는 저녁을 먹는데 아이가 미래는 없다고 그러는 거야. 자기한테는 미래가 없다고 말이야. 그 말을 듣자마자 자네가 생각나더군. 우리가 회사에서 만난 사이긴 하지만 우리 아이와 대화해줄 수 없나 해서 연락해봤네."

아이를 걱정하는 부모가 조언을 얻기 위해 내게 연락한 것은 이번이 처음이 아니었다. "물론이지." 우리는 곧 약속 날짜를 잡았다.

뻔히 보이는 것들의 매혹적인 힘

영상 통화 수신 버튼이 휴대전화에 떠오르며 시끄럽게 울렸다. 나는 태평양 연안 북서부에 있는 내 서재에서 미니애폴리스에 사는 록산느와 통화 중이었다.

"안녕, 나는 BDJ라고 해요." 전화가 연결되자 록산느의 얼굴이 화면에 나타났다.

"오, 안녕하세요. 전화해주셔서 감사해요." 록산느가 머뭇거리며 말했다. "아빠가 꼭 이야기해보라고 하셔서요." 그는 주방 식탁에 앉아 있는 듯했다. 20대 초반의 록산느는 짧게 깎은 머리와 코에는 소코뚜레 모양의 피어싱을 하고 있었다. 보통은 사람들의 외향에 신경 쓰지 않는 편이지만 록산느 목에 자리한 벵골호랑이 문신이 눈에 확 들어왔다. 호랑이 꼬리와 뒷다리는 오른쪽 어깨에, 머리는 오른쪽 귀 근처 턱 아래에 있는 모양이었다.

"만나서 반가워요, 록산느." 내가 먼저 대화를 시작했다.

"록스라고 부르세요." 그가 웃었다. "다들 록스라고 불러요."

"그럼, 록스." 내가 자세를 바꾸며 말했다. "내가 어떻게 도울 수 있을까요?"

"아빠가 선생님은 퓨처리스트라고 하셨어요." 록산이 재미있다는 표정으로 말했다. "퓨처리스트가 뭔가요?"

나는 퓨처리즘과 내 이력을 장황하게 설명했다.

"아, 네. 이해가 되는 거 같아요." 록스가 고개를 끄덕였다. 그에게 나는 아빠가 이야기 좀 해보라고 부추긴 나이 든 남자일 뿐이었다. 당연히 의심이 갈 수밖에 없었다.

"아빠가 그러는데 미래에 대해 고민하는 중이라고요." 내가 말했다.

"아뇨." 록스가 천장과 나를 번갈아 보며 웃었다. "저한테 미래가 없는 것 같다니까 아빠가 깜짝 놀랐을 뿐이에요." 대화가 계속되자 록스는 긴장을 풀었다. 그의 순수함과 솔직함이 신선하게 다가왔다. "저는 이제 막 대학을 졸업했어요. 갚아야 하는 학자금 대출이 산더미고, 아직도 부모님 집에 얹혀살죠. 계속 학교에 다니기는 싫어요. 빨리 취직하고 싶은데 졸업한 이후로 제가 정말 관심 있는 걸 못 찾겠어요. 그러니 저로서는 미래가 그렇게 밝아 보이지는 않죠."

"면접을 본 직장은 있나요?" 그를 더 잘 파악하기 위해 내가 물었다.

"네, 몇 군데요. 미니애폴리스에 있는 건설 회사에 합격도 했어요." 그가 설명했다. "일한 지는 아직 몇 주 안 됐어요. 마케팅 부서에서 3D 모델링과 캐릭터 애니메이션을 하죠. 제 전공이 그거였거든요."

코 피어싱과 호랑이 문신을 한 록스가 미니애폴리스의 건설 회사 사무실에서 일하는 모습을 상상하던 나는 잠시 나 자신을 돌아보아야 했다. 내가 그를 무의식적인 편견의 시선으로 보고 있었다는 것을 깨달았기 때문이다.

나는 록스가 자신을 다 소개하기도 전에 그가 어떤 사람인지 판단하고 있었다. 우리가 가지는 편견이 추악한 이유다. 진심으로 록스를 돕고 싶었지만 나는 내가 듣고 싶은 것만 듣는 습관에서 벗어나지 못하고 있었다.

우리 모두 때와 장소에 따라 우리가 하는 말을 여과시킨다. 아이들과 대화할 때 쓰는 말이나 직장동료와 대화할 때 쓰는 말은 우리가 평소에 쓰는 말과 다르다. 우리는 때와 장소에 따라 특정한 단어를 제외한 나머지는 걸러낸다.

하지만 우리는 남이 하는 말을 들을 때도 똑같이 행동한다. 누군가에 대해 추측하거나 상대방을 잘 안다고 생각하면 그 생각은 우리 마음속에서 진실이 되어버린다. 우리가 생각하는 상대의 모습이 할 법한 말만 듣게 된다. 후에 상대방이 변하거나 다른 관점을 가지게 되어도, 우리는 그의 진짜 모습이 아닌 우리가 생각하는 모습을 통해 그의 말을 걸러낸다. 그러면 그의 진의를 놓치거나 이해하지 못하게 된다. 나는 시작부터 록스의 개성을 무시해버렸다. 록스는 내가 잘 알지 못하는 면이 많은 입체적인 사람이지만 나는 벌써 그가 어떤 사람인지 추측하고 있었다. 결국 나는 한 걸음 물러나서 내 행동을 의식하고 다시 열린 마음을 가지도록 노력해야 했다.

듣고 싶은 것만 듣는 자신을 발견했다면 스스로의 행동에 책임을 지자. 상대방의 말이 무슨 의미인지 유추하지 말고, 상대방이 실제로 하는 말에 귀를 기울이고 반응하자. 행동은 상대의 말을 듣고 난 이후에 시작하자.

"그래서 내가 어떻게 도와줄 수 있을까요?" 내가 물었다.

"좋은 질문이에요." 그가 대답했다. "저를 어떻게 도와주실 수 있나요? 아빠 말로는 큰 회사들이랑 군사 시설을 도와주시

는 분이라고 들었어요. 저는 해당 사항이 없잖아요." 록스의 말
투는 흥미로웠다. 무례하거나 조바심 내지 않으면서 솔직하고
간단명료하게 본론을 물어왔다. 마치 나와 세상의 거의 모든
사무직 사람들이 그의 외모에서 기대할 만한 선입견을 모두
깨뜨린 것만 같았다.

"어디에나 적용할 수 있는 방식이에요." 내가 웃어 보였다.
"누구라도 퓨처리스트처럼 생각할 수 있어요."

"알겠어요, 퓨처리스트 선생님. 한번 해볼게요." 그가 고개
를 끄덕였다.

"어떤 모습의 미래를 원하나요?" 내가 퓨처캐스팅을 시작하
며 말했다. "어떤 모습의 미래를 피하고 싶나요?"

"정답이 지나치게 뻔한 질문 아닌가요?" 록스가 사무적인
어조로 생각을 입 밖으로 말했다. "애니메이션 회사에서 일하
고 싶고, 건설 회사에서 애니메이션을 하고 싶진 않아요. 학자
금에서 해방되고 싶어요. 정말 진심으로 부모님한테서 독립하
고 싶어요. 그게 다예요." 그가 씩 웃으며 다시 고개를 끄덕였
다. "제가 바라는 건 그게 다예요."

"그럼 그 미래는 어디에서 시작하나요?" 내가 그를 밀어붙
였다. "애니메이션 분야에서 일하고 싶고 부모님과 따로 살고
싶다고 했죠. 그렇다면 정확히 무슨 회사에서 일하고 싶나요?
정확히 어디에서 살고 싶나요?"

"저는." 록스가 말을 하려다 말고 멈췄다. 그는 잠깐 입을 열

었다 다시 굳게 닫았다. 록스는 멍하니 호랑이 문신의 꼬리를 문지르고 멈추는 것을 반복했다.

"이건 어떤가요, 록스." 내가 침묵을 깨며 말했다.

"잠깐만요, 퓨처리스트 선생님." 록스가 손을 들어 보이며 나를 멈췄다. "잠깐 생각 좀 하게 해주세요." 록스는 잠시 가만히 있다가 마침내 입을 열었다. "모르겠어요. 미래를 이런 식으로 생각해본 적은 없거든요."

"우리들의 미래는 우리 주변에 있어요." 내가 말했다. "많은 사람에게 그들이 찾는 미래가 어디에 어떤 모습으로 존재하는지 이해하는 게 미래를 이루는 데 가장 중요한 첫걸음이죠." 록스의 얼굴에서 깨달음의 신호를 찾으려 했지만, 그는 화면 밖만 뚫어지게 쳐다보고 있었다.

"미래가 있는 장소만 알아낸다면 그곳에 도착하기 위해 밟아야 할 구체적인 단계들이 준비돼 있어요." 내가 덧붙였다.

한 차례 더 고통스러운 침묵이 흘렀다.

"알겠어요, 해볼게요." 그가 다시 내게 집중하며 갑작스레 입을 열었다. "일주일만 주세요."

"좋아요!" 나는 방금 무슨 일이 일어났는지 모르는 채로 대답했다.

"퓨처리스트 선생님, 안녕히 계세요." 록스가 양손을 흔들어 보였다. "다음 주에 문자 드릴게요." 전화가 끊어졌다.

'정말 흥미로운 젊은이로군.' 나는 생각했다.

나무를 베려면 산으로 가야 한다

"안녕하세요, 퓨처리스트 선생님." 록스와 만나기로 한 시간이 돌아왔다. 이제는 익숙한 록스의 얼굴이 내 휴대전화 액정에 떠올랐다. 록스의 목소리가 지난주와는 다르게 들렸다. 전보다 덜 방어적이지만 자신감을 잃은 목소리였다.

"안녕하세요, 록스." 내가 말했다. "지난 한 주 잘 보냈나요?"

"최악이었어요." 그가 대답했다. "사람이 일주일 동안 몇 채의 주상복합주택을 모델링할 수 있는지 아시나요?"

"잘 모르겠네요. 몇 채나 했나요?" 나는 웃으며 록스의 긴장을 풀어주려 노력했다. "그래서 미래를 생각…"

"예, 예, 예." 록스가 카메라 앞에서 손을 휘두르며 말을 끊었다. "픽사Pixar에서 일하고 싶어요."

"픽사요?" 내가 물었다.

"〈토이 스토리〉랑 〈월-E〉랑 사람들이 보는 애니메이션은 다 만든 애니메이션 제작사 말이에요."

"그거 멋지네요." 내가 대답했다. "거기서 일하는 사람은 모르지만 픽사가 어딘지는 알아요. 지금 채용 중인지 확인해봤나요?"

나는 말을 계속하려 했지만 멈춰야 했다. 록스가 화면에 한쪽 눈만 보일 때까지 카메라로 가까이 다가왔기 때문이다.

"괜찮아요?" 내가 물었다.

"당신을 지켜보고 있어요, 퓨처리스트 선생님." 록스가 다시 몸을 의자에 기대며 말했다.

"왜요?" 내가 물었다.

"아까 안 웃으셨어요." 록스가 말했다. "분명히 비웃음당할 거라고 생각했어요. 학교 교수님은 기분 나쁘게 웃었거든요. 제 사무실 옆자리에 앉는 앤디라는 여자는 얘기를 듣자마자 박장대소했어요. 근데 선생님은 안 웃으셨어요."

"제가 왜 비웃겠어요?" 내가 물었다.

"그야 저는 미네소타주 어딘가에서 사는, 허접한 대학의 미대나 나온 가난한 애니까요." 그가 고개를 저으며 말했다. "이런 제가 어떻게 세계에서 가장 알아주는 애니메이션 제작사에 취직할 수 있겠어요?"

"록스, 픽사는 우리가 퓨처캐스팅의 여정을 시작하기에 더할 나위 없는 장소예요." 내가 말했다.

'난 준비됐어'의 순간. 미래를 고민하는 단계에서 퓨처캐스팅에 뛰어들기로 결심하는 순간. 전에도 설명한 적 있는 순간이다. 록스는 우리가 대화를 나누는 내내 회의감에 젖어 있었지만, 그가 새롭게 쓰인 미래의 이야기를 믿기 시작했다는 것이 느껴졌다. 이것은 퓨처캐스팅에서 배울 수 있는 중요한 교훈이다. 자신을 향한 의심, 불신감, 반발심은 원하는 미래가 가까이 있다는 신호다. 주변 사람이나 당신 머릿속의 목소리가 '반드시 실패할 거야'라고 말한다면 자기 생각에 두 배는 더 많은 확신을 가져야 한다. 내가 록스를 안내하고자 한 길이 바로 여기다.

"당신이 미래에 도착하도록 도와줄 사람은 누군가요?" 내가 퓨처캐스팅에 곧바로 뛰어들며 말했다. 록스는 첫 주 동안 퓨처캐스팅의 제1단계, 픽사의 애니메이션 제작자가 되겠다는 과감한 미래를 떠올렸다. 이제 록스를 미래로 나아가게 할 미래의 원동력을 찾을 차례였다. "주변에 이런 비슷한 일을 해낸 사람이 있나요?" 내가 물었다. "어떤 도구와 자원을 구할 수 있나요? 당신을 도와줄 전문가가 있나요?"

"존 래스터John Lasseter한테 전화라도 하라는 소린가요?" 록스가 심드렁하게 말했다. "〈토이 스토리〉의 감독 말이에요."

"그래도 되죠." 내가 어깨를 으쓱했다. "하지만 좀 더 낮은 곳에서부터 시작하길 권할게요. 지금 사는 지역에 애니메이션 관련 단체가 있나요? 애니메이션 분야에서 활동하고 싶은 사람들이 모이는 행사라든지 말이에요."

"그래서 뭐, 캘리포니아주로 이사라도 가서 에머리빌에 사는 애니메이션 제작자들이랑 어울리기라도 하라는 말인가요?"

"나무를 베려면 산으로 가야죠." 내가 말했다.

지금쯤 눈치챘겠지만 나는 평소에도 격언을 즐기는 사람이다. 이번 장의 시작부터 미래는 우리 주변에서 찾을 수 있다고 말해왔지만 그렇다고 해서 당신에게 가장 좋은 미래가 집 뒷마당에서 일어나고 있다는 뜻은 아니다. 어떤 미래는 당신이 직접 찾아가야 한다. 너무나 당연하지만 록스는 미니애폴리스

시내 소재의 건설 회사에서 일하는 것이 즐겁지 않았다. 애니메이션 분야의 일이었지만 그가 원하는 직장은 아니었다.

"당신은 마치 나무라곤 하나도 없는 그레이트 플레인스의 대초원에 사는 나무꾼 같아요." 내가 말했다. "당신 말이 맞아요, 록스. 나무를 찾아가야 해요."

"제정신이 아니시군요." 록스가 호랑이 꼬리를 긁적이며 말했다. "전 지금 돈도 없고 시간도 없어요. 무슨 수로 짐을 싸서 당장 이사를 하겠어요."

예상하고도 남은 반응이었다. 앞서도 수없이 말했듯이 퓨처캐스팅은 나라의 반대편으로 이주하는 것처럼 인생의 극적인 변화를 동반하는 힘든 과정이다. 우리가 백캐스팅을 하는 이유가 여기 있다. 백캐스팅은 엄청나게 느껴지는 일들을 좀 더 감당 가능한 수준으로 만들어주는 역할을 한다. 우선 목표까지의 절반 지점을 찾고, 4분의 1지점을 찾은 뒤, 월요일을 찾는다. 록스는 길지 않은 시간 안에 새로운 미래의 이야기를 찾을 수 있었다. 이제는 내가 잠시 속도를 늦추고 첫걸음을 떼도록 도와줄 차례였다.

"이사는 안 가도 돼요." 내가 대답했다. "최소한 지금 당장 갈 필요는 없어요. 먼저 도시를 방문해보세요. 사람들을 만나보세요. 인맥을 넓히는 거예요. 혹시 서부가 당신 취향이 아닐 수도 있죠. 누가 알겠어요?"

우리는 서부행 항공권의 반짝 할인 기간을 예의 주시하는 것처럼 저렴한 방법으로 여행하는 법을 찾아보았다. 비수기에 일정이 여유로웠던 록스는 그가 생각하는 것보다 훨씬 싼 가격에 캘리포니아주를 방문할 수 있었다. 다음으로는 친구의 친구를 포함해 캘리포니아에서 같이 살 수 있을 만한 지인을 떠올렸다.

"방금 기억났는데 제 대학교 기숙사 룸메이트네 언니가 에머리빌에 살아요." 록스가 말했다. "그 언니는 거의 매일 우리 방에서 자고 갔어요. 제가 부탁하면 아마 며칠 정도는 재워줄 걸요."

록스의 월요일은 벌써 일정으로 가득 채워져 갔다. 여행 계획과 더불어 링크드인이나 글래스도어 같은 기술의 도움을 받아 록스를 도울 만한 전문가를 찾아야 했다. 같은 학교 사람 중 픽사나 다른 애니메이션 제작사에 연줄이 있는 사람은 없을까? 아무리 커다란 산업 분야라고 해도 그 안의 사람들은 서로를 알고 있기 마련이다. 자신이 관심 있는 분야의 사람들과 어울릴 필요도 있었다. 어쩌면 서부에 머무는 동안 참석할 만한 애니메이션 관련 행사에서부터 시작할 수 있을 것이다. 전문가와 대화할 기회가 주어지는 순간 바로 물어볼 수 있는 질문 목록도 만들어야 했다. '애니메이션 분야에는 어떻게 진출하셨나요?' '하루 업무는 어떤 식인가요?' '제일 힘든 점은 뭔가요?' '애니메이션을 하려면 어떻게 준비해야 하나요?'

전화 통화가 거의 끝나갈 무렵 록스가 내게 고백해왔다. "진짜 절 비웃으실 기라고 생각했어요." 그는 나를 보고 있지 않았다. 록스의 신경은 온통 할 일 목록을 만드는 데 쏠려 있었다. "이건 미친 짓이에요." 록스가 마침내 고개를 들어 나를 쳐다보며 말했다.

"당신이라면 할 수 있어요." 내가 대답했다. "오늘 해야 하는 일들을 가장 먼저 하세요. 그 목록이 당신의 월요일이에요. 4분의 1지점은 실제로 여행하면서 사람을 만나고 인맥 관리에 좋은 행사에 참여하는 거예요. 절반 지점은 당신이 만난 사람들이 추천한 직업에 지원하는 거죠."

"말로는 정말 쉽게 들리네요." 록스가 말했다.

"쉽지 않을 거예요." 내가 대답했다. "그래도 해볼 만한 일이에요."

"알겠습니다, 퓨처리스트 선생님." 그가 말했다. "미래의 언젠가 문자 드릴게요." 화면이 꺼졌다.

약속처럼 미래에서 날아온 문자 한 통

미래로 이어진 록스의 여정은 절대 짧지 않았다. 그의 꿈은 컸고, 무엇이든 큰 것에는 오랜 시간이 필요하다. 나는 몇 달에 한 번씩 록스와 통화하며 목표까지 어떤 진전이 있었는지 확인했다. 록스는 아주 체계적으로 퓨처캐스팅 과정을 밟고 있었다. 그는 자신을 도울 만한 사람들을 찾아 나섰고, 결국 애니메이션 분야의 종사자들과 만날 수 있었다. 이 사람들이 소개해준 전문가들은 흔쾌히 시간을 내서 록스를 만나주었다.

그는 에머리빌이 로스앤젤레스부터 포틀랜드 안에 있는 도시 중 하나에 불과하다는 것을 깨달았다. 록스가 관심 있는 분야의 산업은 서부 전반을 거쳐 이루어지고 있었다. 애니메이션 산업을 속속들이 배움에 따라 록스는 픽사가 애니메이션의 전부가 아니라는 사실을 발견했다. 고예산 영화의 거의 모든 장면에 애니메이션이나 특수효과 전문가의 손길이 필요하다는 사실도 배웠다. 촬영 현장의 작은 홈을 없애거나 배경을 넣고 건물을 수정하는 일까지, 애니메이터의 역할은 끝이 없었다.

당장 눈에 보이는 결과물이 없어도 록스는 개의치 않았다. 나는 그가 상심하거나 의욕을 잃을까 봐 걱정했지만, 장기적인 목표를 가지고 매주, 매월 실행하는 구체적인 계획은 직장 생활과 기다림을 견딜 만하게 해주었다. 이는 지금의 직장을 버티는 힘이 되기도 했다. 록스는 더는 살아갈 만한 미래가 존재하지 않는다는 씁쓸한 농담을 하지 않았다.

재직 중인 건설 회사의 상사에게 자신의 꿈과 더불어 이를 현실로 만들기 위한 노력에 대해 들려주자 응원을 받았다는 기쁜 소식도 들었다.

"상사가 그러는데 제가 여기서 오래 일할 거라고는 생각 안 했대요." 록스가 잠깐의 통화 중 내게 말했다. "사실 저희 직원 모두가 제는 더 큰 일을 할 운명이라고 생각했대요."

록스가 두 번째로 캘리포니아주를 방문한 후로는 점점 연락이 닿지 않았다. 물론 록스의 아버지가 잘 지낸다는 그의 안부를 꾸준히 전해주었다. 어느 날 록스의 아버지에게서 날아온 이메일은 록스가 픽사는 아니지만, LA의 작은 애니메이션 제작사에 취직했다는 소식이 담겨 있었다.

몇 달 후, 나는 마침내 미래에서 온 문자 한 통을 받았다.

"다음에 마블 영화를 보게 되면 끝까지 자리를 뜨지 마세요!" 록스의 문자가 계속되었다. "엔딩크레딧까지 다 보세요. 두 번째부터 마지막 애니메이션 제작사 목록에서 익숙한 이름을 찾을 수 있으실 거예요. 제 이름이요! 완전 미쳤죠!"

"전혀 그렇지 않아요." 내가 답장했다. "미래에 온 걸 환영해요."

우리 근처의 미래를 찾는 필수 조건들

록스의 이야기는 모든 미래는 우리 주변에서 찾을 수 있다는 사실을 잘 보여준다. 당신이 사는 곳이 현재의 당신과 앞으로 당신이 변할 모습에 얼마나 중요한 역할을 하는지도 강조하는 사례다. 너무나도 많은 사람이 자신의 성격과 포부에 맞는 도시나 마을을 찾는 대신, 환경이 알아서 일어나도록 내버려 두는 수동적인 태도로 결정을 내린다. 장소와 정체성 사이의 연관성을 고려할 때는 지리적인 요소를 빼놓기 힘들다. 예를 들어 내향적인 사람은 산악지대를 선호하고 외향적인 사람은 해변을 좋아한다고 한다. 물론 이것은 일반화의 사례다. 산에도 수다스러운 사람은 많고 바다에도 책벌레가 많이 산다. 그런데도 당신이 사는 장소는 당신의 정체성에 일정한 영향을 미친다. 개인이 미래의 이야기를 쓸 때면 미래의 장소가 이야기에 얼마나 중요한 역할을 하는지 생각해보도록 지도하는 이유다.

이 과정에서 스스로에게 물어야 하는 중요한 질문 중 하나는 당신이 가족과 보내는 시간에 얼마나 큰 의미를 부여하는지이다. 물론 부모님, 형제자매, 그 외의 가족들과 교류한다는 가정하에서만 해당하는 질문이다. 가족과 가깝게 지낸다면 아마 먼 곳으로 이주하기 망설여질 수 있다. 가족과의 관계가 미래에 어떤 형태를 띠게 될지 충분히 고려했다는 가정에서라면 이해할 수 있는 일이다. 아이가 있거나 아이를 가질 예정이라면 부모님 근처에 사는 편이 안심된다. 하지만 정말 안심이 될 거라고 생각하는가? 어쩌면 부모님이 아이를 키우는 데 당신이 바랐던 만큼 큰 도움이 되지 못할 수도 있다. 어쩌면 부모님을 미워하는 마음이 생길지도 모른다. 특히 당신의 미래가 가족의 품에서 멀리 떨어진 곳에 있다는 걸 알게 된다면 부모님이 더 미워질지도 모른다. 가까운 사람들과의 관계와 그들과의 관계가 앞으로 수년, 혹은 수십 년 동안 어떤 모습이길 바라는지 깊게 고민해보자.

이번에는 열정을 고려해보자. 나의 지인 중에는 크고 작은 경기를 모두 관람하고 다니는 엄청난 스포츠광이 있다. 그런 데 그가 스포츠팀이 따로 없는 미국에서 가장 큰 도시 중 하나인 하트퍼드로 이주하겠다고 했다. 나는 다시 생각해볼 것을 권했지만 소용없었다. 6개월 후, 그는 직장을 그만두고 월세 계약도 파기한 뒤 쏜살같이 보스턴으로 돌아왔다. 이 이야기의 교훈이 무엇이냐고? 스포츠, 음악, 등산, 공연 등 무엇이든 좋다. 당신이 무언가를 사랑한다면 당신이 사는 장소가 당신의 열정을 뒷받침해야 한다. 이를 어기면 고통스러운 미래가 기다릴 수 있다.

장소를 정할 때 고려해야 하는 마지막 질문은 당신이 얼마나 자주 여행하는가이다. 여행은 취미일 수도 있고 직업의 일부일 수도 있다. 여행을 많이 할 예정이라면 이동이 편한 곳에 사는 것이 좋다. 무엇보다도 주변에 국제공항이 있어야 한다. 예를 들어 토피카는 캔자스시티 국제공항으로부터 120킬로미터 떨어져 있다는 점을 제외하고는 여러모로 좋은 도시다.

해피 아워: 퓨처리즘의 간단한 역사

미래의 장소 이야기를 해본 김에 잠시 퓨처리즘의 기원과 발전을 다루겠다. 나는 25년간 퓨처리스트로 활동하며 다채롭고 다양한 사람들을 만나왔다. 이들은 경제학, 정치학, 사회학 등 다양한 분야의 전문가다. 특히 퓨처리즘을 주제로 의견이 필요하면 가장 먼저 그렉 린지Greg Lindsay를 찾는다.

그렉은 도시, 기술, 기동성의 미래를 전문으로 다루는 도시 계획 전문가다. 그는 내가 만난 사람 중 퓨처리즘의 역사를 가장 깊이 이해하는 사람이자, 옷을 가장 세련되게 입는 사람이다. 도회적인 옷을 입는 도시 계획 전문가라고 할 수 있다. 그렉은 항상 셔츠에 넥타이를 갖춰 입은 모습이다. 갓 태어난 아기를 안고 찍은 사진에서도 넥타이를 매고 있을 정도다. 그래서 우리가 만날 때면 맞춤 양복에 광나는 구두를 신은 그의 모습과 청바지 차림에 수염이 덥수룩한 내 모습이 마치 시트콤 〈오드 커플Odd Couple〉의 등장인물들처럼 보인다.

내가 이 책을 쓰기 시작한 지 얼마 되지 않아 그와 뉴욕시에서 만난 날도 마찬가지였다. 그렉과 나는 전에도 우리가 선택한 퓨처리스트라는 직업과 퓨처리즘의 기원에 관해 대화한 적이 있지만, 다시 한번 만나 전체 이야기를 모두 듣고 싶었다. 특히 이번에는 논란투성이였던 퓨처리즘의 과거와 그렉이 생각하는 퓨처리즘의 미래는 어떤 형태인지 상세하게 묻고 싶었다. 그렉은 놀라운 두뇌의 소유자다. 그는 퀴즈쇼 〈제퍼디Jeopardy!〉의 2관왕이자 IBM의 슈퍼컴퓨터 왓슨Watson과의 승부에서 지지 않은 유일한 사람이다. 우리는 맨해튼 어퍼이스트사이드Upper East Side 부근 칼라일 호텔 안에 있는 베멀먼즈 바에 앉아 마티니를 마시며 미래를 깊게 살펴보았다.

"사람들이랑 퓨처리즘의 역사 얘기를 하다 보면 말이야." 내가 먼저 입을 열었다. "다들 퓨처리즘이 예술 운동에서 시작했다는 사실에 놀라더라고. 20세기 초만 해도 '퓨처리스트'는 시인이나 예술가를 가리키는 말이었어. 퓨처리즘의 시작이 이랬던 이유가 뭐라고 생각하나?"

"20세기 초반은 극단적이고 빠른 변화의 시대였어." 그렉이 설명했다. "제1차 세계 대전이 끝나고 세상은 빠르게 현대화됐지. 사방에 미래가 도사리고 있었어. 보통 사람들과 다른 미래를 상상하던 예술가들이 퓨처리즘을 이끄는 게 당연했네. 그들이 상상하는 미래는 식상하고 답답한 게 아니라 새롭고 신나고 가능성으로 가득했으니까."

바텐더가 그릇에 견과류를 채워주고 우리의 잔이 비었는지 확인했다.

"제2차 세계 대전이 끝나면서 다시 한번 큰 변화가 일어났지." 입에 땅콩을 털어 넣으며 내가 말했다.

"맞아, 아주 우울한 시대였어." 그렉이 겉옷을 고쳐 입으며 말했다. "냉전이 찾아왔어. 퓨처리스트로 이루어진 두뇌 집단에게 핵전쟁 이후의 미래를 상상하라는 명령이 내려졌다. 더 심하게는 상호 확증 파괴mutually assured nuclear destruction(적대 관계에 있는 쌍방이 서로를 확실하게 파괴할 수 있는 전략을 세워 서로에게 손해를 끼칠 수 있는 상태.-옮긴이) 후의 상황을 상상하라는 명령도 내려왔고."

그렉 옆에 앉아 있던 여성 사업가에게 우리의 대화가 들린 듯했다. 그는 의아한 표정으로 그렉을 쳐다보다 자신의 대화로 돌아갔다.

"그래도 1950년대와 1960년대 동안 사설 퓨처리스트의 수도 많이 늘어났어." 그렉이 말을 이었다. "이들은 컨설팅도 하고 대기업과도 일하기 시작했지. 퓨처리스트라는 직업이 전문직의 반열에 서기 시작했어."

"그리고 토플러가 등장했지." 내가 웃었다.

"그래." 그렉이 내가 보이는 열정에 즐거워하며 고개를 끄덕였다. "토플러가 등장했지."

앨빈 토플러Alvin Toffler와 하이디 토플러Heidi Toffler는 퓨처리즘을 대중에 알리고 생활에 적용하게 한 부부 작가이다. 1970년에 발간된 그들의 저서 《미래의 충격》은 대단한 인기를 끌었다. 내 어린 시절에는 집마다 이 책을 찾아볼 수 있었다. 미래 느낌이 풍기는 책 표지는 항상 괴짜였던 나의 관심을 사로잡았다. 토플러의 저서는 기술의 급격한 발전이 문화와 상업에 끼치는 영향을 설명하고 있다. 부부는 심지어 오손 웰즈Orson Welles만 등장인물로 나오는 다큐멘터리를 제작하기도 했다.

"자네는 그 둘을 만난 적이 있지." 내가 그렉을 부추기며 말했다.

2010년, 그렉은 《미래의 충격》 발간 40주년을 맞아 토플러 부부의 책을 현대 사회에도 적용할 수 있는지 살펴보는 기사를 쓰고 있었다. 그렉은 취재를 위해 부부를 직접 만나 보았다.

"책을 읽다 보면 하이디가 휴지로 만들어진 옷에 관해 얘기하는 구절이 있어." 그렉이 천장을 바라보며 말했다. "우스꽝스럽게 보이지만 하이디는 휴지로 만들어진 옷이 오늘날 우리가 말하는 '패스트 패션'의 예시라고 했다네. 오래 입지 못하도록 만들어진 싸구려 옷처럼 말이야. 토플러 부부가 말하는 소비문화는 오늘날의 문화에도 적용할 수 있지."

"왜 80년대가 미래를 생각하기 힘든 시기였다고 생각하나?" 내가 물었다.

"그래, 힘든 시기였지." 그렉은 마티니 한 모금을 마시며 말할 준비를 했다. "퓨처리즘을 하기에는 어려운 시대였지. 미래라고는 다음에 유행할 드레스 색이 뭔지 알아내려는 동향 보고서나 멍청한 구호들이 전부였으니까. 다들 다음에 벌어질 큰 사건을 제일 먼저 세상에 알리는 일에만 혈안이 돼 있었어." 그렉이 고개를 저었다. "미래가 상품화되어 팔렸으니 사람들이 의심을 살 법도 했어."

"그다음으로 큰 변화는 90년대에 시작해서 21세기로 넘어갔지." 내가 말했다. "개인 컴퓨터와 인터넷이 비즈니스를 더 빨라지게 하고, 작은 신생 기업이 순식간에 대기업으로 성장하는 모습도 숱하게 목격할 수 있었어. 기업들과 단체들은 그때부터 미래를 내다보지 않았을 때 생기는 잠재적인 위협을 감지했지."

"소비에트 연방의 몰락과 베를린 장벽 붕괴의 역할도 무시할 수 없네." 그렉이 고개를 끄덕이며 덧붙였다. "그때까지만 해도 사람들 대부분은 언젠가 지겨운 냉전이…… 핵전쟁이 일어나며 끝날 거라고 믿었지. 근데 막상 베를린 장벽이 무너지자 하나가 아닌 여러 미래의 가능성이 열려 버린 거야. 무엇이든 가능하게 된 거지. 세상이 불타오를 가능성은 사라졌고, 미래를 잠갔던 자물쇠가 풀려 버렸지."

우리가 마티니를 다 마실 때쯤에는 해피 아워를 찾아왔던 손님들이 하나둘 빠져나가기 시작했다. 곧 브로드웨이 공연을 보기 전 시간 때울 곳을 찾는 연인들과 관광객들이 들어섰다.

나는 계산서를 달라는 신호를 보내고 그렉에게 물었다. "마지막으로 질문 하나만 하지…… 퓨처리즘의 미래가 어떨 것 같나?"

"아아, 다들 물어보는 질문이군." 그렉이 턱을 벅벅 문질렀다. "자네도 내가 무슨 대답을 할지 잘 알겠지만, 내가 바라는 퓨처리즘의 미래를 말해주지."

"부탁하네." 그가 내 호기심을 자극했다.

"나는 단순히 정부나 군사 기관이나 대기업에만 퓨처리스트가 필요하다고 생각하지 않아." 그렉이 바 안을 둘러보며 몸을 뒤로 젖혔다. "지역 공동체나 개인들도 자신이 살고 싶은 미래를 그려볼 수단이 있어야 한다고 생각해. 일반 사람들, 그러니까 평범한 사람들도 미래를 건설하려면 퓨처리스트가 필요하다네."

내 얼굴에 환한 미소가 떠올랐다.

"왜?" 그렉이 내 미소에 주춤하며 물었다. "너무 뻔한 얘긴가?"

"아니, 전혀 뻔하지 않네." 나는 손을 뻗어 그와 악수를 한 뒤 그의 어깨를 두드렸다. "자네 말이 정확히 맞아. 이게 내가 이 책을 쓰는 이유지."

당신 마을에서
미래(동반자) 찾기

이번 장에서 계속 말했듯이 미래는 우리가 있는 곳에서 찾을 수 있다. 록스는 자신이 원하는 미래를 찾을 수 있는 장소를 찾아갔다. 나무를 베고 싶다면 숲으로 가야 한다. 하지만 세상 모든 사람이 미래를 이루려고 이사를 해야 한다는 뜻은 아니다. 당신이 사는 마을에서 미래를 찾는 일도 있다.

내가 퓨처리스트로 활동하며 겪었던 가장 불편한 경험 중 하나를 통해 증명해보겠다. 지금부터 사랑과 관계의 미래, 그리고 미래의 배우자를 찾는 이야기를 들려주겠다.

플로리다주에서의 새로운 시작

과거에 만났던 이들이 내게 얼마나 많은 문자를 보내는지는 이미 앞에서 말한 바 있다. 이번에 받은 문자에는 이렇게 적혀 있었다. "우리 동네에 온다고 들었어요. 얘기 좀 할 수 있을까요?"

문자의 주인공은 루스였다. 루스는 내가 돈의 미래와 새롭게 부상하는 금융 관련 기술의 미래에 몰두할 때 함께 일했던 은행원이다. 그의 소식을 듣는 건 오랜만이었다. 루스가 이혼 절차를 밟고 있다는 것은 알고 있었다. 재산 분쟁으로 끝이 아주 좋지 않은 이혼이라는 말도 들었다. 안타깝지만 좋은 사람들에게도 흔히 일어나는 일이다. 둘 사이에는 대학에 다니는 아들 하나, 정리해야 하는 부동산과 자산, 서로에 대한 적의가 가득했다.

오랫동안 이어진 루스의 이혼 소송은 달가운 주제가 아니었다. 그도 그럴 것이 그의 이혼 이야기가 나올 때마다 들리는 소식은 나쁘거나 안타까웠고, 무엇보다 사람들의 마음을 심란하게 했기 때문이다.

그러던 어느 날 루스가 마침내 이혼을 극복했다는 소식이 들려오기 시작했다. 루스는 새로운 직장을 찾고 올랜도에 아파트를 얻었다고 했다. 다시 마음을 다잡고 살아가기 시작한 것이다. 마침 나도 올랜도에서 열리는 학회에서 강연하게 된 참이었다.

"그래요." 내가 답장을 보냈다. "어디서 만날지 말해주세요."

나는 아마 죽을 때까지 플로리다주의 습도에 적응하지 못할 것이다. 나는 일생의 대부분을 습기가 거의 없는 태평양 연안 북서부에서 살았다. 루스는 이를 기억하고 내가 머무는 올랜도 시내의 호텔 안 커피숍에서 만나자고 했다. 내가 호텔을 벗어나 습한 바깥을 걷지 않아도 되게 하려는 배려였다. 내가 루스를 아주 많이 좋아하는 이유다.

···

호텔 로비는 서로가 반갑게 인사하고, 잡담을 나누고, 휴대전화를 확인하는 사업가들로 북적였다. 주변에서는 온통 거래

처와의 진척 상황과 사무실 안에 도는 소문들만 오가고 있었다. 공주 옷을 입은 6살 아이가 양복 입은 사람들 사이를 깡충 거리며 뛰어가는 모습에 마치 유니콘을 목격한 듯한 기분이 들었다. 누가 봐도 디즈니 월드에서 막 돌아온 아이는 아직도 하늘을 나는 기분을 만끽하고 있었다.

루스가 회전문을 밀고 들어와 금방 나를 찾아냈다.

"BDJ." 루스가 짧은 포옹을 하고 말했다.

오랜만에 보는 반가운 얼굴의 루스는 조금 초췌해 보였다.

"안녕하세요, 루스." 내가 대답했다. "여기서 만나자고 해줘서 고마워요. 어떻게 지내요?"

"전만큼 힘들지는 않아요." 그가 대답했다. "당신도 내 인생에 관련된 추잡한 소식들은 이미 들어서 알고 있겠죠."

"사실 다 알지는 못해요." 내가 솔직하게 말했다. "그냥 이것저것 조금씩 듣긴 했어요. 올랜도에 아파트를 구했다는 말은 들었어요."

"네, 저만의 침실 하나짜리 안식처예요." 그가 크게 숨을 내쉬었다. '안식처'라고 말하는 그의 목소리가 마치 축복처럼, 또 저주처럼 들렸다.

"아, 아니에요, 사실은 정말 괜찮은 아파트예요." 루스가 표정을 바꾸며 말했다. "근사한 곳이에요. 우리 아들 데이비드가 플로리다대학교에 다녀요. 아들이랑 가까이 사니까 정말 좋아요."

퓨처리스트

"아들이 게이터랜드Gatorland(미국 플로리다주의 테마파크-옮긴이)는 좋아하나요?" 내가 물었다.

"저기 있잖아요." 루스가 탁자 위에 손을 올리며 말했다. "이런 얘기나 하려고 바쁘신데 시간 내달라고 부탁한 게 아니에요. 제가 가서 마실 걸 사올 테니까 바로 본론으로 들어갈까요?" 루스는 가방을 들고 빠르게 계산대로 향했다.

"자, 좋아요." 잠시 후 루스가 음료를 내려놓으며 말했다. "그럼 바로 얘기를 시작할게요, BDJ. 사실 좀 힘든 일을 겪었어요."

"많이 순화해서 말씀하시네요." 내가 말했다.

"뭐, 그렇긴 해요." 루스가 진심 어린 미소를 보였다. 우리 둘 다 조금 긴장을 풀 수 있었다. "몇 주 전에 제 작은 아파트에 앉아서 처음으로 이다음에는 무슨 일이 생길까 생각해봤어요. 그랬더니 질문 하나가 떠오르더군요. 그동안 제가 품었던 어느 의문보다 가장 명확한 의문이었어요."

"그게 뭐였나요?" 내가 재촉했다.

"사랑의 미래는 어떤 모습인가요?" 루스가 말했다. 그는 뜨거운 차를 후후 불어 식히며 말을 멈췄다. "그것뿐만 아니라 사랑과 관계와 결혼과 섹스의 미래는 어떤 모습인가요? 당신은 퓨처리스트잖아요. 당신은 알고 있겠죠."

내 머릿속이 빙글빙글 돌기 시작했다. 주변의 시끄러운 사업가들이 갑자기 짜증스럽게 느껴졌다. 나는 도대체 무슨 말을 해야 하는가?

"그게 제 질문이에요, 퓨처리스트 씨." 그가 말했다. 꼭 루스의 불안감이 내게 옮겨 온 것처럼 그는 더 편안한 모습이었다. 질문을 마친 루스는 자유로웠다.

한편, 나는 미칠 것만 같았다. 루스는 꽤 긴 시간 동안 이 문제에 대해 생각해온 것이 분명했다. 그는 오랫동안 자신의 발목을 잡아온 혼란스러운 인생에서 벗어날 방법을 찾고 있었다. 그런 루스에게 틀린 답을 줄 수는 없었다. 나는 잠시 숨을 고르고 말했다. "그러니까 제가 당신께 사랑과 결혼과 섹스에 대해 말해주길 바라신다고요? 우리 인류 전체의 미래를 말씀하시는 건가요? 아니면 당신의 미래를 말씀하시는 건가요?"

"좋은 지적이에요." 그가 말했다. "둘 다 말해주세요!"

커피 한 모금을 들이켠 나는 내 최종 답변을 말했다. "저는 당신을 못 도와드려요."

"뭐라고요?" 루스는 묘한 만족감과 함께 고개를 저었다. "퓨처리스트가 제 질문에 답을 못 한다는 소리예요?"

"못 해요." 내가 손을 들어 보이며 인정했다. "저는 당신을 도와드릴 수 없어요. 제가 하는 일은 그런 게 아니에요. 이 분야에 전문가도 아니고요. 답변을 드리려면 어디서부터 시작해야 할지도 모르고, 잘못된 답을 드리기도 무서워요. 루스, 당신이 지금 제게 하는 질문은 정말 엄청난 질문이에요."

"어려운 질문이란 건 알아요." 루스가 탁자를 손바닥으로 내리치며 말했다. "그래서 당신한테 묻는 거잖아요. 당신밖에 알 만한 사람이 없어요. 퓨처캐스팅 과정을 쓸 수 없어요? 시도라도 해보면 안 되나요?" 루스가 탁자 너머로 손을 뻗어 내 손을 잡았다.

"저는……." 내가 앙상한 루스의 손을 보며 입을 열었다. 그의 손은 필사적으로 나를 꼭 붙잡고 있었다. 어머니의 손이었다. 꽉 잡은 손을 통해 나는 루스가 자신보다 나를 더 걱정하고 있다는 느낌을 받았다. 시선을 올려 쳐다본 그의 얼굴에서는 그의 손에서 느꼈던 감정을 그대로 찾아볼 수 있었다. "알았어요." 내가 다시 시선을 깔며 말했다.

"해주실 거예요?" 그가 물었다.

"그래요." 내가 고개를 끄덕였다. "하지만 제가 이 분야의 전문가가 아니라는 건 알아두세요. 과정은 도와주겠지만 퓨처캐스팅이 그렇듯 정답은 말해줄 수 없어요. 정답은 당신만이 찾을 수 있어요."

"할게요!" 루스가 내 손을 놓아주며 말했다. "얼른 시작해봐요!"

"지금은 안 돼요." 내가 루스를 진정시키며 말했다. "준비할 시간이 조금 필요해요. 며칠 동안 학회 때문에 여기에 머물 건데 비행기가 떠나기 전 금요일 오후에 잠깐 만나요. 긴 점심을 먹으면서 얘기해보죠."

"행복해서 가슴이 터질 거 같아요." 루스가 활짝 웃었다.

"좋은 현상이에요. 아마도." 나는 내가 대체 무슨 일에 휘말려 들었는지 생각하며 이제는 미지근하게 식어버린 커피를 한 모금 마셨다.

인류학자를 데려와!

호텔 방으로 돌아온 나는 서둘러 내가 즐겨 찾는 사회학 전문가 쥬느비에브 벨Genevieve Bell 박사에게 이메일을 보냈다. 박사는 사회 인류학자이자 기술 전문가, 퓨처리스트이며 높은 수준의 교육을 받은 지식인이다. 인텔에서 함께 일한 우리는 말 그대로 나란히 앉아 (사무실이 작았다) 컴퓨터를 더 인간적이고, 감정적이고, 의미 있게 만드는 방법을 찾았다.

벨은 여전히 인텔에서 선임연구원이자 부사장인 한편 자신이 자란 오스트레일리아의 캔버라에 위치한 오스트레일리아 국립대학교의 교수이기도 했다. 박사는 컴퓨터공학 대학 웹페이지에 자신을 '데이터 과학과 디자인적 사고와 민족지학의 결합으로 공학에 새롭게 접근하는 방법을 연구 중'이며 '데이터 중심의 경제와 세계에서 인간으로 산다는 것의 의미를 연구 중'인 사람이라고 소개한다.[7]

나는 다음과 같은 내용의 이메일을 보냈다. "잘 지내고 있지? 간단한 질문이 있어. 사랑과 결혼과 관계와 섹스의 미래는 어떤 모습일까?"

예상대로 박사는 곧바로 답장했다.

"내 스타일 잘 알잖아." 그가 서두를 열었다. "나는 언제나 책부터 읽어봐. 로빈 폭스Robin Fox, 데이비드 슈나이더David Schneider, 캐스 웨스턴Kath Weston, 헬렌 피셔Helen Fisher처럼 저명한 인류학자들 먼저 찾아봐." 지난 몇 년간 박사는 내게 훌륭한 도서들을 추천해줬다. 그가 추천한 도서들은 모두 흥미롭고 통찰력이 돋보였다. 이메일은 계속 이어졌다. "책을 읽었다면 네 고객에게 관계, 연대감, 결혼, 심지어 사랑도 항상 똑같은 방식으로 다가오지 않는다는 걸 상기시켜 줘."

"무슨 뜻이지?" 내가 물었다.

"세상에는 다양한 종류의 사랑이 있어." 박사가 말했다. "이성적인 사랑, 가족 간의 사랑, 신에 대한 사랑, 애국심, 혹은 물건이나 물질에 대한 사랑도 있지. 네가 말하는 사랑은 뭔데? 그것부터 알면 미래를 만드는 데 도움이 될 거야. 세상 모든 건 스펙트럼 위라는 사실만 기억해."

그가 하는 말의 의미를 이해할 수 있었다. 사랑, 결혼, 관계, 섹스는 상황에 따라 의미가 달라진다. 개인이 정의하는 사랑과 결혼과 관계와 섹스의 의미가 모두 다르기 때문이다. 이들은 모두 다른 개념이기에 우리가 이들을 정의하는 방식도 모두 다르다.

이는 현대 사회에서 점점 더 많이 인정받고 있는 성별과 성격 취향의 가변성에서 분명하게 드러난다. 개인이 정의하는 자신의 성별이나 성적 취향이 모두 다른 것처럼, 관계, 사랑,

결혼, 섹스도 마찬가지다.

예를 들어 내가 '섹스', '사랑을 나누는 것', 혹은 '성적인 관계'라고 말했을 때 떠오르는 이미지가 당신의 성적 선호, 즉 당신이 어떤 사람과 섹스하고 싶은지를 나타낸다. '결혼'도 같은 방법으로 당신이 어떤 종류의 사람이고 누구와 결혼하고 싶은지 알 수 있다. 더 넓은 예로는 내가 '관계'라고 말하면 당신은 연속되는 관계들에 대해 생각할 것이다. 벨 박사가 말하고자 하는 것이 바로 이거다. 당신은 연인과의 관계를 떠올릴 수도 있고 부모님과의 관계를 떠올릴 수도 있으며 (아이가 있다면) 자녀와의 관계를 떠올릴 수도 있다. 당신과 신 사이의 관계나 종교와의 관계를 떠올릴지도 모른다.

이 개념을 루스에게 적용하는 과정은 흥미로울 터였다. 루스가 아는 사랑과 결혼, 관계는 지저분한 이별을 겪으며 이미 큰 타격을 받았다. 그는 같은 실수를 반복하기 싫었다. 그러나 이것이 루스를 다른 모습의 미래로 이끌 다른 형태의 사랑을 상상할 수 없는 사람으로 만드는가? 요점은 세상에는 단순히 한 가지 종류의 사랑이나 관계나 섹스가 있지 않다는 것이다. 사랑의 미래에는 루스가 겪은 첫 번째 사랑처럼 단 두 가지 면만 있지 않다. 나는 이것이 루스를 공포로부터 해방하고, 루스 자신만을 위한 더 나은 모습의 미래를 상상하도록 도와주리라 생각했다. 하지만 미래를 상상하려면 루스도 노력을 많이 해야 했다. 자신이 누구이고 자신이 원하는 미래가 무엇인지 자세히 살펴봐야만 했다.

사랑과 관계와 섹스를 논하다 보면 마음이 흐트러지기 쉽다. 이런 종류의 자기성찰은 사람들이 불편하게 느끼거나 아직 받아들이기 힘든 자신의 모습을 보게 만든다. 하지만 이 과정에는 옳은 답이 없다는 사실을 기억하는 것이 중요하다. 한 가지 길만 있거나 반드시 정답인 길은 없다. 여기에는 당신과 당신이 원하는 미래가 있을 뿐이다.

며칠간 학회의 강연과 질의응답 시간까지 마친 나는 마침내 루스와 만날 준비를 마쳤다. 루스와 나는 늦은 점심을 먹을 겸 다시 호텔에서 만나기로 했다.

유대인 할머니의 초능력

"안녕하세요, BDJ." 루스가 나를 꼭 끌어안으며 말했다. 식당은 그 많던 직장인들이 다른 곳이라도 갔는지 텅 비어 있었다. 창가 자리에서 수영장을 바라보며 식사를 하는 나이 든 부부 말고는 우리밖에 없었다. 아이들은 부모가 일광욕하며 도란도란 떠드는 동안 물장구를 치며 놀고 있었다.

"좋아요!" 루스가 먼저 말을 시작했다. 그는 완전히 다른 사람처럼 보였다. 힘없이 쳐져 있던 어깨는 이제 열정으로 들썩였다.

"시작하기 전에 다시 말할게요." 나는 반들거리는 대머리와 수염이 난 내 얼굴을 가리키며 말했다. "저는 당신과 이 대화를 나눌 만한 실력이 전혀 없는 사람이에요. 당신을 돕겠다고 왔지만, 실력은 보장 못 해요."

"네, 네, 그 말은 벌써 하셨어요." 루스가 손을 휙 저으며 말했다. "그럼 어디서부터 시작할까요? 제 미래를 말해주세요." 루스가 수정 구슬을 들여다보는 시늉을 하며 말했다.

"당신의 질문에 답하기 위해 인류학자 친구 한 명을 만났어요." 이렇게 말한 다음 나는 벨 박사의 통찰력과 박사가 추천한 도서 목록을 전달했다. 루스에게 세상의 모든 것들은 스펙트럼 위에 있으며 그가 오늘 서 있는 자리와 그가 원하는 미래는 어디인지 결정해야 한다고 말했다. 루스가 말하는 미래의 사랑은 어떤 종류의 사랑인가? 어떤 종류의 성적 관계를 원하는가? 나의 물음은 둘 중에서 답을 하나만 골라야 하는 양자택일의 질문이 아니었다. 다양한 범위의 선택지가 있었고, 정답은 루스만이 알고 있었다.

"어, 확실히 생각할 거리를 많이 주는 질문이네요." 내가 말을 끝내자 루스가 대답했다. "미래의 가능성을 더 넓혀주기도 하고요. 다음 질문은 뭐죠?"

"음, 첫 번째 단계는 스스로 자신이 어떤 모습의 미래를 원하는지 묻는 거예요." 내가 퓨처캐스팅 과정에 곧바로 뛰어들며 말했다. "당신이 원하는 미래에 사는 자신의 모습을 그려봐요. 그 과정에서 당신이 피하고 싶은 미래가 뭔지 물어보는 게 도움이 될 때도 있죠."

"하!" 루스가 탁자를 손바닥으로 내려치며 소리쳤다. "피하고 싶은 미래가 뭔지는 지금 당장이라도 말할 수 있어요. 나는 지난 20년간의 내 결혼 생활을 피하고 싶어요. 아니, 사실 그건 아니에요." 루스가 잠시 말을 멈췄다. "20년 내내 나쁜 결혼은 아니었어요. 마지막 10년을 피하고 싶다고 해두죠. 마지막 10년만 피하면 될 거예요."

나는 수영장에서 시끌벅적하게 놀고 있는 아이들 무리 뒤로 앉아 있는 머리가 하얗게 센 부부를 바라보았다. 부부가 여유 있는 미소를 띤 채 샐러드를 먹는 모습을 바라보다 다시 루스에게 집중했다.

"좋은 시작이지만 더 구체적이어야 해요." 내가 말을 계속했다. "당신이 원하는 미래는 뭔가요? 미래의 관계는 어떤 모습이죠? 거기서 바라는 게 뭔가요?"

"모르겠어요." 루스가 고개를 저으며 말했다.

"나는 그럴 땐 이 분야의 전문가들에게 먼저 도움을 청해요." 내가 말했다. 나는 휴대전화를 들어 '무엇이 건강한 관계를 만드는가?'라고 검색했다. 인터넷은 보통 엉망진창일 때가 많아서 나는 항상 사람들에게 중요한 질문은 인터넷에 물어보지 말라고 충고한다. 하지만 그날만큼은 인터넷도 나쁘지 않은 결과를 보여주었다. 아래는 내가 찾은 검색 결과다.

(연애 전문 웹사이트에서 얻은 결과다)

상호 간의 존중

신뢰

솔직함

지원

공정성/공평함

독립된 자아

충분한 대화

유머/애정

(건강 전문 웹사이트에서 얻은 결과다)

존중

공평함

안전

신뢰

(심리 전문 웹사이트에서 얻은 결과다)

존중

위협적이지 않은 행동

신뢰

지원

솔직함

공정함

경제적 협력

책임 공유

책임감 있는 양육(자녀, 개, 고양이, 물고기를 키우고 싶은 사람에게
만 해당한다.)

나는 위의 다양한 목록을 읽고 말했다. "당신이 원하는 미래
의 관계를 생각할 때 이것들부터 고려해보세요. 건강한 관계
가 가진 단순한 특성들이에요."

"네, 할 수 있겠어요." 루스가 필기를 시작했다. "지난번 관
계의 끝에서는 저런 특성들 대부분이 없었어요."

"당신이 미래의 사랑, 관계, 결혼, 섹스에서 바라는 게 뭔지
생각해보는 틀이 되어줄 거예요. 우선 이 질문들에 스스로 대
답해보고 당신이 원하는 관계가 어떤 모습일지 알아보죠. 하
지만 그 전에 자신에게 '누구와?'라는 질문을 해야 해요."

"누구요?" 그가 말했다.

"네, 당신이 바라는 관계는 누구와의 관계를 뜻하나요?" 나
는 아직 발견되지 않은 미지의 퓨처리스트의 영역에 발을 내
디뎠다.

"제 대답이 '잘 모르겠다'라면 어떡하죠?" 루스가 물었다.

"일단 지금은 괜찮아요." 내가 말했다. "하지만 다음에 무슨
일이 생길지 알아내는 걸 도와주려면 꼭 알아내야 해요. 이 첫

질문에 대답할 때까지는 저도 도와드릴 수가 없어요."

"알겠어요, 제가 첫 질문에 대답했다고 치죠." 루스가 말했다. "그다음 단계는 뭐죠?"

"미래를 더 잘 이해하려면 누가 당신이 원하는 미래로 나아가게 도와줄 수 있는지 알아야 해요." 내가 말했다. "당신의 팀원은 누군가요?"

"제 팀이요?" 그가 멈칫했다.

"보통 당신이 미래를 이루도록 도와줄 가족이나 친구를 의미해요." 내가 계속 말을 이었다. "당신이 미래에 대해 말해주면 당신을 지지하거나 돕는 사람들이죠."

"유대인 할머니처럼 말이군요!" 루스가 불쑥 소리쳤다.

"네?" 루스가 유대인이라는 사실은 알고 있었지만, 그가 무슨 말을 하는지 이해할 수 없었다.

"잘 생각해봐요, BDJ." 루스가 핀잔을 주었다. "유대인들 사이에는 유대인 할머니가 중매자 역할을 해온 유구한 역사가 있잖아요. 〈지붕 위의 바이올린〉 기억해요?"

"아, 맞네요." 내가 대답했다. "여기 적용되는 것 같기도 하군요. 그래요, 다시 얘기하자면 당신의 '사람들'은 당신의 이야기를 들어주고 안내와 지원을 해주는 사람이면 누구나 해당돼요."

"알겠어요." 루스가 말했다. "그다음은요?"

"도구와 자원 차례예요." 내가 대답했다. "사람일 때도 있지만 보통은 단체, 법률, 기술 등이 더 도움이 돼요."

"소개팅 앱!" 루스가 마치 퀴즈쇼의 참가자처럼 소리쳤다.

"맞아요." 나는 한숨을 내쉬었다. "근데 잘 보세요. 제가 도와주지 못할 것 같다고 느끼는 이유가 이거예요. 저랑 제 아내는 인터넷이나 소개팅 앱이 존재하기도 전에 만났어요. 그러니 제가 어떻게 당신에게 최적의 자원이 뭔지 말해줄 수 있겠어요?"

"정답은 유대인 할머니에게 있어요!" 루스가 아랑곳하지 않고 신이 나서 말했다.

"네?"

"매주 유대교 회당에서 열리는 사교 모임과 행사가 생각났어요. 흩어져 있는 신자들을 모아서 함께 대화하는 게 목적인 행사예요. 공통점이 많은 사람과는 훨씬 대화하기가 쉽거든요."

"동의해요." 내가 말했다.

"그리고 이 행사들은 유대인 할머니들이 운영하시죠! BDJ, 이 부분은 다 알아낸 거 같아요. 다음엔 뭘 해야 하죠?"

"전문가들을 찾으세요." 내가 말했다. "당신이 원하는 미래를 이미 겪었고, 어떻게 목적지에 도착할 수 있을지 조언해줄 전문가를 찾아야 해요."

"제가 무슨 말 할지 이제 아시겠죠?" 루스가 미소를 지었다.

"알 것 같네요." 내가 대답했다.

"유대인 할머니!" 그가 외쳤다. "자, 이제 저는 제가 원하는 미래와 거기까지 가는데 절 도와줄 것들이 뭔지 알았어요." 루스가 조금도 지친 기색 없이 말했다. "다음은 뭔가요?"

"백캐스팅이요." 내가 말했다. "오늘의 당신이 있는 곳과 당신이 가고 싶은 곳의 절반 지점까지 가려면 무엇을 해야 하나요? 이제 절반 지점을 다시 반으로 나눠서 4분의 1지점까지의 길을 찾으세요. 마지막으로 목적지로 출발하려면 당장 월요일에 무엇을 해야 할지 생각해보세요."

루스가 빠르게 내 말을 받아 적었다. "아마 제가 장난친다고 생각하시겠지만, 저는 진심이에요." 그가 고백했다. "확실히 유대인 할머니의 초능력이 어느 정도 도움이 되겠지만 그래도 무슨 말씀인지 이해했어요. 뭘 해야 할지 알겠어요."

"훌륭해요." 내가 말했다. "더 물어볼 게 있나요?"

"아니요." 그가 과장된 동작으로 볼펜 뚜껑을 닫으며 말했다. "해야 할 일도 많고 생각할 거리도 많아졌어요. 그리고 얼른 비행기 타러 가서야죠."

내가 시간을 확인했다. "정말 그러네요, 얼른 출발해야겠어요."

"계산서는 신경 쓰지 마세요." 루스가 자리에서 일어나 내게 다가오며 말했다. "이리 와서 얼굴이 터질 만큼 꽉 안아보게 해주세요."

집으로 향하는 비행기 안에서 나는 루스와의 대화를 되새겼다. 사랑과 관계와 결혼의 미래가 사람에게 달려 있고 우리 주변에서 만들어진다는 사실은 별로 놀랍지 않았다. 루스는 우리의 대화에 깊은 감명을 받은 것처럼 보였다. 퓨처캐스팅 과정이 루스에게 명확성을 제공하고 그가 가진 질문에 접근할 방법을 보여준 것이다. 퓨처캐스팅은 사람들이 자신의 미래와 미래까지 가는 데 필요한 것이 무엇인지 생각해볼 틀을 제공한다. 미래까지 가는 과정을 충분히 가능하고 덜 부담스럽게 느끼도록 도와주기도 한다.

누군가에게 관계에 대해 조언하는 것은 여전히 불편했지만 나는 계속해서 루스의 질문에 답하는 사람은 내가 아니라는 것을 상기시켰다. 나는 루스에게 사랑, 관계, 결혼, 섹스의 미래를 말해준 적이 없다. 나는 단순히 그가 찾는 미래로 향하는 지도를 제공했을 뿐이다.

···

루스의 소식을 듣지 못한 지 한참이 지났다. 개인 사무실 일로 바쁘기도 했고 루스도 직장과 가족 일로 바쁘겠거니 추측했다. 솔직히 말하자면 루스에게 연락해 퓨처캐스팅이 어떻게 진행되고 있는지 묻기가 두려웠다. 이미 좋지 않은 그의 상황을 더 나쁘게 만들고 싶지 않았다. 그래서 얼마 간은 아무것도 모르는 상태가 오히려 마음이 편했다. 또 이것은 루스의 사생활이었다. 누군가에게 연락해 구직 활동이 잘되어가는지 묻는 것과 연애 사업이 잘되어가는지 묻는 것은 다른 이야기다. 그래도 결국 루스에게 연락을 하긴 했다.

"아주 잘 지내고 있어요." 루스가 문자를 보냈다. "우리 대화가 정말 많은 도움이 됐어요. 감사의 포옹을 보내요!"

그게 다였다. 그러나 그걸로 충분했다.

몇 달이 더 지났지만, 그에게서는 더 소식이 없었다. 친구들과 소셜 미디어를 통해 본 루스는 온 세상을 활발하게 누비고 있었다. 그렇게 여름이 다가오던 어느 날, 나는 뜻밖의 문자를 받게 된다.

"안녕하세요, BDJ, 그동안 연락 못 해서 미안해요. 저는 그동안 제가 혼자 살고 싶은 줄 알았어요. 근데 아니었나 봐요. 이번 주 금요일에 데이트 약속이 잡혔어요. 유대인 할머니가 또 한 건 하셨죠. 세상에!"

루스는 연이어 웃는 이모티콘과 겁에 질린 이모티콘을 보내왔다.

"좋은 소식이네요." 내가 재빨리 답장했다.

"아마 이게 제 4분의 1지점인 거 같아요, 첫 번째 데이트요(또 다른 겁에 질린 이모티콘 하나). 당신 말이 맞았어요. 사람을 만나고 싶다면 사람이 있는 곳으로 가야죠. 이 사람은 유대교 회당에서 만났어요. 회당에서 봉사 활동을 하는 사람이에요. 행운을 빌어주세요!"

"행운을 빌어요!" 내가 답장했다.

여름이 다 가도록 그에게서는 소식이 없었다. 루스가 내 인생에서 희미해져 갈수록 나도 이것이 옳은 일이라고 생각하게 되었다. 이것은 루스의 사생활이었고, 사생활은 사생활로 지켜져야 한다. 내가 루스를 위해 할 수 있는 역할은 이제 없었다. 혹시 있다고 해도 루스가 내게 먼저 연락하길 기다려야 했다. 내가 돕기 위해 할 수 있는 일은 더 없었고, 나는 그것으로도 충분하다고 생각했다.

연말이 다가오자 루스가 전과 같은 남성과 웃으며 찍은 사진 몇 장을 볼 수 있었다. 루스와 비슷한 나이에 하얀 머리가 듬성듬성 있는 남자였다. 나는 올랜도에서 루스를 처음 만난 오후, 루스의 어깨를 짓누르던 고민과 그의 지친 눈을 떠올렸다. 루스의 환한 미소와 연말을 누군가와 함께 보낼 그를 생각하자 내 마음의 짐이 모두 사라졌다.

"멋지군." 나는 혼자 큰 소리로 말한 뒤 다시 내 연구에 집중했다.

우리의 발목을 붙잡는 것들

간단한 질문 코너 4

잠깐 휴식을 취하며 이번 장의 주제를 당신의 인생에도 적용해보자.

'주변'이라는 단어에는 상대적인 의미가 있다. 록스는 사는 곳을 떠나 나라의 반대편으로 이주하며 자신의 미래를 찾을 수 있었다. 루스는 같은 지역에 사는 유대인 할머니들의 도움과 힘께 자신이 사는 올랜도 주변을 뒤져보며 원하던 미래를 찾을 수 있었다.

간단한 질문 코너 4에서는 당신이 원하는 미래를 가로막는 장애물이 무엇인지 찾아보자. 당신과 미래의 자신을 가로막는 것은 무엇인가? 이 장애물들을 직장이나 사랑처럼 이번 장에서 다루었던 이야기와 주제에 연관 지어 생각해봐도 좋다. 아니면 전 장에서 다루었던 주제처럼 미래에는 어디에서 살고 있고 어떤 형태의 재정 상태를 원하는지 생각해보자. 혹은 특정한 기술을 연마하거나 목표한 신체 상태를 이루는 것처럼 더 좁은 범위의 주제도 좋다.

하나, 혹은 더 많은 수의 장애물을 알아냈다면 아래의 질문에 답해보자.

질문 ①

지금 당장 당신과 미래 사이를 가로막는 장애물은 어디에 있는가?

몇몇 경우에는 이 질문에 대한 답이 분명하고 뚜렷하게 보일 때가 있다. 컨트리 음악 가수가 되고 싶다면 내슈빌로 가자. 해양 생물학을 배우고 싶다면 바다로 향하자. 하지만 다른 경우라면 당신이 원하는 미래까지는 여러 개의 길이 존재한다. 나는 사랑도 이와 같다고 생각한다. 당신이 젊은 싱글이라면 도시에서 사귈 만한 사람을 찾을 가능성이 크다. 그러나 루스의 이야기가 보여주듯 살펴볼 곳을 제대로 알기만 한다면 사랑은 당신 뒷마당에서도 찾을 수 있다. 여기에 단 하나의 정답은 없다. 그저 당신이 찾는 미래를 찾기 위해 있어야 하는 장소를 진지하게 고민해보길 바랄 뿐이다.

추가 질문

- 장애물은 어디서 발생했는가?
- 혼자 장애물을 통제할 수 있는가? 아니면 장애물을 제거하기 위해 당신이 가진 미래의 원동력의 도움이 필요한가?

구체적으로 생각하는 것을 잊지 말자. 당신과 미래를 갈라놓는 장애물은 더 상세히 설명해볼수록 이겨내기 수월해진다.

질문 ②

미래의 원동력 중 무엇이/누가 장애물을 극복하는 데 도움을 줄 수 있는가?
이 질문은 퓨처캐스팅 과정을 연습하기 좋은 또 다른 기회다. 처음부터 끝까지 계획을 완성할 걱정은 말자. 하지만 사람, 도구, 전문가 중 당신이 장애물을 극복하는 데 도움이 될 만한 원동력을 받아 적어보자. 기본을 잊지 말자. 좋은 팀원은 당신과 아이디어를 주고받으며 솔직하고 유용한 피드백을 제공할 줄 아는 사람이다. 컨트리 음악 가수가 되고 싶은 사람에게는 내슈빌에서 혼자 살아본 경험이 있는 대학교 밴드부의 옛 동료가 좋은 팀원이 될 수 있다. 도구는 더 상세한 정보의 출처가 될 수 있다. 당신의 특정한 관심사에 맞춘 온라인 소개팅 앱이나 당신이 사는 지역에 도움이 되는 단체가 있나 찾아보자. 전문가는 당신이 하려는 일을 이미 해본 적 있는 사람이다. 링크드인에 등록된 해양 생물학 기관의 전문가는 당신이 학위를 마치고 진로를 결정하는 데 도움을 줄지도 모른다. 이와 같은 방식으로 미래를 이끌어나가는 당신만의 원동력을 다섯 개만 생각해보자.

· 당신에게는 언제든 쓸 수 있는 미래의 원동력(사람, 도구, 전문가)이 있
  는가?

여기서 말하는 사람들은 당신 주변을 지키는 팀원들을 의미한다. 도구와
전문가는 어디서든 찾아도 상관없다.

질문 ③

장애물을 피하고자 취할 수 있는 구체적인 행동은 무엇인가?

여기서부터는 백캐스팅 과정이다. 우리의 목표는 완벽한 계획이 아니다.
지금은 단순히 뇌 근육을 풀어준다는 느낌으로 시작해보자. 당신이 도달
하고 싶은 목표까지의 절반 지점은 어디인가? 목표의 규모도 과정에 영향
을 끼친다. 예를 들어 국토 횡단을 해야만 원하는 미래를 이룰 수 있다면,
지금 사는 지역에서 이룰 수 있는 목표를 찾은 사람보다 해야 할 일이 훨씬
더 많을 것이다. 너무 깊게 생각하지 말자. 기억하자. 백캐스팅은 너무 버
겁고 힘들게 느껴지는 과정을 감당할 수 있는 수준의 단계들로 나누는 일
이다. 캘리포니아주로 이주하라는 아이디어를 냈을 때 록스는 모든 일이
한꺼번에 일어나게 될 거라는 생각에 당황해했다. 그러나 실제 과정은 여
러 단계가 몇 달에 걸쳐 일어났다. 백캐스팅 과정 자체가 힘들게 느껴질 수
있다는 것을 잘 안다. 그러나 과정을 더 많이 연습하면 할수록 인내심이
길러지고, 오늘날 우리 사회에 깊숙이 배어 있는 즉각적인 만족감의 필요
성이 사라진다. 당신이 떠난 여행 자체를 보상으로 여기며 감사하게 될

것이다.

추가 질문

• 너무 커서 움직이기 힘들게 느껴지는 장애물이 있는가? 조금씩 밀어서
  움직일 수는 없는가?

과거를 이용해
미래를 보자

우리 주변에서 찾을 수 있는 미래에는 한 가지 종류가 더 있
다. 당신의 지역 사회다. 어떻게 해야 당신이 속한 공동체와 이
웃들을 위해 더 나은 미래를 만들 수 있을까? 전에 나는 내 개
인 업무의 하나로 지역의 지도자들이 자신들의 단체뿐만 아니
라 그들이 봉사하는 공동체를 위한 미래를 찾도록 도울 기회
가 있었다.

나는 보통 사업체나 단체가 위기에 처했을 때 연락을 받는
다. 성공적이고 실적 좋은 회사의 CEO가 어느 날 아침에 갑자
기 "퓨처리스트를 고용해야겠어!"라고 말하는 일은 아주 드물
다. 아마 한두 번 정도는 일어났던 일이지만 기업이나 개인은
보통 자신들이 미래를 대비하지 않았다는 사실을 깨달았을 때
내게 연락한다. 나는 퓨처리스트로 활동하기 시작한 아주 초
기부터 긴박한 상황에 처한 사람들의 심각한 대화에 익숙해져

야만 했다.

어느 겨울, 나는 휴런 호숫가에 자리한 작은 역사박물관의 이사회로부터 전화 한 통을 받았다. 이사회 임원 중 한 명이 과학역사박물관 관련 학회에서 강연하는 나를 봤다고 했다. 그렇다. 나는 몇 남지 않은 과학역사박물관에 사족을 못 쓰는 사람이다(믿거나 말거나 나는 결혼식도 천체 투영관에서 올렸다). 나는 전화를 끊자마자 망설이지 않고 오대호로 떠날 채비를 마쳤다.

미시간주의 겨울은 빨리 찾아온다. 내가 도착했을 때는 벌써 60센티가 넘는 눈이 내린 상태였다. 주말이 오기 전에 한 차례 더 쏟아질 예정이라고 했다. 내가 묵었던 작은 호텔 프런트의 관리자는 날씨가 몹시 나쁘지 않은 이상 공항을 폐쇄하지 않으며, 미시간주의 '몹시 나쁜 날씨'는 미국의 다른 지역과는 다르다고 농담을 던졌다.

"근데 방금 뉴스에서 날씨가 몹시 나빠질 거라고 하지 않았나요?" 내가 물었다.

"네, 그랬어요." 관리자가 어깨를 으쓱했다. "그냥 조금이라도 희망을 주고 싶었어요."

어떻게 대답해야 할지 몰랐던 나는 그냥 "고마워요. 좋은 하루 보내세요!"라고 말하고는 자리를 떴다.

"그래요." 관리자가 손을 흔들었다.

박물관은 물가 위로 넓은 간판을 드리운 채 호숫가에 자리하고 있었다. 최근에 수리를 마친 2층 건물이 깔끔한 인상으로 관객을 반갑게 맞았다. 나는 새롭게 선출된 임원과 자리에서 물러나는 임원들이 드나드는 작은 카페에 앉아 있었다. 방이 너무 추워 모자와 목도리를 벗지는 못했지만, 호수의 전망은 숨이 멎을 만큼 아름다웠다.

"우리는 우리가 원하는 게 뭔지도 몰라요." 새로운 임원 나딘이 고개를 저으며 말했다. 그는 학회에서 강연하는 나를 본 장본인이었다. 나딘은 자신이 재임하는 동안 박물관의 미래가 정상 궤도에 오르기를 간절히 바랐다. "하는 일이 너무 많기도 많은데 그중 대다수는 말도 안 돼요."

"말이 안 된다니요?" 댄이 따진다는 느낌이 들지 않도록 부드럽게 말했다. 댄은 자리에서 물러나게 될 임원이었다. "박물관을 찾는 회원들이 지금보다 더 많았던 적은 없었어요."

"그래도 저는 우리가 너무 많은 일을 하고 있다고 생각해요." 나딘이 다시 말했다. "너무 많은 일을 하니 오랫동안 지속하기가 힘들어요."

나딘과 댄이 그리는 박물관의 미래는 서로 다른 모습을 하고 있음이 분명했다. 너무나도 다른 두 사람의 성격이 상황을 더 심각하게 만들었다.

나딘은 지역의 부동산 중개업자이자 개발업자였다. 실제로 그의 명함에는 '나딘, 나딘, 부동산의 기계'라고 쓰여 있었다. 박물관에서 일하는 내내 그가 완벽한 맞춤 정장 외에 다른 옷을 입은 모습은 본 적이 없다. 나딘은 꼼꼼하고, 성공지향적이고, 의욕이 넘치는 사람이었다. 그를 움직이는 동기의 일부는 지역 사회의 발전에 기여하고 싶은 마음이었다.

댄은 식물학자이자 미시간대학교에서 은퇴한 교수였다. 그는 발가락이 보이는 샌들과 잘 알려지지 않은 과학학회 로고가 박힌 오래된 플리스 스웨터를 즐겨 입었다. 평소 행동으로 비춰보았을 때 그가 오랜 시간을 숲속에서 섬세한 야생 동물을 관찰하며 보냈다는 것을 짐작할 수 있었다. 댄은 자신이 사랑하는 자연과 교육과 지역 사회에 노후를 쏟고 있었다.

나딘과 댄에게는 딱 하나의 공통점이 있었다. 둘 다 자신들이 속한 지역 사회를 사랑하고 더 나은 미래를 만들고 싶어 했다.

"박물관을 위해 어떤 종류의 미래를 만들고 싶은지 아시나요?" 내가 둘에게 물었다. "더 중요하게는 지역 사회를 위해 어떤 미래를 만들고 싶나요? 미래는 항상 우리 주변에서 찾을 수 있습니다. 충분히 대답하실 수 있을 거예요. 지역 사회를 위한 미래가 무엇인지 알면 박물관이 미래를 위해 어떤 역할을 할 수 있을지 더 잘 이해할 수 있을 겁니다."

"좋은 생각이에요." 댄이 고개를 끄덕였다.

"하지만 우리가 원하는 미래는 이미 박물관 헌장에 적혀 있는걸요." 나딘이 대답했다. "우리는 휴런호와 휴런호 사람들의 역사를 보존하고 공유하기 위해 존재해요."

"좋은 시작이에요." 내가 말했다.

"그렇다면 우리는 왜 월요일부터 금요일까지 어린이집을 운영하고 있죠?" 나딘이 대꾸했다.

"어린이집이 꼭 필요하니까요." 댄이 답했다. "다른 어린이집이 작년에 문을 닫아서 애들을 맡길 곳이 없어진 가족들이 많아요. 처음부터 어린이집에 맡길 형편이 안됐던 부모들도 많았고요."

"하지만 주민을 위한 무료 어린이집 운영은 헌장에 적혀 있지 않아요." 나딘이 말했다.

"우리에게는 아이들을 돌볼 공간이 있어요." 댄이 2층을 가리키며 말했다. "아이들을 돌볼 직원도 있고요."

"근데 그게 휴런호의 역사를 보존하고 공유하는 것과 무슨 상관이죠?" 나딘이 했던 말을 반복했다. 그의 목소리가 조금 높아졌다.

댄은 여전히 침착했다. "이건 우리 지역 사회를 보존하는 일입니다." 댄이 말했다.

"서로의 목적이 일치하지 않는 것처럼 들리네요." 내가 토론에 끼어들며 말했다.

"그게 우리가 당신을 초청한 이유예요." 나딘이 대꾸했다.

"가장 먼저 두 사람과 나머지 이사회가 원하는 미래를 그려보는 것부터 시작하죠." 내가 말을 꺼냈다. "피하고 싶은 미래도 얘기해보세요. 그런 다음 박물관이 어떤 역할을 할지 결정할 수 있어요."

"박물관의 역할을 어떻게 알 수 있습니까?" 댄이 물었다.

"시작하려면 몇 가지 단계를 거쳐야 해요." 내가 말했다. "첫째, 이사회 임원들이 한방에 앉아 한 팀으로서 진지하게 퓨처 캐스팅에 임해야 합니다. 열정적인 사람들이 한데 모여 같은 이상을 그리는 일에는 강한 힘이 있습니다."

"일정을 잡을게요." 나딘이 휴대전화를 집어 들며 말했다.

"잠깐 기다려 보세요." 내가 말했다. "아무래도 여러분은 1단계를 시작하기 전에 2단계부터 시작하는 게 좋을 것 같네요."

"2단계가 뭔가요?" 나딘이 휴대전화에서 시선을 들며 말했다.

"보통 때였다면 먼저 자신이 원하는 미래에 사는 자신의 모습을 그려보라고 했을 거예요. 미래로 나아가는 걸 도와줄 사람과 도구와 전문가를 찾는 건 그다음 얘기죠. 그런데 박물관의 경우에는 우선 전문가들을 비롯하여 사람들과 얘기부터 하는 게 좋겠어요. 또 주민들과 대화하면서 그들이 원하고 필요한 것들이 뭔지 알아보는 것도 도움이 될 겁니다."

나딘과 댄은 나를 멍하니 쳐다보았다. 그들이 생각 중이라는 것을 알 수 있었다.

"너무 고생스러운 일처럼 들리는데요." 마침내 댄이 말을 꺼냈다.

"맞아요." 내가 대답했다. "하지만 중요한 일에는 노력이 따르는 법이죠. 특히나 지역 사회 전체에게 더 나은 미래를 선사하는 게 목적이라면요."

"이사회는 어려운 일을 두려워하지 않아요." 나딘이 다시 휴대전화를 쳐다보며 말했다.

"댄과 나딘, 이사회, 박물관의 봉사자들과 직원들 모두 아주 특별한 기회를 앞두고 있습니다." 내가 말했다. "살면서 미래를 생각하고 행동으로 옮길 수 있는 기회는 흔하지 않거든요."

나딘과 댄 둘 다 다음 몇 달 동안 힘든 시간을 보냈다. 그러나 후에 두 사람 모두 사람들의 말에 귀 기울이는 것이 최근에 한 일 중 가장 보람찬 일이었다고 고백했다. 박물관은 지역 사회가 원하는 것이 무엇인지 듣기 위해 정기적으로 청취 면담과 주민 회의를 열었다. 지방 정부의 지도자, 교육 기관, 사회복지팀도 회의에 참여했다. 박물관은 아이들을 위한 즐거운 행사를 개최해 부모와 양육자들의 말에 귀 기울였다. 행사에는 커피와 아이스크림이 함께 준비되었다.

나는 그들의 성실함과 열정에 큰 감명을 받았다. 나딘의 말이 맞았다. 이사회는 어려운 일을 두려워하지 않았다. 이사회는 지역 사회의 필요에 성공적으로 응한 전적이 있는 타지역 과학역사박물관의 사람들과 전문가를 찾아내 백캐스팅 단계도 빠른 속도로 소화해냈다.

나는 다음 해 이른 봄에 박물관을 다시 방문했다. 공기에서 찬 기운이 가시고 들꽃이 땅을 뚫고 나오기 시작해 여행하기 좋은 시기였다.

나는 나딘과 함께 카페에 앉아 잔잔한 호수의 수면을 바라
보고 있었다. 우리는 댄을 기다리고 있었다. 다음 날 오전에는
이사회, 오후에는 주민들과 퓨처캐스팅을 할 예정이었다.

"저희는 아직도 어린이집을 운영하고 있어요." 나딘이 창밖
을 바라보며 말했다.

"잘된 일인가요?" 내가 물었다.

"제가 싱글맘인 걸 아셨나요?" 나딘이 여전히 창밖을 쳐다
보며 물었다.

"처음 듣는 얘기네요." 내가 대답했다.

"저는 싱글맘이에요." 그가 계속해서 말을 이었다. "구구절
절하게 지루한 얘기는 관둘게요. 오래전에 어떤 사정으로 저
랑 제 아들만 남게 됐어요. 한때는 정부 보조금을 받으며 생활
했어요. 우리가 돕고 있는 많은 어머니와 마찬가지로요."

"이제 그분들을 도울 수 있으니 기분이 좋으시겠어요." 그가
더 많은 이야기를 하도록 유도하며 내가 말했다.

"좋기도 하고 아니기도 해요." 나딘이 말을 이었다. "물론 다
른 사람을 도울 수 있는 건 좋은 일이죠. 하지만 제가 그동안
박물관의 헌정과 정해진 역할에만 집착하고 있었다는 걸 깨달
아서 기분이 좋지만은 않아요." 그가 내 눈을 똑바로 바라보았
다. "아직 눈치채지 못하셨다면 저는 규칙을 중요시하는 사람
이에요."

"진작 눈치챘어요." 내가 피식 웃었다.

"잘 모르겠어요. 당신이 한 말을 빌리자면 아마 우리가 생각하던 미래가 서로 일치하지 않았던 모양이에요." 나딘이 계속해서 말했다. "청취 면담은 제가 우리 지역에 바라는 미래가 뭔지 알아보는 데 큰 도움이 됐어요. BDJ, 사실대로 말하자면 우리나 박물관이 그 미래에서 어떤 역할을 하고 있을지는 확신이 없어요. 그래도 지금부터 그걸 알아갈 생각에 기대가 돼요."

"좋은 소식이네요." 내가 말했다.

"당신 말대로 이건 정말 큰 기회예요." 나딘의 시선이 창문 밖의 더 먼 곳으로 미끄러졌다. "제대로 해내기만 한다면 우리 인생에서 가장 큰 기회 중 하나일지도 몰라요."

"BDJ!" 댄이 방으로 들어오며 소리쳤다. 항상 조용한 목소리의 댄이 처음으로 큰 소리를 내며 나를 부른 것이다. 그가 내게 다가와 나를 꼭 부둥켜안았다. 그가 입은 플리스 스웨터에는 '영국 콜체스터 에식스대학 식물박람회'라는 글씨가 수 놓여 있었다.

"안녕하세요, 댄." 그가 나를 놔주자 그의 어깨를 두드리며 말했다. "다시 만나서 반가워요."

"내일이 정말 기대됩니다." 댄이 활짝 웃었다. "나딘이 그동안 얼마나 멋진 일을 해왔는지 말해주던가요? 당연히 아니겠죠. 나딘은 너무 겸손해요. 제가 말씀드리죠. 이사회는 퓨처캐스팅 프로젝트를 통해 완전히 탈바꿈했습니다. 지역 사회와 교감하고 우리가 원하는 미래를 이해하려고 노력하다 보니 우리에게 새로운 목적이 생겼어요. 자원봉사자 수도 정말 많아졌어요. 다들 진심으로 우리를 돕고 싶어 해요."

"그렇다면 벌써 3단계를 시작할 준비가 다 되셨군요. 지역 사회가 원하는 방향으로 이끌어줄 백캐스팅 과정을 정하는 단계 말이에요." 내가 말했다.

"나딘의 놀라운 아이디어들이 큰 역할을 했어요." 댄이 말했다.

"이건 큰 기회니까요." 나딘이 대답했다. 그는 생각에 잠긴 듯한 눈을 하고 있었다. "사람들의 미래에는 정말 강력한 힘이 있어요."

지역 사회 수준에서 변화를 창출하기

당신이 사는 지역 사회의 미래를 건설하는 일은 나딘과 댄이 깨달았던 것처럼 평생에 있어 굉장한 기회다. 당신의 수고는 당신의 소중한 가족, 친구, 사랑하는 사람들을 포함한 셀 수 없이 많은 사람의 인생에 영향을 끼친다. 개인적으로 내 인생에서 가장 보람찼던 순간들은 지역 사회의 일원들과 함께 일했을 때였다.

그렇다면 지역 사회의 발전에 참여하는 가장 좋은 방법은 무엇일까? 나는 사람들에게 다음 3가지 길을 추천한다.

- **자원봉사를 하자.** 세상의 모든 공동체는 언제나 더 많은 사람이 시간과 에너지를 기부해주길 기다리고 있다. 당신의 이상과 믿음에 부합하는 목적을 가진 단체를 찾아보자. 직업을 구할 때처럼 당신의 특기가 어떻게 단체에 도움이 될지 열거해보자. 예를 들어 목공 기술이나 프로젝트 매니저 이력이 있다면 주민을 위해 저렴한 주택 건설에 힘쓰는 단체를 찾아보자. 기획이 전공이라면 도서관이나 주민센터를 위한 기부금 모금 행사에 참여하는 방법도 있다.

- **사회 운동에 참여하자.** 다양한 사회 운동은 생각이 비슷한 주민들이 함께 참여하기 좋은 수단이다. 기후 변화나 교육 등 당신이 열정을 가지고 참여할 수 있는 주제여야 한다. 봉사활동과 사회 운동 참여에는 서로 밀접한 관련이 있지만, 시간을 많이 할애해야 하는 봉사활동이 부담스럽다면 사회 운동이 알맞은 방법일 수 있다.

- **공직에 출마하자.** 내가 제시하는 방법 중 가장 많은 책임감을 요구하지만, 당신이 단체를 통해 지역 사회에 진정한 변화를 가져올 수 있는 능력을 그만큼 높이는 방법이

다. 가장 먼저 할 일은 어떤 단체의 공직에 입후보할지 결정하는 것이다. 도시, 군, 주에 따라 다양한 직책이 있다. 공직에 출마하는 과정에는 퓨처캐스팅의 규칙을 모두 적용할 수 있다. 당신만의 미래의 이야기를 완성했다면(당신이 출마하고자 하는 단체를 의미한다) 당신을 미래로 나아가게 할 사람, 도구, 전문가를 찾아야 한다. 예를 들어 웹사이트 런포오피스Run for Office에서는 15만 명 이상의 공직 자리를 검색할 수 있다. 한편, 여성유권자연맹은 여성이 선거 과정에 활발히 참여할 수 있는 지원을 아끼지 않는다. 위와 같은 단체들은 백캐스팅에 돌입할 때 매우 귀중한 자원이 된다.

다음 장에서는: 기술 이야기

새 직장, 운명의 상대, 당신이 사는 곳에서의 더 나은 내일. 당신이 무엇을 찾는지는 상관없다. 미래는 우리 주변에서 만들어진다. 책 전반에 걸쳐 말했듯이 미래는 사람에 의해서 만들어지기도 한다. 그리고 여기 많은 사람이 두려워하는 퓨처캐스팅의 마지막 공통분모가 있다. 바로 맞췄다. 기술에 대해 이야기해볼 차례다. 그동안 겪어온 기술과는 다르게 당신을 혼란스럽거나 불안하게 만드는 이야기가 아니다. 사실 그 반대

퓨처리스트

다. 다음 장에서는 기술을 통제하는 방법과 기술의 통제가 당신이 원하는 미래를 만드는 데 가장 훌륭한 도구 중 하나임을 보여주겠다.

기술이 아닌
당신이 미래를 결정한다

사람들은 내가 퓨처리스트라는 사실을 알면 가장 먼저 기술 이야기를 하고 싶어 한다. 왜 안 되겠는가? 나는 기술을 '과학적 지식을 실용적으로 적용하는 것'이라고 정의한다. 기술은 동굴에 살던 어느 진취적인 원시인이 뾰족한 돌 조각을 곡괭이로 만들기로 한 순간부터 인류의 발견과 발전을 주도하는 주요 원동력이 되어왔다. 어쩌면 내가 소개하는 퓨처캐스팅 과정에서 미래를 창조하는 가장 강력한 조력자의 임무를 수행하는지도 모른다. 간단히 말해서 기술은 미래를 가능하게 만드는 데 일조한다.

그러나 불행히도 기술의 힘은 언제부턴가 우리가 이해하는 범위를 능가하기 시작했다. 사람들은 이제 기술을 긍정적인 변화를 불러올 원동력보다는 공포와 두려움의 원인으로 간주한다. 2007년 어느 저녁, 나는 내 인생을 송두리째 바꾼 질의응답 시간 중 이 사실을 뼈저리게 느꼈다. 이 사건은 특히 내가 인류와 기술 사이의 관계를 바라보는 방식을 바꾼 계기가 되었다.

신기술을 두려워하는 군중 속의 남자

샌프란시스코 중심가 노브힐 꼭대기에 있는 마크 홉킨스 호텔의 강당 안. 나는 약 600명의 청중 앞에 서 있었다. 경제가 완전히 무너지지는 않았지만 불안감이 느껴지기 시작하던 시기였다. 당시 인텔에서 5년 넘게 일하며 600명 이상의 청중 앞에서 하는 강연에 꽤 익숙해져 있던 나는 전만큼 고전하지 않았다. 하지만 내가 발표를 끝내고 '무엇이든 물어보세요' 코너를 시작할 때쯤에는 강당에 여전히 약간의 긴장감이 감돌았다.

처음 질문 몇은 주제에 따라 이리저리 튀었다. 많은 청중이 더는 공상과학 속의 이야기만은 아닌 자율주행 자동차에 관심을 보였다. 같은 해 초 카네기멜론대학교의 한 연구팀은 미국 방위고등연구계획국DARPA의 그랜드 챌린지 대회에서 도시의 도로를 자율주행하는 자동차를 선보여 우승하기도 했다.

산업의 자동화에도 관심이 많았던 관객들은 로봇이 인간을 밀어내고 세상을 지배하는 시나리오를 제시하기도 했다. 45분 정도 지난 시점에서 마지막 질문을 받고 강연을 마치기로 했다. 그때, 객석 뒤편의 남자가 벌떡 일어났다. 평범한 차림의 일반인이었지만 그의 태도가 조금 이상했다. 무대 바로 앞에 서 있던 보안 요원도 이상한 점을 눈치챌 정도였다. 남자는 관계자가 마이크를 전달하려고 분주하게 움직이는 동안 무대를 차갑게 노려보았다.

"내 질문에 솔직하게 대답해줄 수 있습니까?" 화가 잔뜩 난 남자가 마이크를 잡으며 말했다.

"아, 물론입니다." 내가 분위기를 풀어보려 웃으며 답했다. "최대한 솔직하게 답해볼게요."

"당신은 정말, 진심으로 기술이 인류에게 긍정적인 영향을 끼쳐왔다고 생각합니까?" 그가 말했다. 특정한 답변을 유도하는 질문인 것이 뻔했다.

"그렇다고 생각해요." 나는 가능한 한 차분하게 대답하려고 노력했다. "저는 자타가 공인하는 낙천주의자입니다. 저는 우리가 기술을 사람들의 삶을 더 낫게 만드는 데 써야 한다고 생각해요."

"하지만 기술이 실제로 그렇게 쓰이고 있습니까?" 그의 불안한 목소리가 강당 스피커에 거슬리는 잡음을 일으켰다. "실제로 그렇게 쓰이고 있냔 말입니다. 당신은 정말 기술이 이 세상을 더 나은 곳으로 만들고 있다고 생각하나요?"

보안 요원이 마이크를 잡은 남자가 있는 곳으로 다가가기 시작했다. 상황은 급속하게 고조되고 있었지만 나는 여전히 이 사람이 이렇게 화난 이유를 알 수 없었다.

"저는 기술이 반드시 사람들의 삶을 더 낫게 만드는 데 쓰여야 한다고 생각해요." 내가 말했다. "저는 퓨처리스트로서 항상 지키려고 노력하는 성공의 기준선이 있습니다. 우리는 기술을 사람들을 행복하게 만들거나, 건강하게 만들거나, 아니면 최소한 더 효율적인 결과를 내기 위해 쓰는지 생각해봅니다."

내가 말하는 동안 남자는 고개를 열심히 끄덕였다. 나는 그가 내 말에 동의하는 것인지, 아니면 내 말이 그를 분노하게 만드는 무언가에 더 확신을 주었기 때문인지 알 수 없었다.

보안 요원이 남자가 앉은 좌석으로 다가가 그의 팔을 붙들었다.

"괜찮아요." 내가 재빨리 말했다. "이분이 질문을 마치게 해주세요."

숨을 짧게 들이쉰 남자는 주머니에서 제1세대 아이폰을 꺼내 들었다. "이게 악마가 아니고 뭡니까? 이게 우리 아이들한테 무슨 짓을 하고 있는지 안 보입니까? 내 딸은 이제 대화도 제대로 못 하는 상태가 되었습니다. 이런 애들이 커서 일자리 하나 제대로 구할 수 있겠습니까? 우리 아이들의 미래는 대체 어떤 모습일지 나한테 말해줄 수 있냐 말입니다."

나는 그제야 남자의 질문을 이해할 수 있었다. 아니, 남자의 질문 뒤에 숨겨진 질문을 이해했다는 말이 더 정확히리라. 남자는 기술이 자신의 딸을 해치고 부녀의 미래를 앗아가고 있다고 느꼈다. 그 순간 남자의 마음속에서 퓨처리스트인 나는 딸의 미래를 빼앗고 딸을 자신에게서 빼앗아 간 사람이었다.

"그래서 당신은 기술이 자녀분을 해친다고 생각하시는 건가요?" 내가 물었다.

"그렇소." 남자가 고개를 빠르게 끄덕이며 말했다.

강당을 가득 채운 관객들은 손에 땀을 쥐고 우리를 지켜보고 있었다. 사람들의 고개가 무대 위의 나와 휴대전화를 들고 있는 화난 남자 사이를 번갈아 쳐다보느라 쉼 없이 움직였다. 그들은 얼른 자리를 빠져나와야 할지, 자리에 남아 내 대답을 들어야 할지 몰랐다.

"좋습니다." 내가 마이크에 대고 크게 말했다.

남자는 크게 당황했다. 사실 관객 모두가 당황했다. 나는 남자의 분노를 정당화시켜줄 참이었을까?

"좋아요." 내가 잠시 멈춘 뒤 말을 이었다. "당신은 기술이 당신의 가족을 해친다고 믿기 때문에 화가 나신 거군요. 당신 같은 분이 더 많았으면 좋겠네요. 아이들의 안녕과 미래를 걱정하는 부모님은 많으면 많을수록 좋죠."

남자의 어깨에서 긴장이 빠져나가는 것이 보였다. 남자는 공중에 휴대전화를 번쩍 들고 있던 팔을 천천히 내렸다. 그는 내게 더 무슨 말을 할지, 어떻게 반응할지 알지 못했다.

"하지만 기술 얘기를 해보겠습니다." 내가 계속해서 말을 이었다. "스마트폰은 지금도 꽤 최신 기술이죠. 그래서 우리가 아직 스마트폰의 장점이나 단점을 아주 잘 알지는 못한다고 말하고 싶어요. 그러나 통제권은 항상 우리에게 있다는 사실을 기억해야 합니다. 새로운 기술로 무엇을 할지 결정하는 건 바로 우리니까요."

남자는 아까보다는 진정되었을지 몰라도, 여전히 내 말을 납득하지는 못하는 눈치였다.

"알겠습니다, 아직 저를 믿지 못하시는군요." 내가 조금 더 밀어붙였다. "제가 무슨 말을 하려는지 더 구체적인 예시를 하나 보여드릴게요. 당신의 가족은 저녁을 먹으며 TV를 시청하나요?"

"아니요. 저녁 시간에는 절대 TV를 보지 않습니다." 남자가 대답했다.

"그렇군요, 훌륭해요!" 내가 조금 들뜬 기분으로 말했다. 청중들의 분위기도 다시 원래대로 돌아왔다. "그건 당신이 아버지로서, 그리고 가족과 함께 내린 결정이죠. 통제권은 당신에게 있어요. 여기에서 TV는 발언권이 없습니다."

"대충 무슨 뜻인지는 알겠네요." 남자가 대답했다. 내가 한 말을 소화해내느라 조금 생각에 잠긴 듯했다.

정신질환을 치료하는 비디오 게임, 가난의 무게를 덜어주기 위해 개발된 금융 상품 등 나는 계속해서 기술은 단지 사람을 위해 존재하는 도구일 뿐임을 보여주는 예시를 들었다. 실제로 남자가 끔찍하게 여기는 스마트폰은 미군에서 군인들의 PTSD, 즉 외상 후 스트레스 장애 관리와 치료를 위해 쓰이고 있었다. 의사, 치료사, 심지어 가족의 일원들도 장애에 고통받는 군인들과 24시간을 함께 보낼 수는 없다. 하지만 스마트폰이라면 가능하다. 기술을 사람들과 현실 사이를 이간질하는 악마로 여기는 대신 우리가 사랑하는 사람들을 돌보고, 지켜보고, 그들이 가장 힘들 때 연락할 수 있게 해주는 수단으로 여기자. 이 방식대로라면 기술은 사람들의 치유를 돕는 셈이다. 나는 몇 번이고 남자에게 이런 사례들을 증명할 준비가 되어 있었다. 그러나 갑자기 누군가의 목소리가 강당 스피커에서 울려 퍼졌다.

"자, 좋습니다, 다들 와주셔서 감사합니다." 오후 강연에 나를 초대한 브렌다의 목소리였다. 브렌다는 무대로 향하는 낮은 계단을 올라오며 말했다. "BDJ, 긴 시간 동안 질문에 답해주셔서 감사합니다. 다들 BDJ에게 박수 한번 주실까요?"

청중들은 손뼉을 치며 자리를 정리하기 시작했다.

"자, 정말 신나는 강연이었어요." 브렌다가 내 어깨에 팔을 두르며 말했다.

"맞아요." 내가 미소 지었다. "마지막 질문이 특히 좋았어요." 나는 남자를 찾기 위해 관객석을 훑었지만, 그는 이미 사람들 속으로 사라진 후였다.

21세기,
기술의 공포

그날 밤 샌프란시스코에서의 강연은 나의 세계관과 내가 퓨처리스트로서 하는 일을 변화시켰다. 사람들이 기술은 미래를 결정하지 못한다는 것을 이해하도록 돕는 것이 내 의무라는 중요한 사실을 깨닫게 된 순간이었다. 미래는 사람이 결정한다. 당신이 결정한다. 기술이 미래를 결정하지 못한다는 믿음은 미래는 사람이 만들고 우리 주변에서 만들어진다는 개념과 더불어 퓨처캐스팅의 또 다른 핵심이다. 뒤의 개념 둘은 추상적이기 때문에 이해하기 어려워하는 사람이 많지만 다들 결국은 이해하기 마련이다.

진짜 이해하기 어려운 개념은 기술이다. 21세기의 사람들은 기술과 기술이 우리 삶에 미치는 영향력에 어마어마한 두려움과 불안감을 느끼며 살기 때문이다. 나는 샌프란시스코에서 만난 남자처럼 기술이 자신들의 미래를 앗아간다고 느끼고, 자신들은 아무것도 할 수 없이 무력하다고 느끼는 사람들과 늘 마주친다. 이런 태도는 지난 수십 년간 기술이 더 복잡해질수록 더 흔한 현상으로 자리 잡았다. 사람들은 숙달은커녕 기술을 이해하지도 못한다고 느낀다. 채프먼대학교는 해마다 '미국인들의 두려움 설문 조사'를 진행하는데, 1,500명의 미국 성인을 기준으로 실시한 최신 조사에 따르면 가장 큰 두려움 5개 중 3개가 사이버 테러, 대기업의 개인 정보 추적, 정부의 개인 정보 추적으로 모두 기술과 관련되었음을 확인할 수 있다.

어쩌면 이것은 수천만 달러를 들여 바이러스를 퍼뜨리는 기업들이 바라는 일일지도 모른다. 사람들은 내게 "마치 미래가 점점 더 빨리 다가오는 것 같다"라고 말한다. 꼭 우리가 아는 세계를 쓸어버릴 거대한 해일 앞에 서 있는 기분이다. 주도권을 잡고 싶어 하는 기술 회사들에게는 반가운 소식이다.

여기에 우리 아이들까지 고려하면 우리가 느끼는 공포는 거의 발작을 일으킬 수준이 된다. 사람들은 샌프란시스코의 화가 난 중년 남성처럼 자신이 인생에서 자기 자신보다 더 소중하게 여기는 것들을 지켜내는 방법을 알지 못한다.

이해한다. 남자의 분노와 답답함도 이해하고 그가 왜 나를 원망하고 싶었는지도 이해한다. 하지만 이는 진실이 아니다. 기술은 미래를 통제하지 못하고, 기술을 개발하는 기업도 마찬가지다. 미래는 당신에게 달렸다. 미래는 사람이 만들지, 기술이 만드는 것이 아니다. 물론 기술이 당신의 미래에 상당히 큰 영향을 끼치는 것도 사실이다. 그러나 기술은 결코 당신보다 강하지 않다. 내가 이것을 어떻게 아는지 궁금한가? 우리는 이미 여기에 왔던 적이 있기 때문이다.

사학자와 퓨처리스트가
술집에 갔는데…

사람들은 내가 사학자와 일한다는 말을 들으면 깜짝 놀란다. 그들은 사학자와 퓨처리스트의 관계가 캐퓰렛가와 몬터규가나 개와 고양이 관계일 것으로 추측한다. 마치 우리가 한 방에 있으면 못 잡아먹어 안달이라도 날 것처럼 말이다. 이는 전혀 사실이 아니다. 역사는 미래에 어떤 일이 벌어질지 이야기하는 데 필요한 언어와 체계를 제공한다. 또 우리가 기술을 논하려면 우선 인류와 기계의 역사를 논해야 한다.

내가 가장 좋아하는 토론 상대 중 한 명은 사학자이자 자칭 반항아인 제임스 캐럿^{James Carrott}이다. 우뚝 솟은 체격과 길고 붉은 수염, 동그란 렌즈의 존 레논 안경을 쓴 그는 정말 반항아처럼 보였다. 제임스는 역사와 문화 사이의 교차점과 이 교차점이 미래에 미칠 영향을 연구한다.

지난 2018년, 나는 제임스의 집 근처에 있는 시애틀의 어느 술집에서 그와 만났다. 나는 제임스의 탐구적인 지성도 좋아하지만, 그가 최신 수제 맥주를 시음하기에 최고의 장소들을 알고 있어서 더 좋다. 제임스는 그날 세계적으로 유명한 파이크 플레이스 마켓에 자리한 파이크양조회사에 나를 데려갔다. 마켓은 지나가는 사람들에게 그날 잡은 생선을 던지기로 유명한 생선 가게와 포장마차로 인산인해를 이루고 있었다. 여기서는 그날 아침 시애틀 인근의 바다에서 잡힌 치누크 연어를 주문하면 바로 앞에서 손질한 뒤 계산대로 던져 신문지에 포장해 집으로 가져갈 수 있게 해준다.

마켓의 소리와 풍경과 냄새를 실컷 구경하고 만끽한 우리는 마켓 안의 술집에 자리 잡아 IPA 2잔을 주문했다.

"과거는 미래로 진입하는 길과 같아." 전에 함께 일할 때 제임스가 내게 했던 말이다. "역사는 반복되지 않지. 하지만 역사는 우리가 미래를 얘기할 때 쓰는 언어야. 역사 말고는 미래에 무슨 일이 닥칠지 설명할 만한 언어도 없고 단어도 없어. 우리는 항상 미래를 우리가 과거에 겪은 일에 비교해야만 해."

나는 제임스와 기술에 대한 인간의 공포를 주제로 대화하고 싶었다. 어제오늘 갑자기 나타난 공포는 아니라고 생각했다. 그렇다면 과거의 기술에서 우리가 미래에 더 잘 대비하고 미래를 더 분명히 볼 수 있도록 도울 만한 교훈은 무엇이 있을까?

"기술을 둘러싼 불안감이 점점 고조되는 게 보여." 내가 먼저 말했다. "내가 만나는 많은 사람은 기술이 미래의 형태를 결정할 거라고 믿는 구체적이고 뚜렷한 두려움에 휩싸여 있어. 더 구체적으로는 기술이 자신의 미래를 통제할 거라고 믿고 있지."

"아, 정말 동감이야." 제임스가 안경을 벗어 대충 닦으며 말했다. 그가 생각에 깊게 잠길 때 하는 행동이다. "가는 곳마다 새로운 기술이나 기술 혁명 때문에 우리 삶이 절대 이전과 같아질 수 없을 거란 소리를 듣지. 참나, 여기는 시애틀이라고."

"근데 이게 최근만의 얘기는 아니잖아." 내가 끼어들었다. "기술은 우리 삶에 아주…"

"오래오래 존재해왔지." 제임스가 내 생각을 대신 말해주었다. "기술의 시초는 사실 손도끼였어."

"맞아." 내가 말했다. "그런데 그때의 사람들은 손도끼를 보면서 우리가 기술을 볼 때 느끼는 기분을 느끼지는 않았단 말이지. 손도끼는 세상을 바꾸는 혁명적인 기술도 아니었고 그냥 도구일 뿐이었어."

"광고에도 어느 정도 책임이 있어." 제임스가 말했다. "기술 회사들은 자기네 제품이 혁명적이라고 믿길 바라지. 제대로 작동하는 기본적인 도구를 팔러 다니는 것보다 더 설득력 있고 자극적이니까."

"그 말이 맞아." 내가 말했다. "그래도 오늘날 사람들이 기술에 대해 느끼는 공포심과 불안감이 과거 어느 때보다 더 심각한 상태라는 건 인정해야지."

"그럴지도." 제임스가 물러섰다. "근데 이 불안감의 근원을 따라가 보면 전세기에 히로시마와 나가사키를 섬멸한 핵폭탄을 선두로 세계 대전을 거치며 발달한 기술들이 있단 말이지."

"정확히 어떻게 말이야?" 내가 물었다.

"그냥 규모가 엄청나게 컸어." 제임스가 대답했다. "사람을 총으로 쏘는 것과 버튼 하나를 눌러 도시 하나를 날려버리는 건 완전히 다른 얘기잖아. 기술의 수준이 사람들이 이해하기에 너무 큰 규모였던 거지."

"그럼 기술의 규모가 오늘날도 사람들을 공포에 빠뜨리는 걸까?" 내가 물었다.

"20세기 중반 사람들은 과학의 경이로움에 큰 기대를 걸었어." 제임스가 계속해서 말했다. 그는 마술을 선보일 때처럼 내 얼굴 앞에서 손가락을 흔들어 보였다. "사람들은 과학이 세상의 모든 문제를 해결해주고 모든 걸 바꿔주는 실현 불가능한 미래를 상상했어. 처음에는 아주 유망한 미래처럼 보였지. 근데 기술의 규모가 커지니까 점차 벅차게 느껴지기 시작한 거야. 핵분열을 예로 들어볼게. 핵분열을 이해하는 사람이 몇이나 있어? 개념이 너무 크고 규모가 너무 장대하니까 우리는 이해할 수 없고, 결국 통제할 수 없다고 느끼는 거지. 기술이 우리를 지배하는 거야."

제임스가 말하는 동안 내 머릿속에는 수학하는 남자Math Guy로 알려진 키스 데블린Keith Devlin이 떠올랐다. 그는 스탠퍼드대학교 인문과학기술고등연구소의 상무뿐만 아니라 다른 직책들도 맡고 있었다. 하지만 키스의 최대 관심사는 수학을 가르치고 수학을 다른 방식으로 생각해보게끔 돕는 일이다.

그는 사람들 대부분이 진정한 수학이 뭔지 모른다고 믿었다. 키스는 언젠가 이렇게 설명했다. "계산을 하거나 방정식을 푸는 게 수학의 다가 아니다. 수학은 우리가 이미 수 세기 동안 막강한 힘이 있음을 깨달은 방식으로 세상을 바라보는 것

　　　　　　　　　　　　　퓨처리스트

이다."[8]

키스는 이를 '수학적 사고'라고 부른다. 나는 키스가 말하는 수학적 사고가 기술의 미래를 고려할 때 도움이 될 것으로 생각한다. 특히 제임스와 나눈 대화를 고려하면 더욱 그렇다. 키스는 '수학은 심리적, 사회적 구성'이라고 말한다. "우리는 수학을 할 때마다 세상에 대해 배운다. 우리는 수학을 하며 인간의 사고가 작용하는 방식과 세상을 더 잘 이해하게 되는 것이다. 수학은 마치 거울처럼 우리가 바라보는 세상을 투영하는 렌즈인 셈이다. 하지만 더 깊이 들어가 보면 수학은 관념적이고 날카로운 방식으로 우리 자신을 바라보는 거울이기도 하다."

나는 키스의 관점을 제임스와 공유하며 덧붙였다. "기술도 같은 방식으로 생각할 수 있어. 기술은 단순히 우리가 사는 세상과 우리의 위치를 바라보는 걸 도와주는 도구일 뿐이야. 인류는 우리가 세상의 중심이고 기술은 우리 자신과 타인과 우리의 미래를 더 잘 이해하도록 도와주는 방법 중 하나에 불과하다는 걸 알아야 해."

"확실히 기술을 감당할 만한 수준의 규모로 만드는 데는 도움이 되는 사고방식이군." 제임스가 말했다. "우리 운명의 주도권을 우리에게 다시 어느 정도 돌려주기도 하겠어. 꼭 현대판 마그나 카르타Magna Carta 같구만."

"마그나 뭐?" 내가 물었다.

"1215년에 맺어진 조약 있잖아." 그가 그것도 모르냐는 표정을 지으며 말했다. "결국은 다 르네상스 시대로 거슬러 올라가는 거지."

"잠깐만 있어 봐!" 내가 소리쳤다. 그는 더 깊은 생각에 빠지기 직전이었다. "술 좀 더 시키고 얘기하자. 술부터 시키고 세상 모든 과학적 사상들이 어디서 시작했는지 말해줘."

간단한 질문 코너 5

역사 수업 시간이 끝났다. 잠시 책을 내려놓고 당신이 기술에 느끼는 생각과 감정을 떠올리자. 이 주제에 대해 더 깊이 살펴보기 위해 잠시 짚고 넘어가면 좋은 내용이 있다. 개인과 기술 사이의 관계는 양육 방식과 어린 시절의 경험에 따라 특성을 크게 달리한다.

내 경우를 말하자면 나는 전기 공학자 아버지와 IT 전문가 어머니 밑에서 자랐다. 1970년대의 일이다. 어머니는 주말이면 내가 개인용 컴퓨터라고 불리는 신통방통한 물건을 가지고 놀게 해주셨다. 아버지가 레이더 연구실에서 가져온 커다란 종이의 전기 도식이 식탁을 뒤덮었던 기억도 난다. 아버지는 전기 경로를 찾아내며 도식의 다양한 구성 요소가 어떻게 작동하는지 설명해주셨다. 아버지의 설명이 내게는 재미있는 동화처럼 느껴졌다. 몇 주 후 아버지는 내가 직접 해체된 부분을 조립해볼 수 있게 하셨다. 아버지의 동화 속을 두 손으로 직접 탐험하는 기분이었다. 나는 퓨처리스트가 키운 아이라 해도 과언이 아니다. 우리 부모님은 내가 기술에 매력을 느낄 수 있도록 양육하셨다. 이 점은 살면서 두고두고 감사할 일이라고 생각한다.

당신은 어떤가? 당신은 기술을 어떻게 생각하는가? 당신의 노트에 다음 질문들의 답을 적어보자.

질문 ①

당신의 어린 시절 기술이 큰 역할을 했던 경험은 무엇인가?

이 질문을 통해 과거 당신이 기술과 가졌던 관계에 대해 생각해보자. 내 친구는 같은 질문에 원격 조종 자동차 장난감의 작동 원리를 알기 위해 분해했다가 돈을 낭비한다며 아버지에게 혼났던 비통한 경험을 들려주었다. 가여운 꼬마는 몇 주 내내 산산조각이 난 장난감을 다시 조립하려고 애썼다. 오늘날 친구는 기술을 회피하는 사람이 되었다.

한편 기술이 경이로운 상상의 세계를 제공해준다고 느끼는 사람들도 있다. 비디오 게임이든 로봇이든 아이들은 보통 기술을 사랑한다. 함께 로봇을 만들다 보면 아이들 머릿속에 얼마나 놀라운 아이디어가 가득한지 알 수 있다. 나는 아이들과 함께 망토나 멜빵을 입은 로봇, 누르면 재미있는 농담을 해주는 버튼과 시시한 농담을 해주는 버튼이 달린 로봇, 심지어 방귀를 뀌는 로봇도 만들어 보았다. 로봇이 하던 일을 멈추고 방귀를 뀌는 순간 어른과 아이 할 것 없이 천진난만한 얼굴 위에 번지는 순수한 기쁨은 직접 봐야만 이해할 수 있다. 많은 사람에게 기술은 놀라움과 유머로 가득한 존재가 될 수 있다.

당신은 기술을 어떻게 생각하는지 알아보자.

6장 기술이 아닌 당신이 미래를 결정한다

- 질문 1의 경험이 기술을 바라보는 관점을 형성하는 데 어떤 영향을 끼쳤는가?
- 질문 1의 경험이 기술에서뿐만 아니라 다른 것들도 바라게 했는가?
- 기술에 관련된 유년기의 경험이 어떤 모습이었으면 좋았을 것으로 생각하는가?

사람들은 보통 어릴 때 더 많은 기술을 써보지 못해 아쉬운 사람과 기술이 너무 많아 부담스러웠던 사람으로 나누어진다. 과거의 경험을 말하는 것도 도움이 되지만 시간이 흐른 지금 과거에 무슨 일을 겪었으면 좋았을지 이야기해보는 것도 도움이 된다.

질문 ②

스마트폰의 긍정적인 면과 부정적인 면을 각 3가지씩 말해보자.

이번 질문은 당신이 현재 기술에 대해 어떻게 느끼는지 알아보기 위해 고안되었다. 대부분의 사람은 이 질문에 간단히 대답하지 못한다. 스마트폰이 마음에 드는 점과 들지 않는 점이 있기 마련이다. 당신의 입장은 무엇인지 좀 더 자세히 알아보자.

추가 질문

- 스마트폰의 부정적인 면은 누구의 잘못인가? 긍정적인 면은 누구 덕분인가?
- 지난 세월 동안 당신과 스마트폰은 어떤 관계로 변화하였는가?

- 친구나 부모님 또는 자녀들과 스마트폰에 대해 이야기할 때 스마트폰을 어떻게 지칭하는가?

우리 모두 기술과 복잡한 관계를 맺고 있다. 기술은 우리 삶의 일부분이 되었기 때문이다. 하지만 별로 새로운 소식은 아니다. 미국인의 56퍼센트는 자신의 차에 이름을 붙인다. 기술이 우리 인생에서 중대한 부분을 차지하기 때문에 우리는 기술을 인간화한다. 기술이 진화할수록 인간과 기술의 관계도 복잡해진다.

질문 ③

자율화는 향후 10년 안에 당신의 직업군에 어떤 영향을 끼칠 수 있는가?

우리는 지금 미래를 살펴보는 중이다. 로봇의 반항과 인간의 실직이 줄거리로 등장하는 시나리오는 쉴 새 없이 쏟아진다. 당신의 대답에 영향을 미치고 싶지는 않지만, 개인적으로 기술로 인한 실직의 두려움은 지나친 과장이라고 생각한다. 하지만 당신은 어떻게 생각하는가? 당연히 당신의 직업에 따라 대답도 달라질 것이다. 당신의 대답에 영향을 끼치는 요인이 또 있는가?

추가 질문

- 당신이 기술을 이용해 이루고 싶은 미래는 무엇인가?
- 당신과 기술 사이의 관계가 개선될 방법이 있는가?
- 당신과 기술 중 누구에게 통제권이 있다고 생각하는가?

위의 추가 질문들은 사람들이 기술 때문에 불안해하는 이유를 잘 보여준다. 모든 것은 통제권에 달려 있다. 탁상공론은 이쯤에서 그만두겠지만 마지막으로 당신과 기술 사이의 관계는 당신이 어쩔 수 없는 힘으로 형성된다는 사실을 다시 한번 강조하고 싶다. 하지만 기술이 아니더라도 세상 모든 것들이 마찬가지다. 다른 점이 있다면 현대 사회에서 기술의 역할이 너무 큰 탓에 약간 겁을 먹게 되는 것뿐이다. 당신과 기술 간의 관계를 깊이 고민해보며 어쩌면 난생처음으로 통제권이 당신에게 있다는 걸 확인하는 기회를 얻길 바란다.

기술은 또 다른 도구일 뿐

기술에 대한 두려움은 사실 우리가 느끼는 무력감일 뿐 기술 자체를 대변하지 않는다는 사실을 이해해야 한다. 우리는 어쩌면 영원히 이해하지 못할 복잡성을 두려워하고 있는지도 모른다.

기술 자체에는 아무런 힘도 없다. 기술은 도구일 뿐이다. 도구는 혼자서는 쓸모도 없고 별로 흥미롭지도 않다. 망치는 그냥 망치일 뿐이다. 망치는 배, 집, 자녀가 타고 노는 수레 같은 물건을 만들 때만 흥미롭고 유의미하다. 도구는 사람들의 인생에 영향을 줄 때만 의미가 있는 것이다.

내가 샌프란시스코 강연의 청중들에게 말한 것처럼 우리

는 기술이 우리의 삶을 어루만지는 방식을 통해 기술의 가치를 판단해야 한다. 우리는 더 좋은 삶을 위해 기술을 어떻게 사용하고 있는가? 더 구체적으로 묻자면 당신은 더 좋은 당신의 삶을 위해 어떻게 기술을 사용하고 있는가? 당신이 바라는 미래를 이루고 바라지 않는 미래를 피하려면 기술이라는 도구를 어떻게 활용해야 할까? 우리가 기술을 생각하는 방식을 바꾸고, 기술의 통제권은 사람에게 있다는 사실을 기억하는 것이 지금까지와는 다른 모습의 미래를 위해 내딛는 첫걸음이 될 것이다. 새로운 미래에 사는 우리의 모습을 떠올릴 수만 있다면, 우리는 기술을 우리가 원하는 미래로 나아가게 해줄 도구로 활용할 수 있다.

사람들의 삶의 질을 향상하는 기술의 힘은 내가 퓨처리스트로서 하는 모든 일의 초석과 같다. 나는 쉴 새 없이 사람을 세상의 중심에 놓을 방법을 모색한다. 나는 단순히 이론에서 그치지 않고 이를 실행에 옮긴다. 기술의 가치를 판단할 때는 항상 사람을 중심으로 생각한다. 보통 가장 취약한 어린이와 노인을 기준으로 생각하면 좋다. 어린이와 노인을 더 건강하고 행복하고 안전하게 만드는 기술이라면 성공할 가능성이 크다. 무슨 뜻인지 지금부터 설명해보겠다.

우리를 둘러싼 거인들

"우리가 출발하기 직전에 생도 한 명이 또 분수로 뛰어드는 걸

봤어." 알이 길게 이어지던 침묵을 깨며 불쑥 말했다. 알은 알프레도의 애칭이다. 알이 처음 만나는 사람들에게 하는 말처럼 '파스타 소스 이름과 발음이 같은' 이름이었다. 이 농담이 처음에는 재미있다가 곧 지겨워졌지만, 오랫동안 친구로 지내다 보니 이제 그가 농담하지 않으면 기분이 이상할 지경이다.

"뭘 봤다고?" 조수자 석에 앉아 있던 내가 물었다. 우리는 콜로라도 스프링스에서 덴버로 향하는 25번 고속도로 위를 달리고 있었다. 늦은 오후였다. 긴 하루를 보낸 나는 잠시 눈을 쉬게 해주는 중이었다.

"미안해, BDJ. 자는 중이었나?" 알이 물었다. "그냥 자네를 만나러 가는 길에 생도들이 학교 안에 있는 분수에 뛰어드는 걸 봤다는 말이었어."

"아, 그거." 내가 말했다. "해마다 이맘때면 자주 보지. 이번에 여행하면서는 한 3명 정도 본 것 같아."

우리는 당시 미국 공군사관학교US Air Force Academy에서 위협캐스팅을 하고 있었다. 알은 덴버를 중심으로 활동하는 보안 연구원이다. 이날은 알이 집으로 가는 비행기를 타는 나를 위해 공항까지 데려다주는 길이었다.

다시 분수 이야기로 돌아가자. 공군사관학교에는 매해 한 학년이 끝나면 마지막 기말시험을 치른 졸업생들이 에어 정원Air Garden에 있는 분수에 군복을 입고 뛰어드는 전통이 있다. 졸업생들의 기쁨에는 강한 전염성이 있다.

퓨처리스트

차 안이 다시 조용해지고 나도 다시 눈을 감았다. 차의 엔진 소리가 나를 졸음에 빠뜨렸다.

운전석에 앉은 알이 몸을 뒤척이자 차 전체가 흔들렸다. 그는 위로도 옆으로도 체구가 큰 사내이다. 일평생을 정부 첩보 기관Secret Service에서 보내고 은퇴한 뒤 지금은 첨단 기술 회사와 군사 기관을 위한 보안 연구를 한다.

"괜찮나, 친구?" 내가 눈을 감은 채로 물었다.

"괜찮아." 그가 말했다. "아니, 사실 안 괜찮지만 괜찮아."

"뭔 일 있어?" 내가 물었다. "내가 운전할까?"

"그러는 게 좋겠네." 알이 소심하게 대답했다. "요즘 통 잠을 못 잤어."

"내가 운전할게." 내가 일어나며 말했다. "지금이라도 말해줘서 다행이야."

차를 세운 우리는 자리를 바꿔 앉고 다시 운전을 시작했다. 콜로라도 스프링에서 덴버까지 가는 길의 풍경은 숨이 멎을 정도로 멋졌다. 늦은 오후의 황금빛 석양 안의 산마루와 산봉우리가 마치 고대의 풍경을 보는 것 같았다.

"요즘 잠을 못 잤다고?" 내가 물었다. "무슨 일 있어?"

"우리 애들이 진단을 받은 후로는 하루에 2시간 이상 잔 적이 없는 것 같아." 알이 이제 9살, 12살이 된 아들들의 이야기를 꺼냈다. 알의 아이들은 5년 전 제1형 당뇨병 진단을 받았다. 겨우 몇 달의 시차를 두고 일어난 일이었다. 그가 계속해서 말했다. "한밤중에 저혈당과 고혈당으로 고생할 때가 많아. 그래도 나랑 내 아내가 지금까지 잘 관리해왔지. 그런데 요즘 들어 애들의 미래가 걱정돼서 잠을 못 자겠어. 어떻게 생각하나?"

"어이쿠." 내가 숨을 내쉬었다. "당뇨병의 미래는 의뢰받아 본 적이 없는데."

"다들 하나같이 입을 모아 5년 안에는 당뇨병의 치료법이 나올 거라고 말해. 우스운 일이지." 알이 계속해서 말했다. "전번 날에는 30년 넘게 당뇨병에 시달리며 살아온 사람을 만났어. 내가 5년 안에 개발될 치료법 얘기를 했더니 자기가 처음 병에 걸렸을 때도 사람들이 같은 말을 했다고 그러더군."

"저런." 내가 고개를 저으며 말했다.

"그렇다니까. 거의 희망이 없어." 알이 굵은 손가락으로 계기판을 톡톡 두드리며 말했다. "하지만 자네에게 물어보려던 건 이게 아니야. 자네가 당뇨병에 관련된 일을 하지 않는 건 알아. 내가 묻고 싶은 건 기술이라네. 앞으로 개발될 기술 중에 어떤 기술이 우리 애들이 사는 데 도움이 될 것 같나? 그걸 퓨처캐스팅하고 싶어."

"음." 내가 손목시계를 확인하며 말했다. "덴버까지는 한 시간 정도 더 걸리지. 지금부터 얘기해보자."

바깥은 점점 어둑어둑해지고 있었다. 산등성이가 지평선에 거인 같은 모습의 그림자를 드리웠다.

"나는 보통 사람들에게 '어떤 미래를 원하고 어떤 미래를 피

퓨처리스트

하고 싶은지' 물어보면서 시작하네. 그런데 자네는 이미 그 대답을 알고 있지 않은가?"

"맞아." 알이 고개를 끄덕였다. "치료법이 개발되지 않는다면 애들이 할 수 있는 한 건강하게 살았으면 좋겠어. 그러려면 최첨단 기술로 병을 관리해야 하지."

"지금까지 기술이 좀 도움이 됐어?" 내가 물었다.

"정말 많은 도움이 됐어." 알이 딱 잘라 대답했다. "CGM이 그 예지."

"CGM?"

"연속혈당측정기Continous Glucose Monitor 말이야." 그가 설명했다. "실시간으로 혈당을 재서 내 휴대전화로 전송해주는 기계지." 그가 휴대전화의 애플리케이션을 켜서 보여줬다.

"와." 내가 말했다.

"CGM이 측정한 만큼 정확한 양의 인슐린을 뽑아내는 기계도 있지."

"훌륭하군."

"정말 훌륭해." 알이 콧수염을 만지작거리며 말했다. "문제라면 내가 혹시 모르는 기술이 있지 않을까 걱정되는 거야. 다른 사람들은 그 첨단 기술들을 활용하고 있을지도 모르고."

"포모FOMO, Fear of missing out." 내가 말했다. 말 그대로 '무언가를 놓치고 싶지 않은 두려움'으로 오늘날 같은 과학 기술의 시대에서 흔하게 보이는 감정이다. 소셜 미디어의 10대에게서 자주 보이는 현상이지만 사람이라면 누구나 이런 감정을 겪는다. 여기에는 우리 자녀들의 건강과 복지에 관련된 기술도 물론 포함된다.

"맞아." 알이 동의했다. "마치 내게는 통제권이 하나도 없는 것 같아. 꼭 의사들, 보험 회사, 얼굴도 모르는 생명공학 회사가 나를 쥐고 흔드는 기분이지."

"우리가 말하는 미래가 바로 그거야." 내가 말했다. "중요한 일을 놓치고 있다는 두려움 없이 자네가 할 수 있는 모든 걸 직접 하는 미래 말이야."

알이 고개를 저었다. "잘 이해가 안 돼."

"자네는 자네가 아이들을 위해 할 수 있는 모든 일을 하는 동시에 자네가 최선을 다하고 있다는 확신을 가질 수 있는 미래를 원하는 거지? 그 이상 더 할 수 있는 일은 없다고 말이야. 그야말로 자네가 모르는 게 없는 미래지."

"글쎄." 그가 아직은 확신이 없는 목소리로 답했다.

"자네가 원하는 미래에는 양면이 있어. 하나는 자네가 할 수 있는 모든 일을 하는 것. 다른 하나는 자네가 할 수 있는 모든 일을 하고 있다는 사실을 아는 것. 우리가 모르는 것들이 우리를 힘들게 하는 이유는 우리가 그것들을 모르고 있다는 사실을 모르기 때문이지. 사람들은 자신에게 통제권이 있다는 것을 확인받고 싶어 해."

"바로 그거야!" 알이 소리쳤다. "꼭 나한테 통제권이 없는 기분이야. 당장만 해도 수많은 대기업이 엄청난 돈을 쏟아부으며 새로운 기술을 개발하고 있어. 이 회사들을 우리 가족의 미래의 일부로 만들려면 어떻게 해야 하나?"

"차근차근 접근해보지." 내가 말했다. "퓨처캐스팅 과정을 써보자고."

하늘은 이제 칠흑처럼 어두웠다. 황혼 녘의 풍경을 보지 않았다면 커다란 산등성이 거인들에게 둘러싸인지도 몰랐을 것이다.

"자네가 원하는 미래가 뭔지는 이미 알았어." 내가 말을 시작했다. "자네는 자네에게 통제권이 있는 미래를 원하지. 이제 누가 그 미래를 이루도록 도움을 줄 수 있는지 알아보자고."

"우선 우리 주치의들이랑 담당 의료진들이 있지." 알이 말했다.

"또 누가 있어?" 내가 밀어붙였다. "더 멀리 봐야 해."

"연구원들과 생명공학 회사들 말인가?"

"그렇지." 내가 말했다. "그 분야에서 일하는 사람들이 누군지 종이에 적어봐. 무슨 대학교 사람들이 일하는지, 무슨 회사가 일하고 있는지, 협력 단체나 연구 결과를 공유하는 사람들이 있는지 말이야. 이 사람들을 찾고 질문하다 보면 세상에 무슨 일이 일어나고 있는지 이해할 수 있게 될 거야."

알은 펜과 종이를 꺼내 들고 필기를 시작했다. 그가 이름을 적은 단체 중에는 그가 사는 지역에 있음에도 불구하고 그동안 관여하기를 소홀히 했던 소아당뇨연구재단도 있었다. 전세계에서 유일하게 생물학적인 당뇨 치료법을 개발하는 데만 몰두하는 플로리다 소재의 당뇨병연구재단도 있었다.

"당뇨병연구재단은 세포 이식에 관련해 엄청난 성과를 거두고 있지." 알이 말했다. "무슨 성과를 거두었는지 다 이해할 수는 없어도 말이야."

"이제 바뀌어야 해." 내가 말했다.

나는 퓨처캐스팅 과정에서 도구들이 어떤 역할을 하는지 이야기했다. "세상에는 자네가 원하는 미래로 나아가게끔 도와줄 기술이나 단체들이 많아." 내가 말했다.

알은 더 많은 아이디어를 떠올렸다. 알은 아직 더 많이 공부해야 하겠지만 자신이 5년 동안 당뇨와 동고동락하며 흡수한 지식과 정보의 양에 놀라워했다. 그는 한 번도 시간을 들여 자신의 지식을 한곳에 모아본 적은 없었다. 사람들에게 미래를 생각해볼 수 있는 기회와 정신적인 여유가 주어지면 모든 것이 제대로 이해되기 시작한다. 항상 더 큰 노력이 필요하겠지만 자기 자신에게 미래를 상상할 기회를 주는 것은 미래를 향한 여정에 있어 중요한 단계다.

"마지막으로 전문가가 필요하네." 내가 알에게 말했다. "전에 이 길을 걸어본 적 있는 사람은 누구인가? 자네가 그린 미래를 성공적으로 이루어낸 사람은?"

"자네가 그걸 묻다니 신기하군." 알이 말을 시작했다. "캘리포니아주에 혁명적인 인슐린 공급 체계를 개발 중인 빅풋바이오메이컬Bigfoot Biomedical이라는 회사가 있어. 정량 금융quantitative finance(수학적 모델과 거대한 데이터베이스를 이용해 금융 시장과 증권을 분석하는 행위.-옮긴이)에 종사하던 수재가 아들이 제1형 당뇨병 진단을 받자 설립한 회사야. 이 사람은 다니던 직장도 그만두고 당뇨병 환자와 환자 가족들의 삶을 위해 인생을 바쳤어. 이 회사에 연락하고는 싶었는데 그동안 시간이 없었지."

덴버에서 뿜어져 나오는 도시의 불빛이 저 멀리서 반짝거렸다. 도로에서 거의 완전히 벗어났지만, 알이 곧 시작될 행진을 준비할 수 있는 시간을 주고 싶었다. 백캐스팅에 돌입할 차례였다.

알이 원하는 미래가 당뇨 치료를 위한 기술을 완전히 통제할 수 있는 장소라면, 그의 절반 지점은 빅풋과 당뇨병연구재단을 포함해 알이 찾은 다른 단체에 적극적으로 관여하는 것이었다. 알이 자신의 인맥을 통해 이 단체들과 접촉하는 것이 4분의 1지점이 될 것이다. 그렇다면 월요일은 25번 고속도로를 달리며 시작한 브레인스토밍을 계속하고, 지금부터 해야할 일들의 목록을 만드는 일이었다.

"있잖아, BDJ." 차가 고속도로에서 내려 덴버국제공항 방향으로 빠지자 알이 말했다. "5년 동안 이렇게 기분이 좋았던 적이 없었어. 오늘 밤에는 푹 잘 수 있을 거 같아. 최소한 애들 중에 한 녀석이 새벽 3시에 혈당이 떨어져서 나를 깨우기 전까지는 말이야."

"그렇다니 다행이야, 알." 내가 말했다. "지금까지 자네가 말해준 기술들과 당뇨 치료법을 들어보니 아이들이 자네를 깨우는 날들도 곧 과거의 이야기가 될 것 같군."

당신의 직업을 미래로부터 지키는 법

알프레도는 퓨처캐스팅을 통해 기술에 대한 두려움을 가족에게 가장 귀중한 자산으로 탈바꿈시켰다. 한때는 기술에 속수무책으로 휘둘렸다면, 통제권은 다시 그에게 있었다. 알의 아이들은 지금도 잘 자라고 있고, 알의 가족은 심지어 임상 실험참여도 고려하고 있었다.

알이 가진 기술에 대한 공포는 사실 기술과는 아무 상관없었다. 알은 자신의 무력감과 기술의 복잡성이 두려웠을 뿐이다. 나의 사학자 친구 제임스가 설명하듯 사람들은 어떤 일의규모가 커지면 겁을 먹고 만다. 우리는 기술을 이해하지 못하게 되는 것을 걱정하고, 기술은 우리가 통제할 수 없는 방식으로 우리의 삶을 주무른다.

화가 잔뜩 나 있었던 샌프란시스코의 남자처럼, 아이들을 향한 알의 사랑과 헌신이 그의 공포에 불을 붙였다. 알은 자신이 원하는 미래와 피하고 싶은 미래를 이미 알고 있었다. 단지 그곳에 갈 방법을 몰랐을 뿐이다. 두려움이 그의 눈을 가리고 있었다.

미래는 사람에 의해 만들어지고 우리 주변에서 만들어진다. 여기서 미래를 만드는 사람들은 어딘가에서 일하고 살아가는 평범한 개인들이다. 이들은 특정한 장소와 사람들을 위해 미래의 기술을 개발하는 사람들이기도 하다.

나는 세상 사람 모두와 기술 간의 관계가 이런 모습이길 바란다. 기술은 사람에게 봉사하기 위해 존재한다. 기술은 도구에 불과하다.

대규모의 다국적 기업에서부터 비행기 옆자리의 낯선 사람까지, 내가 도움을 주었던 모든 고객에게 기술은 어떤 상황에서도 그들이 원하는 미래로 나아가도록 도와준 도구 중 하나였다.

물론 지나친 기술에 지칠 때도 생긴다. 나는 매해 여름 일주일의 휴가를 내고 후드산에 올라 전기도 수도도 없는 야영장에서 생활한다. 태평양 연안 북서부의 울창한 나무 덕분에 전파도 터지지 않는 곳이다. 기술에서 벗어나기 위한 연례행사지만, 그 외의 시간에는 기술을 피할 수 없다.

직장만큼 기술의 존재감이 큰 장소도 없다. 지금부터는 직장에서 쓰는 기술에 초점을 맞추고 직업의 자동화에 대해 이야기해보겠다. 기술을 주제로 이야기할 때마다 사람들이 가장 많은 두려움을 표하는 분야다. 사람들은 로봇, 컴퓨터, 기계 형태의 기술 때문에 자신의 직업이 사라질까 봐 걱정한다. 두려움보다 더 우리를 잠 못 들게 하는 것은 없다.

기계가 당신의 직업을 뺏어갈 것이다(어쩌면 그럴지도 모른다)

로봇이 직장에서 사람을 몰아내는 걱정을 하는 사람들에게 나는 보통 이렇게 말해준다. 로봇이 당신의 직업을 빼앗을 수 있다면, 어차피 썩 좋은 직업은 아니었을 것이다. 심한 말로 들릴 수도 있지만 사실이다. 기계가 정말로 당신을 대체할 수 있다면 당신의 직업이 당신을 기계 취급하고 있었다는 의미밖에 안 된다. 당신은 기계가 아니다. 당신은 사람이다. 당신의 직업은 당신의 인간성이나 당신이 어떤 사람인지 존중하지 않고 있다.

로봇에게 빼앗길 직업이라면 어차피 썩 좋은 직업은 아니었다 해도, 일할 수 있다는 사실 자체가 다행인 사람도 있으리라. 진짜 공포는 일자리를 잃는 두려움이다. 사람들은 기술이 자신을 대체하고 일자리를 잃는 상상에 두려워한다. 2018년 베일러대학교의 사회학자이자 연구자인 폴 K. 맥클루어Paul K. McClure는 신기술을 두려워하는 사람이 두려워하지 않는 사람보다 불안과 관련된 정신 건강 문제, 실직의 두려움, 재정적 불안감을 겪을 확률이 더 높다고 밝혔다. 로봇과 인공 지능의 발전은 상당한 수의 미국인들의 우려를 크게 악화시키고 있다.

왜 아니겠는가? 실제로도 점점 더 많은 사람의 업무가 자동화되어 가고 있다. 하지만 우리를 대체하고 있는 것은 기술이 아니라 기술을 사용하는 단체와 기업들이라는 사실을 기억해야 한다. 이들을 잘 지켜보자. 무엇을 하는지, 어디에 투자하고 있는지, 노동자를 대신해 기술을 사용함으로써 얼마의 비용을 절감할 수 있는지 알 수 있을 것이다. 직업의 자동화는 실제로 일어나고 있는 현상이지만, 새로운 현상은 아니다. 다시 한번 말하지만, 우리는 이미 이 일을 겪어본 적이 있다.

종말을 피하는 방법

우리가 미래를 이야기하는 데 쓰는 언어가 역사라면 제임스는 이런 미래를 다루는 법을 알고 있을지도 모른다. 사학자 친구를 둬서 좋은 점은 이럴 때 곧바로 전화할 수 있다는 것이다.

"너도 알다시피 나는 미래에 관련된 일이라면 낙관적이잖아." 내가 말했다.

"응, 알지." 제임스가 긴 대화를 예감하고 목을 가다듬으며 말했다.

"그런데도 세상에는 사람들을 겁주고 미래를 비관적으로 바라보게 만드는 것들이 너무 많단 말이지." 내가 말했다. "직업의 자동화는 그중에서도 제일 큰 두려움이야."

"로봇이 지배하는 세상!" 제임스가 소리쳤다.

"그건 좀 과장인 것 같고." 내가 말했다. "어쨌든 그래. 사람들온 기술 때문에 식장에서 밀려나는 걸 아주 무서워해."

"뭐, 불가피한 일이잖아." 제임스가 건조하게 대답했다. "기술이 발명된 순간부터 인간은 일자리에서 밀려나기 시작했어. 인간이 하는 일이 그거야. 기술과 기계를 발명해서 우리 대신 일을 시키는 거. 우리가 정말 정말 잘하는 일이잖아."

"하지만 미래를 내다보면 자동화의 영향력이 꽤 커지기는 해." 내가 말했다.

"역사를 살펴보면 기계가 인간의 노동을 대체해온 사례는 수도 없이 많아. 그리고 이 사례들에는 막대한 경제적, 사회적 의의가 있지. 18세기 영국의 전설적인 인물 네드 러드Ned Ludd를 생각해봐. 신식 직물 기계에 일자리를 뺏겼다고 공장을 파괴했잖아."

"'러다이트Luddite(신기술 반대자)'라는 용어가 이 사건에서 유래했지." 내가 말했다.

"바로 맞혔어. 오늘날에는 기술에 반대하는 사람들이 네드 러드를 존경하는 뜻에서, 또 단순히 기계에 의한 자동화에 저항하는 뜻에서 쓰는 용어이기도 하지. 또 다른 예로는 미국 민속 문학에 등장하는 존 헨리John Henry가 있지.

미국에서 나고 자란 사람이라면 증기 기관으로 움직이는 기계와의 대결에서 승리하지만 결국 목숨을 잃은 철도 노동자 존 헨리를 모를 수 없다.

"초등학생 애들한테 해주기는 많이 우울한 얘기였어." 내가 옛날 생각을 하며 말했다.

"그치. 그래도 좋은 교훈이긴 해." 제임스가 대답했다.

"그래서 우리는 자동화에 어떻게 대처해야 하지?" 내가 물었다. "직업의 자동화가 이렇게 오랫동안 일어나 왔고 앞으로도 계속 일어날 거라면, 사람들의 두려움을 조금이라도 덜어줄 수 있는 사고방식은 없을까?"

"사람들은 우선 자동화의 핵심은 규모라는 걸 알아야 해. 자동화는 기업들이 인건비를 줄일 뿐만 아니라 효율성을 급속히 올려주거든. 기계는 빠르고, 절대 지치지 않고, 인간은 할 수 없는 방식으로 노동에 최적화되어 있지."

"모든 기술에 적용되는 얘기지." 내가 덧붙였다. "공장, 자율 주행 자동차, 인공 지능처럼 물리적 기계와 디지털 기술에 모두 적용되는 얘기야."

"인터넷도 마찬가지고." 제임스가 내 말에 동의했다. "인터넷 때문에 직장을 잃은 사람들도 많아. 여행사 직원들의 수가 적어진 이유야. 직업이 자동화되면 업무 속도가 빨라지고 사업의 규모가 커지지. 바로 이게 핵심이야. 사업의 규모가 커지니까 당연히 문화와 경제에 끼치는 영향도 커질 수밖에 없지. 크면 눈에 잘 띄는 법이고. 그걸 지켜보는 사람들은 직업이 사라지는 걸 보면서 걱정하기 시작하는 거야."

"그렇다면 우리가 미래를 생각할 때 고려해야 할 게 뭘까?" 내가 물었다.

"뭐, 일단 모든 직업이 사라지지는 않을 거란 사실을 고려해 야지." 제임스가 대답했다. "세상이 가정 자동화로 떠들썩할 때 실제로 몇 개의 직업이 완전히 사라졌는지 알아?"

"모르겠어." 내가 말했다. "몇 개나 없어졌는데?"

"하나." 제임스가 대답했다. "1950년에 미 노동 통계국이 발 표했던 직업 270개 중에 단 하나의 직업만 사라졌어. 뭐였는지 궁금해?"

"가르쳐줘." 내가 말했다.

"승강기 운전원." 제임스가 말했다. "모든 직업 중에 승강기 운전원만 사라졌어. 실상은 이래. 우리가 선택할 수 있는 직업 은 아직도 많고 앞으로도 많을 거야. 전문직, 숙련직, 공예처럼 사람을 돌보거나 사람과 이야기하는 직업들은 지금도 많아. 인간은 다른 인간을 좋아하는 법이고, 세상에는 기계가 대신 해줄 수 없는 직업들이 있어."

"인간이 되는 것처럼 말이지?" 나는 키스 에블린 박사의 또 다른 명언을 생각하며 말했다. 박사는 가치 판단과 결과의 유 추처럼 우리의 뇌에는 아주 적합하지만, 컴퓨터는 잘하지 못 하는 일을 하는데 더 많은 시간을 할애해야 한다고 말했다.

"그것도 그렇고 우리가 핵전쟁을 피하도록 해주는 것도 그 렇지." 제임스가 말했다.

"핵전쟁이라고?" 내가 말했다.

"미국과 소비에트 연방이 서로를 산산조각 낼 준비를 하던 냉전 기간 중 얘기야. 소련 방공군Soviet Air Defense Forces에는 스타니슬라프 페트로프Stanislav Petrov라는 군인이 있었어. 1983년 당시의 페트로프는 조기경보 지시센터에서 근무하고 있었지. 살벌한 시기였어. 겨우 몇 주 전에는 소련이 한국 여객기를 폭파하는 일도 있었지. 그런데 어느 날 시스템이 갑자기 날뛰기 시작하더니 미국이 러시아를 향해 핵미사일을 쐈다고 그러는 거야. 기계들이 페트로프에게 지금 막 제3차 세계 대전이 시작했다고 말하고 있던 거지."

"세계 핵전쟁 말이군." 내가 덧붙였다.

"그래, 모두가 가장 두려워하는 핵전쟁." 제임스가 계속해서 말을 이었다. "페트로프는 미국의 선제공격을 목격하게 된 거지. 근데 재밌는 사실이 있어. 페트로프는 반격하지 않았어. 지금까지 받아온 훈련, 소련의 군사 의례, 모든 게 페트로프에게 핵미사일을 쏴서 반격하라고 말했지만, 그는 쏘지 않았지. 왜냐고? 그는 미국이 절대 소련을 공격하지 않으리란 걸 알았기 때문이야. 소련이 곧바로 반격을 개시하면 사람들이 죽어 나갈 텐데 공격할 수가 없을 거로 생각한 거지. 그는 시스템 고장 때문에 오경보가 발생했다고 판단했고, 실제로도 단순한 오작동이었어. 명령에 불복종한 페트로프가 세상을 구한 거야."

"와, 대단한 일화네." 내가 말했다.

"어떤 직업들은 절대 기계가 대신할 수 없다는 걸 보여주는 일화기도 해." 제임스가 말했다. "스타니슬라프 페트로프의 직업이 자동화됐다면 오늘날 우리는 없었을 수도 있지."

직업의 자동화에 대비하기

미래는 기술이 아닌 인간에 의해 결정된다. 하지만 기계가 인간의 특정 업무를 대신하는 일은 계속 일어나고 있고, 아마 그 속도가 지금보다 더 느려지진 않을 것이다. 일부 과학 논문들은 암울한 미래를 예견하기도 했다.

그 예로 2013년 옥스퍼드대학교의 연구원 칼 베네딕트 프레이Carl Benedikt Frey와 마이클 A. 오스본Michael A. Osborne은 〈직업의 미래: 직업들은 컴퓨터화에 얼마나 취약한가?〉라는 제목의 보고서를 발표했다. 두 연구원은 향후 25년 안에 50퍼센트 이상의 직업이 완전히 사라질 것이라는 결론을 내렸다. 2015년에 발표된 경제협력개발기구의 조금 덜 비관적인 보고서는 14퍼센트의 직업이 '매우 취약'해질 것으로 예상한다. 디스토피아적인 발표를 뒤집고 자동화가 사라지게 만든 직업보다 새롭게 창출한 직업이 많다고 밝힌 새로운 연구 결과도 있다.

개인적으로는 자동화는 중간쯤의 효과를 발휘한다고 본다. 자동화는 일부 인력 시장에 스트레스와 혼란을 초래하는 한편 긍정적인 영향력도 끼칠 것이다. 이와 마찬가지로 기술의 발전이 다양한 직업군에 미치는 영향도 항상 승자와 패자를 나누는 흑백논리처럼 적용되지는 않을 것이다. 나는 뉴욕대학교에서 초청 강연을 하기 위해 뉴욕시에 들렀을 때 다시 한번 이 사실을 깨달을 수 있었다.

강연이 끝나자 나를 초청한 킴 교수가 자신의 가족을 소개하고 싶다고 했다. "제 딸 알렉스가 정신 좀 차리게 해주셔야겠어요." 킴은 나와 함께 학교에서 지하철역으로 걸어가며 말했다. "공인회계사CPA가 되려고 공부하는 중이에요."

"그래요?" 내가 물었다. "자녀분은 CPA가 점점 사라지고 있다는 걸 아나요?"

"벌써 말해봤죠. 그래도 자기는 숫자가 좋고 장래가 유망한 직업이라고 고집을 부리네요."

킴 교수의 집에 도착하자 그의 아내 조지나와 딸 알렉스를 만날 수 있었다. 인사를 나눈 후에는 알렉스와 앉아 대화를 시작했다.

"어머니 말로는 CPA가 되고 싶다고요." 내가 말했다.

"맞아요!" 알렉스가 웃었다. "보나 마나 엄마가 제가 정신 좀 차리게 해달라고 부탁했겠죠."

"그러셨어요." 내가 고개를 끄덕였다. "퓨처리스트로서 꼭 해줄 말이 있어서 왔어요. 자동화와 인공 지능 때문에 회계사라는 직업은 우유 배달원이나 전화 교환원처럼 사라질 거에요."

"네, 저도 알아요." 그가 말했다. "그래서 부전공으로 시스템 공학을 배우고 있어요."

"뭐라고 그랬죠?" 내가 말했다.

"저는 인공 지능과 회계를 하나로 통합시키는 사람이 될 거예요. 저는 CPA를 쓸모없게 만드는 CPA가 될 거예요."

"와." 나는 감탄했다. 알렉스의 말이 맞았다. 금융회사에는 인공 지능을 훈련시킬 CPA가 필요하게 될 것이다. 알렉스는 이미 자신의 진로를 성공적으로 퓨처캐스팅했던 것이다.

"저는 숫자를 좋아해요." 그가 덧붙이며 말했다. "어렸을 때부터 항상 CPA가 되고 싶었어요."

알렉스에게는 내 도움이 전혀 필요하지 않았다. "혹시 퓨처리스트가 되고 싶은 생각은 없나요?" 내가 저녁을 먹으러 가는 길에 물었다.

알렉스의 이야기가 증명하듯 회계처럼 자동화에 아주 취약한 직업도 미래에 안전하게 보존될 방법이 있다. 나도 자주 알렉스의 전략을 이용한다. 혁신을 받아들이는 것이다. 인공 지능은 겉으로 보기에는 회계사에게 실질적인 위협을 가하는 존재일 뿐이다. 그러나 알렉스는 생각의 방식을 뒤집어 인공 지능을 개척하는 도구로 역이용했다.

직업의 쇠퇴에 대비해 세워야 하는 또 다른 전략이 있다. 우선 끊임없이 배움의 자세를 유지하는 것이 중요하다. 정보는 쉴 새 없이 진화하고 있다. 당신이 하버드대학교를 나왔다 해도 상관없다. 아마 당신의 전문 분야에서 가장 최근 일어난 발전 소식은 놓치고 있을 것이다. 우리가 배움을 평생의 과제로 삼아야 하는 이유다. 시간표를 꽉 채워 강의를 들어야 한다는 뜻이 아니다(가끔 교실에 들어가면 기분이 놀랍도록 좋아지기는 한다).

당신의 직업에 관련된 책을 읽어도 좋다. 혹은 전문적인 네트워크에 가입해보자. 여기서 중요한 것은 빠르게 진화하는 산업 분야에 발맞춰 활발하게 참여하는 것이다.

능력의 개발도 소홀히 해서는 안 된다. 다양한 능력은 직장에서 귀중한 자원으로 쓰인다. 이 현상은 자동화가 진행될수록 더욱 심화한다. 사람의 행동에 기초하기 때문에 자동화에 가장 덜 취약한 행동적 기술에 집중하는 것도 좋다. 읽고 쓰기를 포함한 의사소통 능력이 부족하다면 읽고 쓰기에 특화된 워크숍이나 모임을 찾아보자. 팀원을 독려하고 분쟁을 해결하는 리더십 능력이 부족하다면 자원봉사활동 등을 통해 리더십을 기르는 방법을 찾아보자.

마지막으로, 인간성을 잃지 말자. 계속해서 말하지만, 사람이 우리가 인간으로서 하는 모든 일의 중심에 있다. 기계 학습 기술이나 인공 지능이 얼마나 정교하게 발달하는지는 상관없다. 세상의 어떤 것도 사람과 사람 사이의 상호작용을 대신하지 못한다. 당신이 하는 일에 더 많은 감성 지능을 발휘할수록 당신은 대체 불가한 인력이 될 것이다. 유머, 공감, 인간의 외현적 행동의 기저를 이루는 정신 상태를 이해하는 능력 같은 자질은 미래에는 더 높은 가치를 지니게 될 것이다. 물론 모든 사람이 사교성이 좋을 수는 없다. 그러나 아무리 내성적인 사람이라 하더라도 직장에서 새로운 인간관계를 맺을 만한 방법은 충분히 찾을 수 있다. 이는 고용 시장에서 오랫동안 살아남는 데 큰 도움이 될 것이다.

다음 장에서는:
모든 공포의 근원

미래에 대한 너무나 많은 두려움이 기술에 뿌리를 내리고 있다. 이번 장을 제대로 읽었다면 알겠지만, 이는 전혀 사실이 아니다. 기술이 우리에게서 앗아간 힘을 되찾으면 두려움도 자연히 사라진다. 여기가 퓨처캐스팅 과정에서 느끼게 될 두려움을 다루는 마지막 장이었다면 좋았겠지만, 안타깝게도 아직 이 주제로 할 이야기가 많다. "우리가 유일하게 두려워해야 할 것은 두려움 그 자체이다." 프랭클린 델라노 루스벨트가 한 유명한 말이다. 아마 사실일 것이다. 그러나 두려움의 본질에 초점을 맞추기란 쉽지 않은 일이다. 하지만 충분히 가능한 일이기도 하다. 퓨처캐스팅의 모든 과정이 그렇듯이 첫걸음은 과정을 시작하며 시작된다.

7

우리의 어두운 장소들

이번 장에서는 순서를 바꿔 간단한 질문 코너 활동을 먼저 해보자. 이번 질문들은 우리 인생의 가장 큰 두려움을 다루기 위해 고안되었다.

2장에서는 미지의 존재처럼 알 수 없는 미래에 느끼는 두려움을 다뤘다. 미지의 존재에 대한 두려움은 우리의 삶을 지배한다. 이런 종류의 두려움은 우리가 원하고 또 누릴 자격이 있는 미래를 가로막아 선다. 앞서 우리는 우리만의 미래를 형성하는 힘을 통해 이 두려움에 정면으로 맞서보았다. 사람들과 기술의 도움으로 미래를 상상하는 방법뿐만 아니라 미래에 도달하는 방법도 발견했다. 두려움에 얼어붙어 있을 필요 없다. 당신이라면 가뿐히 이겨낼 수 있다. 나는 이 사실을 믿어 의심치 않는다.

하지만 모든 두려움의 정도가 다 같지 않다는 사실도 안다. 어떤 두려움은 단순하거나 간단명료하지 않고, 어떤 두려움은 우리를 자다가도 벌떡 깨게 만든다. 애초에 아예 잠들지 못할지도 모른다. 이 거대한 두려움은 우리를 압도하고 무력하게 만들기 위해 존재한다. 이 두려움에서 오는 막막함을 극복한다는 것은 힘든 일이다. 그러나 앞에서와 같은 과정을 통한다면 일루의 희망을 얻고, 다시 출발할 수 있는 신뢰와 시작점을 찾을 수 있다.

두려움을 가라앉히기

간단한 질문 코너 6

자, 다음 세 질문의 대답을 노트에 적어보자.

질문 ①

당신의 인생에서 가장 두려웠던 순간은 무엇인가?

9·11 테러에서 코로나바이러스 감염증-19(COVID-19)까지. 우리 모두 그동안 처참한 국제적 사건을 계속 겪어왔다. 어쩌면 내가 말한 두 사건이 당신 인생에 있어 가장 무서웠던 순간일 수도 있다. 혹은 당신이나 당신이 사랑하는 사람이 심각한 질병을 선고받고 엄청난 두려움에 떨었던 순간일 수도 있다. 그것도 아니라면 어린 시절 많은 인파에 휩쓸려 부모님과 떨어졌

을 때나 들짐승과 마주쳤던 순간일지도 모른다. 공포에 휩싸였던 순간을 떠올렸다면 그 순간에 느꼈던 다른 감정들도 떠올려 보자. 두려움이 가장 컸겠지만, 두려움 외에 또 어떤 감정을 느꼈는지 기억해보자. 분노? 혼란스러움? 무력감? 죄책감? 당시의 심경이 어땠는지 최대한 자세히 떠올려 보자.

· 오늘날 같은 상황을 떠올렸을 때 어떤 기분을 느끼는가?
· 앞으로 10년 후에는 어떤 기분을 느낄 것 같은가?

처음 사건이 일어난 이후로 어떤 기분을 느끼는지 잠시 생각해보자. 처음 느꼈던 공포는 이후 어떤 모습으로 바뀌었는가? 어쩌면 치료받지 않고 내버려 둔 부상이나 질병처럼 시간이 지나며 나아지거나 또는 더 악화했을 수도 있다. 첫 번째 질문과 마찬가지로 이 기억에서 느꼈던 특정한 기분이나 감정을 두려움과 분리해서 느껴보자. 더 자세하게 느끼면 느낄수록 좋다.

현재와 과거의 순간을 비교해보았다. 이번에는 현재와 미래의 순간을 비교해보자. 당신은 이렇게 중대한 인생의 경험을 얼마나 잘 통제할 수 있다고 생각하는가? 같은 일이 일어난다면 과거와 같은 궤적을 따를 것으로 생각하는가? 아니면 이번에는 다를 것이라 생각하는가?

질문 ②
당신을 잠 못 들게 하는 두려움은 무엇인가?

우리가 두려워하는 것들은 평생 계속 변한다. 어린 시절 느꼈던 두려움은 성인이 되어 세상을 살아가며 느끼는 불안감과는 다르다. 부모로서의 고민은 노후를 바라보며 가지는 걱정과는 다른 형태다. 하지만 나는 평소 정중한 대화에서는 언급하지 않을 만한 커다란 두려움을 이야기하고 싶다.

- 이 두려움은 당신의 인생에 어떤 영향을 끼쳤는가?
- 두려움과 마주하지 않기 위해 취하는 행동이 있는가?
- 다른 이에게 이 두려움에 대해 말한 적이 있는가? 무슨 말을 했는가?

우리 인생의 많은 부분은 두려움, 불안감, 걱정에 지배당한다. 이런 감정들은 우리를 불안정하게 만들고 미래를 앗아간다. 우리의 두려움과 두려움이 은연중 우리의 행동에 미치는 막강한 힘을 인식한다면 감정을 다스리는 데 도움이 될 것이다.

미래에 일어날 수 있는 최악의 일은 무엇인가?

이번 장에서 다루게 될 중요한 질문이다. 사람들 사이에서는 금기시되는 경향이 있지만, 최악의 시나리오를 상상하는 행위는 사실 미래를 생각하는 훌륭한 도구다. 사람들은 아주 힘든 순간들을 생각하고 싶어 하지 않는다. 누군가는 이런 부정적인 생각조차 소름 끼쳐 할지도 모르지만, 이는 힘든 순간의 상상을 역이용해 인생을 긍정적인 방향으로 흐르게 만드는 나

쓰지 않은 방법이다.

- **최악의 상황이 찾아온다면 조금이라도 통제할 수 있겠는가?**
- **암울한 미래의 전조는 무엇인가?**

이것이 바로 우울한 두려움에서 힘을 빼앗는 방법이다. 당신이 가진 통제권이 아주 작더라도 우선 당신이 통제할 수 있는 것에는 무엇이 있는지 알아내야 한다(이것 역시 이번 장에서 살펴볼 예정이다). 일반적으로 백캐스팅 과정에서는 미래가 이루어지려면 무슨 일을 해야 하는지 자세히 살펴보는 것이 중요하다. 우리에게 힘든 순간을 떠올리는 행위는 더 나은 내일을 만드는 힘이 된다.

아주 어둡다면
아주 빠르게

내가 퓨처리스트로 유명해진 이유 중 하나는 3장에서 살펴본 위협캐스팅을 발명했기 때문이다. 위협캐스팅은 말 그대로 미래를 위협하는 존재를 찾아내고, 그에 대비하는 전략을 고안하는 행위다. 사업체, 국가 안보, 경제적 안정 모두 위협의 표적이 될 수 있다. 나와 우리 팀은 우선 위협의 가능성을 알아낸 뒤, 위협으로부터 우리를 보호하고 회복시키는 최적의 방법을 찾아낸다.

과거 나는 육군 기관 연방재해관리국^{FEMA, Federal Emergency management Agency}과 더불어 다양한 분야의 사기업들과 위협캐스팅을 한 적이 있다. 우리는 핵무기의 확산, 인공 지능의 무기화, 대량 살상을 초래하는 디지털 무기가 존재하는 미래에 대해 알아보았다. 겁이 많은 사람은 할 수 없는 일이었지만 내게 힘을 실어주는 작업이었다. 내가 운영하는 애리조나주립대학의 위협캐스팅 연구실^{Threatcasting Lab}의 좌우명은 '행동에 힘을 실으려면 미래를 상상하자'이다. 이것이 우리의 목표다. 우리는 단순히 암울한 미래를 상상하는 데 그치지 않고 암울한 미래를 피하기 위해 취해야 하는 구체적 행동을 제공한다.

우리 연구실에는 비공식적인 좌우명도 있다. '아주 어둡다면 아주 빠르게'. 우리의 존재 목적은 미래의 위협을 최대한 빨리 찾아내고 상황을 완화하는 것이기 때문이다. 이 좌우명은 파티나 야외 식사 자리에서 내가 무엇을 하고 지내는지 묻는 사람들과 이야기할 때도 쓰인다. 나는 보통 사람들은 생화학무기의 위협에 대해 잡담을 나누지 않는다는 사실을 곧잘 잊어버린다. 그러다 보니 나도 모르게 너무 어둡고 복잡한 이야기를 할 때마다 당황하는 사람들의 표정을 마주하게 되었다. 마음이 불편해진 사람들은 다리를 이리저리 움직이며 접시 위의 핫도그를 멍하니 쳐다보기 시작한다. 맞다. 나는 파티에서 사람들을 불편하게 만드는 사람이다. 다행히도 이런 신호를 알아챌 수 있는 나는 재빨리 대화 주제를 야구나 드라마로 돌려 버린다.

하지만 여기 재미있는 사실이 있다. 나는 동료들 사이에서 그들이 만나온 퓨처리스트 중 가장 낙관적인 퓨처리스트로 불린다. 특히 내가 암울한 미래를 맡아 퓨처캐스팅을 한다는 사실을 고려할 때 더욱 그렇다. 나는 이들에게 위협을 찾아내는 것만큼이나 위협이 현실로 일어나지 않게 하는 것도 내 직업의 일부라는 사실을 설명하려고 노력한다. 쉴 새 없이 미래를 더 안전한 장소로 만드는 데 힘쓰다 보면 내일을 비관하기 힘들어지는 법이다.

나를 두렵게 하는 것

위협캐스팅의 개발자이자 암울한 미래를 살피는 데 많은 시간을 보내는 내게 사람들은 내가 가장 두려워하는 것이 무엇인지 묻는다. 벌써 몇 년째 같은 질문을 받아왔다. 리포터나 방송인이 이 질문을 해오면 나는 나를 가장 두렵게 하는 것은 미래를 건설하는 자신의 힘을 내팽개쳐 버리는 것이라고 대답해왔다. 사실이다. 미래를 상상하고 건설하는 능력을 포기해버린다면 단 하나의 좋은 일도 일어날 수가 없다.

그러나 이것이 전부는 아니다. 최근, 나를 공포에 떨게 하는 암울한 미래가 일어났다. 2019년, 나와 연구소 사람들은 미래를 위협하는 특정한 종류의 위협을 조사했다. 바로 기술을 이용한 진실의 훼손이었다. 더 정확하게는 허위 정보(고의로 잘못된 정보를 퍼뜨리는 것), 오보(사실이 아닌 정보를 고의성 없이 퍼뜨리는 것), 악성 정보(악의를 가지고 개인이나 단체에 관련된 개인 정보나 해로운 정보를 퍼뜨리는 것)를 조사했다. 세 종류의 정보 모두 유럽회의Council of Europe에서 지정한 '정보 장애'의 범주에 포함된다.

우리 위협캐스팅 연구소는 신기술의 발전이 정보 장애를 활성화할 경우 정보 장애가 향후 10년 동안 행사할 영향력을 살펴보았다. 다음은 우리가 발견한 중요한 사실들이다.

앞으로 10년 동안 미국의 적들은 단체와 개인을 지배하고, 조종하고, 해치기 위해 인공 지능AI, Artificial Intelligence, 기계 학습ML, Machine Learning, 퀀텀 전산quantum computing, 사물 인터넷IoT, Internet of Things, 스마트 시티, 육해공을 가르는 자율주행 자동차를 이용해 정보 장애를 기계화할 것이다. 이런 정보 장애 기계IDMs, Information Disorder Machines들은 광범위한 집단과 장소를 표적으로 삼을 것이다. 인공 지능과 기계 학습으로 업무의 자동화가 늘어나게 된 상태는 정보 장애 기계가 실시간으로 개인의 수준에 맞춘 개인화된 공격을 대규모로 전개할 수 있게 만든다. 정보 장애 기계의 위험성은 실시간으로 진행되는 마이크로타깃팅과 거대한 영향력이라는 특별한 조합에 기반한다. 이는 국가적, 세계적 안보의 위협일 뿐만 아니라, 미합중국의 미래에 대한 위협이다.[9]

내가 말했듯이 겁이 많은 사람은 할 수 없는 일이다. 우리의 위협캐스팅은 그리 머지않은 미래에 우리의 적수, 범죄자, 대기업, 혹은 누구라도 표적으로 삼은 개인에게 맞춘 정보와 뉴스, 이야기를 지어내기 시작할 것이라는 사실을 발견했다. 전혀 사실이 아니거나 조금의 사실을 포함한 이 정보들은 우리가 평소라면 하지 않을 일을 하게 만들기 위해 고안될 것이다. 정보 '장애 유발자'들은 분노를 조장하고 우리가 소중히 여기는 것을 공격할 것이다. 이들은 계속해서 미국 안의 인종적, 정치적, 문화적 분열을 이용해 우리가 서로를 물어뜯고 대립하도록 조종할 것이다. 이 악당들은 당신이 민주당원인지 공화당원인지 따위는 신경 쓰지 않는다. 당신이 어떤 주제에 찬성하는지 반대하는지도 상관하지 않는다. 이들은 사람들 사이를 갈라놓는 것이 무엇이든 이용해 우리가 있는 힘을 다해 싸울 때까지 이간질을 멈추지 않고 이득을 취하려 들 것이다.

들기만 해도 암울한 미래지만, 내가 가장 두려운 것은 사람들을 분열시킬 정보 장애가 아니다. 나를 가장 두렵게 하는 것은 정보 장애가 일어나고 있음을 알면서도 아무것도 하지 않는 것이다. 부정적인 미래가 다가오는 것을 두 눈으로 목격하면서도 아무것도 하지 않거나, 심지어 부정적인 미래가 일어나도록 그대로 내버려 두는 사람들을 볼 때마다 가슴이 철렁한다. 주변인들까지 끌어들이며 암울한 미래에 직접 뛰어드는 사람도 있다. 그들의 무심함과 잔인함이 나를 두렵게 한다. 내게 있어 어두운 장소는 사람들이 자신의 미래를 방치하고, 서로를 부정적인 미래로 끌어들이는 세상이다.

그렇다면 내가 어디서 한 줄기 희망을 찾는지 궁금한가? 내게 영감을 주는 사람 중 한 명은 작가, 천문학자, 우주론자, 천체 물리학자로서 다방면의 과학적 개념을 설명했던 칼 세이건^{Carl Sagan}이다. 그는 우주라는 거대한 연극 위에서 인간이라는 존재는 주연이 아니라는 유명한 말을 남겼다. 우리는 우주의 한가운데 있지도 않은 작고 파란 돌덩어리 위에 사는 존재일 뿐이다. 지구 위의 우리는 광대하고 장엄한 우주의 교외 지역에 사는 셈이다.[10]

끝없이 펼쳐진 칠흑 같은 공허함 속에 우리가 가진 것은 서로뿐이다. 서로에게 무심하거나 잔인해서는 안 된다. 나는 내 마음이 어두운 장소로 향할 때마다 우리에게는 서로밖에 없다는 사실을 떠올린다. 내가 책을 쓴 이유가 여기에 있다. 이것이 내가 나의 실존적 두려움에 맞서는 방식이다. 나는 한 사람 한 사람과 대화하고, 한 수업 한 수업을 가르치고, 한 강연 한 강연을 끝내며 나의 두려움을 극복한다.

어떻게 이 과정을 당신만의 어두운 장소에 적용할 수 있을까? 지금부터 윌이라는 이름의 남자를 소개하겠다.

파티에서 할 만한 이야기는 아닌데

태평양 연안 북서부에 여름이 찾아오고 있었다. 몇 달 내내 비와 구름에 가렸던 날씨는 상쾌하고 맑은 하늘로 바뀌었고, 찬 공기는 다가오는 계절이 품은 따뜻함에 밀려났다. 그날은 친구의 생일 파티가 열리는 토요일이었다. 생일 파티답게 음식, 음악, 농담과 노래방 기계가 준비되어 있었다. 내 친구들은 노래방 기계에 진심인 편이다. 자세히 말하지는 않겠지만, 노래 중에 몇 번이나 의상을 갈아입거나 파티가 열리기 전부터 열창할 정도다. '보헤미안 랩소디' 부를 사람? '댄싱퀸' 부를 사람? 나는 노래에 별로 자신이 없다.

파티에 모인 사람들과는 20여 년 가까이 알아온 사이였다. 우리는 서로의 일 이야기를 일절 하지 않는다. 우리의 대화 주제는 스포츠와 아이들, 최신 가십거리를 벗어나지 못했다. 윌이 나를 사람들 사이에서 끌어냈을 때 놀란 이유다. "밖에서 얘기 좀 할 수 있을까?" 윌은 토요일 밤에 열리는 파티에 온 사람치고는 너무 진지하고 다급한 어조로 내게 물어왔다.

"물론이지." 고개를 끄덕인 나는 윌을 따라 붐비는 방을 벗어나 텅 빈 파티오로 나갔다.

윌과 나는 18년 전 처음 만났다. 그는 내 아내의 친구 남편으로, 세월이 흐르며 우리는 가까운 사이로 발전했다. 윌은 아이다호주의 트윈 폴즈 근교에 위치한 농장에서 나고 자랐다.

퓨처리스트

나도 작은 마을에서 자랐기에 윌이 들려주는 젖소의 젖을 짜고 송아지의 출산을 돕는 전원생활 이야기를 아주 좋아했다. 성인이 되어서는 대도시에서 인사 담당직과 고위 경영직에 종사했지만, 그는 여전히 카우보이모자와 거침없는 말투를 고수하며 자신이 시골 사람임을 잊지 않았다.

파티오로 나오자 파티의 소음이 웅성거리는 소리 정도로 줄어들었다. "파티 중에 이렇게 불러내서 정말 미안하게 생각해. 하지만……." 윌은 자신의 신발을 뚫어지게 쳐다보다 고개를 들어 공허한 표정으로 날 바라보았다.

"무슨 일이야?" 내가 조금 불안한 목소리로 물었다. 윌을 잘 아는 나였기에 무언가 잘못되었다는 것을 알 수 있었다.

"내 얘길 들어봐. 요즘 들어 걱정이 많이 들기 시작했는데, 어, 너는 퓨처리스트잖아. 그래서 어쩌면 너랑 얘기해봐야겠다고 생각했어."

"그래." 내가 어깨를 으쓱하며 말했다. "무슨 일인데?"

"정말?" 그가 말했다. 내가 흔쾌히 대화에 응하자 놀란 눈치였다. "잘됐다. 정말 고마워. 근데 여기서 할 이야기는 아닌 것 같아." 그가 파티장을 고개로 가리키며 말했다. "다음 주에 시간 있어?"

"물론이야." 내가 대답했다. 이미 남은 여름 동안 지낼 주말 별장을 북쪽 연안에 잡아둔 상태였다.

"해안 쪽에서 만날래? 거기서 얘기하자."

"그래, 그러면 되겠다." 월이 고개를 끄덕였다.

"대화하기 좋은 장소야." 내가 덧붙이며 말했다. "근데 지금은 괜찮은 거야? 주말까지 기다려도 되겠어?"

"난 괜찮아." 월이 다시 실내로 들어가며 말했다. "아만다나 애들에 관련된 일은 아니야. 다들 잘 지내고 있어. 걱정시키려던 건 아니었어. 가족에 관련된 일이 아니고 다른 일이 좀 있어. 다음 주에 더 설명할게."

"그래." 내가 월의 어깨에 손을 얹으며 말했다. 그의 어깨에서 긴장이 느껴졌다. "이따 무슨 노래 부를 거야?" 분위기를 바꾸려 노력하며 물었다.

"조니 캐시 노래." 월이 확신에 찬 목소리로 대답했다.

세상의 끝

오리건의 북쪽 해안은 장엄하고 숨 막히는 경치를 자랑한다. 1,500만 년 전, 오리건주와 워싱턴주의 경계에서 거대한 화산 활동이 일어났다. 화산에서 뿜어져 나온 용암은 컬럼비아강 유역 사방으로 흘러 물을 밀어내고 해안 지대의 길이를 약 64킬로미터 연장했다. 오늘날 연안에 있는 산맥은 태평양의 차가운 바닷물에 온몸으로 맞서고 있다. 산과 언덕에는 솔송나무와 미송이 우거져 있다. 겨울 폭풍이 다가오면, 날카로운 바람에 휘말린 상록수 가지가 숲을 에메랄드빛 격동의 바다처럼 보이게 했다.

내가 머무는 해안가는 넓고 평평하다. 해변의 모래는 폭풍과 거친 태평양의 파도에 씻겨 드러난 나무 둥치 때문에 드문드문 끊겨 있었다. 가시와 뿌리가 쓸려나간 나무들은 거대한 해골처럼 창백하다. 화산에서 흘러내린 용암과 현무암은 헤이스택 록Haystack Rock과 니들스Needles를 탄생시켰다. 마치 한때는 코스트산맥의 일부였지만 강력한 태평양 바다에 침식당하고 부서져 버린 험준한 바위 조각의 소용돌이 같은 모습이다. 북쪽으로는 '테러블 틸리Terrible Tilly'라고 불리는 틸라무크 록 등대가 보인다. 마을 주민들은 틸리가 눈에 보이면 그날 하루의 날씨가 좋을 것이라고 점친다. 겨울에는 어디에서도 틸리를 찾아볼 수 없다.

나는 땅끝에 걸쳐 바다를 내려다보는 곳에 위치한 우리 집을 '세상의 끝'이라고 부른다. 폭풍 속 맹렬한 바람에 선체가 기울어진 거대한 배처럼 삐걱거리며 낮게 우는 집에 특히 잘 어울리는 이름이다.

이 해안가의 작은 마을에는 직접 겪어봐야만 이해하고 감사할 수 있는 특별한 마법의 힘이 깃들어 있다. 다른 여느 장소 못지않게 길가를 걸으며 미래에 관해 이야기하기 좋은 마을이다.

월은 약속 시각보다 일찍 도착했다. 월의 트럭이 차 진입로로 들어오는 소리와 그의 부츠가 현관 앞 계단을 오르는 소리가 들렸다. 열려 있던 문으로 그가 들어왔다.

"BDJ?" 윌이 내 이름을 불렀다.

"어어." 내가 다락방에서 내려가 그를 맞이하며 말했다. "여기까지 오는 길에 운전하기는 좀 어땠어?" 내가 우리 집에 처음 오는 사람에게 항상 묻는 말이다. 겨울에는 도로를 덮은 눈과 얼음 때문에, 여름에는 창밖으로 보이는 숭엄한 경치 때문에 묻는다.

"아름다웠어." 윌이 대답했다. "도로에 아무도 없었고."

그 후 우리는 서로의 가족들 이야기를 조금 나눴지만, 윌은 누가 봐도 따로 말하고 싶은 주제가 있어 보였다. 어떻게 말을 꺼내야 할지 몰랐을 뿐이었다. 내 친구들은 보통 이런 주제를 가지고 나와 이야기하지 않는다. 윌 같은 친구들은 특히 더 과묵한 편이었다.

"오늘 날씨가 아주 화창해." 내가 바다를 바라보며 말했다. 하늘은 눈부시게 파랗고 바람도 얼마 불지 않았다. "바닷가에 걸으러 가는 게 어때?"

"좋은 생각이야." 그가 고개를 끄덕였다.

밀물이 들어오고 있었지만, 해안에는 아직 걸어 다닐 만한 공간이 충분했다. 이 해변에는 여름에도 사람이 많지 않은 편이다. 평일이라 그런지 해변은 텅 비어 있었다.

"그래서 무슨 일이야?" 내가 재촉하며 물었다. "내가 어떻게 도와줄까?"

"음, 내 말이 너무 이상하거나 미친 사람처럼 들린다면 바로 말해줘. 그만 말할게." 함께 걸으며 윌이 말을 시작했다. "난 항상 걱정을 많이 하는 편이긴 했어. 농장에서 사는 사람은 한파나 충해가 한 차례만 닥쳐도 농사를 망칠 걱정을 해야 하니까. 그냥 걱정하는 성격을 타고났다고 봐야지. 근데 요즘 들어서 걱정하는 정도가 너무 심해졌어."

안타깝게도 윌의 불안감은 코로나바이러스 사태를 겪으며 현대 사회에 점점 더 만연해지는 현상이었다. 전미정신질환협회는 팬데믹 전에도 약 4,500만 명의 성인이 일종의 정신질환을 겪었다고 밝혔다. 나는 정신과 의사는 아니지만, 퓨처리즘을 전문으로 다루는 내 분야에서도 사람들의 불안감과 두려움이 악화하고 있음을 확실히 느낄 수 있었다.

"네가 걱정하는 게 정확히 뭔데?" 내가 물었다.

"모든 게 다 걱정돼. 진부하게 들릴지 모르지만, 요즘은 뉴스를 볼 때마다 하늘이 우리를 심판하고 있다는 기분이 들어. 전쟁, 팬데믹, 산불. 꼭 이 중 하나를 고르라는 것 같잖아." 그가 부츠 신은 발로 모래를 걷어찼다. "우울증이 있는 건 아니야. 우울증보다 더 심각해. 걱정이 뇌리에 박혀서 생각을 멈출 수가 없어. 회사에서도 일에 집중할 수가 없고, 가끔은 아이들과 같이 있다는 것도 잊어버려. 그게 얼마나 무서운 일인지 알아? 정신이 나가버릴 것 같다고."

"더 말해봐." 내가 캐물었다.

"어렸을 때 반복해서 꾸던 악몽이 있었어." 그가 다시 말을 시작했다. "우리 둘 다 냉전을 겪어봤으니 너도 이해할 수 있을 거야. 꿈 안에서의 세계는 핵전쟁의 위험에 처해 있어. 여기서 나는 그냥 방관하는 사람이 아니야. 나는 이 세상을 파괴할 탄두 발사 준비를 하는 미사일 격납고 안의 군인이야. 내가 미사일을 멈출 방법은 전혀 없어. 완벽한 무력감과 세상을 절멸시킨다는 생각이 합쳐져서 나를 미치게 해. 꿈에서 나는 세상이 무너지는 모습을 지켜보는 거지. 항상 이런 기분으로 살고 있다고 생각해봐. 현실에서 느끼는 이 기분에서는 꿈에서처럼 깨어날 수도 없어."

"와." 내가 말했다. "정말 심각하구나. 내게 말해줘서 고마워."

"젠장." 윌이 목소리를 높이며 말했다. "누구한테 말하는 게 대체 무슨 상관이야? 어딜 가서 누구한테 이 얘기를 떠들고 다녀도 내 상황은 더 나아지지 않아. 꼭 미친 사람 같은 기분이야." 그의 목소리가 잠겼다. 윌은 벅차오르는 감정을 꾹 삼켰다.

나는 물리적인 접촉으로 유대감을 형성하면 윌이 지금 느끼는 기분에서 벗어날 수 있을 것으로 생각하며 그의 어깨에 손을 올렸다. 그는 내 팔을 힘껏 쳐냈다. 갑작스러운 행동에 우리 둘 다 당황스러웠다.

"미안해!" 윌은 마치 전기에 감전된 사람처럼 펄쩍 뛰며 내게서 물러섰다. 모래 안에 서 있는 윌은 파티에서 보였던 무력

퓨처리스트

하고 공포에 질린 표정으로 날 바라보았다. 그의 얼굴에서 깊은 어두움이 엿보였다. "나는 어떡해야 해?"

우선 그를 진정시켜야 했다.

"괜찮아?" 나는 두 손을 내 앞에 들어 보이고 움직이지 않았다. "원한다면 다시 집으로 돌아가자."

"아, 젠장." 월이 숨을 내쉬었다. "미안해, BDJ…… 그러려고 그런 게 아닌데…… 젠장, 모든 게 다 엉망이야."

나는 내가 그를 도울 수 있다고 생각했다. "우선 네가 원하는 미래와 피하고 싶은 미래를 종이에 적어봐." 나는 평소와 같은 말로 퓨처캐스팅을 시작했다. "너무 단순한 일처럼 들릴 수도 있지만 그래도 정말 도움이 되는 활동이야. 강력한 힘이 있지. 네 경우에는 먼저 네가 피하고 싶은 미래부터 시작해보자."

"알았어." 월이 곁눈질로 나를 보며 말했다. "그래서 네가 피하고 싶은 미래는 뭐야?" 내가 그에게 물었다.

"어, 방금 말했잖아." 월이 몹시 화가 난 티를 내며 대답했다.

"그래, 맞아, 방금 말해줬지." 내가 말했다. "하지만 퓨처캐스팅 과정의 커다란 부분은 미래를 최대한 구체적으로 상상해보는 거야."

"여기서 어떻게 더 구체적으로 생각해보란 건지 모르겠어." 그가 조금 답답하다는 듯이 말했다. "제3차 세계 대전? 핵으로 파괴된 세상? 죽음. 세상이 무너져버리지 않았으면 좋겠어."

"좋은 시작이야." 내가 그를 달래며 말했다.

월이 준 힌트로 충분히 그를 도울 수 있다는 생각이 들었다. '카타스트로프 인터뷰catastrophe interview'라는 심리 치료법이 있다. 환자가 느끼는 공포가 암울하고 불확실할 때 쓰이는 치료법이다. 환자가 현재 느끼는 두려움을 생각해보도록 만든 뒤 미래의 어떤 점이 걱정되는지 물어보는 방법이다. 당신이 피하고 싶은 미래는 과연 무엇인가? 환자들이 가능한 한 구체적으로 답했다면 다시 묻자. 이 미래에서 걱정되는 점은 무엇인가? 이 미래에서 벌어지는 일 중 무엇이 미래를 끔찍하게 만드는가? 위의 질문에도 구체적으로 답했다면 다시 묻자. 그들이 더는 답할 수 없을 때까지 계속해서 질문을 반복하자. 더는 질문에 답할 수 없을 때 환자들은 자신이 하는 걱정이나 자신들이 피하고 싶은 미래의 진짜 모습을 알게 된다. 이런 식의 자가 심문이나 인터뷰는 아주 유용하게 쓰인다.

나는 월에게 인터뷰를 시도했다.

"네가 피하고 싶은 미래에서 걱정되는 점이 뭐야?" 내가 물었다. "거기서 일어날 어떤 일이 너를 이렇게까지 이 미래를 피하고 싶게 만들어?"

"음, 전쟁이라는 생각 자체가 끔찍해." 월이 말했다. 그는 여전히 내가 미쳤거나 자신을 놀리고 있다고 생각했다.

"너무 단순한 질문처럼 들릴 수도 있는 걸 알아." 내가 설명했다. "그래도 최대한 구체적으로 답하도록 노력해봐. 너랑 네

가족을 떠올리면서 대답해봐."

"알았어." 그가 한참이나 바다 쪽을 바라보며 말했다. "혼돈과 불확실성이 나를 괴롭혀. 전쟁이나 기아나 질병이 찾아와서 내 아내와 아이들을 괴롭게 할 거라는 생각에 두려워."

"그런 일이 일어나는 미래에서 걱정되는 점은 뭔데?" 내가 물었다. "거기서 일어날 어떤 일이 이 미래를 피하고 싶게 만들어?"

"전쟁은 모두를 위험에 빠뜨려." 그가 말했다. "팬데믹은 세계 인구의 목숨을 위협해."

"그게 왜 걱정되지?" 내가 물었다.

"우리가 공격당할 테니까." 그가 말했다. "죽을 수도 있어. 아만다와 아이들도 죽을 수 있어."

"뭐가 걱정되는데?"

"죽음 말이야, 이 친구야. 내가 죽음을 멈출 수 없다는 게 걱정돼!" 윌이 모래를 걷어차며 소리쳤다. "내가 우리 가족들의 죽음을 막을 수 없으면 어쩌지? 우리 가족들만 남겨둔 채 내가 먼저 죽어버리면 어떡하지?"

"정말 끔찍한 상황이네." 잠시 후 내가 말했다. 윌은 자신이 피하고 싶은 미래의 진짜 모습을 보고 있었다.

"무서워 죽을 것 같아." 그가 마침내 고백했다.

죽음의 문턱에서 사는
퓨처리스트

죽음에 대한 공포를 느끼는 것은 정상이다. 죽음의 공포에는 강력한 힘이 있다. 인간은 자연스럽게 죽음을 두려워한다. 하지만 나는 더 많은 설명을 원했다. 사람들이 미래를 보는 새로운 방식을 제공하는 것이 응용 퓨처리스트로서의 내 목표다. 나는 사람들이 지금까지와는 다른 미래에서 자신의 모습을 보고, 어둠을 비껴가도록 힘을 주고 싶다. 오랜 시간 개인의 어두운 장소와 암울한 미래를 통제하는 방법에 관해 이야기해온 이유다.

이 과정에서 나는 사람들에게 그들이 피하고 싶은 미래를 생각하는 새로운 사고의 틀을 제공할 수 있는 전문가들을 찾아왔다. 설사 죽음의 앞에 섰다 해도 인간은 무력하지 않다. 나는 이 사실을 죽음의 문턱에서 사는 퓨처리스트, 리처드 시어 Richard Sear에게서 배웠다.

"샌프란시스코에서 샌안토니오로 가는 비행기 안에서 발작이 왔어요." 함께 저녁 식사를 하던 중 리처드가 내게 설명해주었다. "결국 비행기는 엘패소에 불시착해야만 했죠. 이번에야말로 정말 죽는다고 생각했어요. 내 인생은 여기서 끝난 거라고요."

리처드는 아마 당신이 이름을 들어본 적 없는 퓨처리스트 중 가장 성공한 퓨처리스트일 것이다. 그는 다국적 대기업과

정부 기관에서 컨설턴트로 활동해 왔다. 그는 나보다 세계를 더 자주 누비며 여행하는 편이다. 여기까지 책을 읽은 당신이라면 그의 출장이 얼마나 잦은지 짐작할 수 있으리라. 리처드의 업무는 대부분 철저히 비밀에 부쳐지기 때문에 그를 아는 사람은 드물다. 그는 대규모 조직들이 10년, 20년, 30년의 미래를 설계하도록 돕는다.

영국 출신의 리처드는 케임브리지대학교에서 경제학을 전공했다. 경력 대부분을 텍사스에서 보낸 그는 정확한 영국식 억양에 진한 텍사스 사투리를 섞어 쓴다. 내가 지금까지 만난 사람 중 누구도 리처드처럼 말하는 사람은 없었다.

몇 년 전, 리처드의 몸에서 이유 모를 발작이 시작되었다. 리처드는 심각한 발작으로 의식을 잃고 응급실에 입원해야 했다. 진단명이 나오기 며칠 전 그의 모습을 기억한다. 그는 언제 발작이 또 찾아올지 모르는 상황 때문에 겁에 질려 있었다. 여행하는 빈도가 높다 보니 집에서 멀리 떨어진 도시나 해외로 출장을 간 동안 발작이 일어나는 경우도 적지 않았다.

마침내 의사들이 병명을 진단했다. 리처드는 중증 특발성 비만세포증severe idiopathic system mastocytosis을 앓고 있었다. 비만세포가 간, 비장, 골수, 소장 같은 내장 조직과 장기에 축적되는 질환이다.

"발작은 언제라도 일어날 수 있어요." 리처드가 내게 말했다. "여행할 때면 꼭 에피펜EpiPens(에피네프린 주사. 알레르기 응급 처치제-옮긴이)과 항히스타민제를 넉넉히 챙겨요. 하지만 사실대로 말하자면 저는 언제든지 죽을 수 있어요. 미친 소리처럼 들리지만 사실이에요. 그것 말고는 설명할 방법이 없어요."

"비행기에서는 무슨 일이 있었나요?" 내가 물었다.

"발작이 일어나기 전에는 꼭 손이 붓기 때문에 곧바로 뭔가 잘못됐다는 걸 알아챘어요." 그가 오른손을 들어 보이며 말했다. "결혼반지가 갑자기 꽉 끼기도 하고요. 손이 붓는 걸 알아챈 순간 엄청난 양의 항히스타민제를 먹었어요. 그리고 아무에게도 말하지 않았어요. 걱정하게 만들고 싶지 않았으니까요."

"항히스타민제가 효과가 없었나요?" 내가 물었다.

"전혀 없었어요." 리처드가 말했다. "생각보다 심각한 상황이란 걸 깨닫고 화장실로 가서 첫 번째 에피펜을 주사했어요. 다시 자리로 돌아왔을 때 큰 발작이 오고 있음을 느꼈죠. 저는 승무원을 불러 무슨 일이 벌어지고 있는지 말하고 비행사에게 연락하도록 했어요. 다행히도 승객 중에 제 질병에 대해 알고 있는 의사가 타고 있었어요."

"악몽 같은 상황이군요." 내가 말했다.

"네, 특히 심한 발작이었지만 이번이 처음은 아니었어요." 그가 말했다.

나는 발작과 비상 착륙, 죽음에 가까이 다가갔던 경험을 차분히 말해주는 그의 모습에 충격을 받았다. 그는 귀찮다는 목소리는 아니지만 단조로운 어조로 비행기에서 일어난 일화를 말해주었다.

"그리고 어떻게 됐나요?" 내가 물었다.

"기억나는 게 많지는 않아요." 그가 이야기를 마무리하며 말했다. "의사가 두 번째 에피펜을 주사할 때쯤 정신을 잃었어요. 다시 눈을 떴을 땐 병원이었어요."

우리는 저녁 식사를 계속했다. 이야기의 충격이 가시자 리처드는 매일을 죽음과 함께 사는 퓨처리스트라는 생각이 들었다. 죽음의 위협이 그의 주변을 끊임없이 맴돌았다. 그렇다면 미래에 대해 생각하는 것이 직업인 퓨처리스트에게 이것은 무슨 의미일까?

"죽음의 공포에 어떻게 대처하시나요?" 내가 물었다. "퓨처리스트로서 어떻게 미래를 생각하시나요?"

"공포란 참 난폭한 감정이에요." 그가 대답했다. "특히 죽음의 공포는 우리를 바꿔놓고, 저를 바뀌게 했어요. 평소라면 하지 않았을 일을 하게 만들어요. 그대로 내버려 두면 정말 어두운 생각을 하게 되기도 해요."

"어두운 생각을 어떻게 통제하시나요?" 나는 그가 앉은 자리로 몸을 기울이며 말했다. "진단을 받으신 지 시간이 꽤 흘렀는데 전혀 어두워 보이지 않으세요. 미래를 비관적으로 생각하지도 않으시는 것 같아요."

"통제권을 잡으면 돼요." 리처드가 단호하게 말했다. "죽음의 순간에서조차도 통제권은 나에게 있다는 걸 깨달았어요."

"무슨 뜻이죠?" 내가 물었다.

"비행기에 타고 있던 그 날, 정신을 잃기 직전 저는 제가 죽을 거라고 확신한 그 순간에도 뭘 해야 할지 정확히 알고 있었어요. 제 마음을 완전히 비웠어요. 두려움과 극심한 공포를 마음에서 몰아냈어요. 솔직히 말하자면 짜증을 비워버렸죠. 그냥 너무 화가 났거든요." 리처드는 킬킬 웃었다. "어차피 죽을 거라면 상황을 통제하고 싶었어요. 머릿속에 이미지를 하나 떠올렸어요. 우리 집 화장실 거울에는 제 아이들 사진이 걸려 있어요. 그 사진을 마음속에 떠올렸죠. 내 인생에서 가장 소중한 것들을 떠올렸어요."

"그렇게 다시 통제권을 찾으셨군요." 내가 말했다.

"집중할 만한 이미지를 떠올리면 돼요." 그가 관자놀이를 가리키며 말했다. "아무리 절망적인 상황에서도 그 이미지만 생각할 수 있게 말이에요."

나는 할 말을 잃었다. 그의 강인함과 그가 처한 상황의 냉혹함이 놀라울 뿐이었다.

나는 기껏해야 "제게 이 얘기를 해주셔서 고마워요"라는 말밖에 하지 못했다.

"천만에요." 리처드가 계속해서 말했다. "너무 어두운 미래에만 집중하며 살지 말자는 뜻이죠. 그거 아세요? 저는 사실 제 병이 낫지 않았으면 좋겠어요. 계속 지금처럼 살고 싶거든요."

"무슨 뜻인가요?" 내가 이해하지 못한 채로 물었다.

"제 병은 저를 더 나은 사람으로 만들었어요." 그는 대답했다. "정말 전보다 더 나은 사람이요. 저는 전보다 더 좋은 남편이자 더 좋은 아버지가 됐어요. 신앙생활도 전보다 열심히 할 수 있게 됐어요. 그냥 이대로 살고 싶어요."

정말이지 엄청난 발견이었다. 죽음의 문턱에서조차도 우리에게는 힘이 있다. 우리는 인생에서 가장 소중한 것들에 집중하며 살 수 있다. 설사 죽음에 가깝다고 해도 우리 마음속에 무엇을 떠올릴지는 우리에게 달렸다.

리처드와의 만남은 죽음과 암울한 미래에 대한 많은 대화의 시작일 뿐이었다. 그와 저녁 식사를 한 지 얼마 되지 않아 나는 죽음에 집착하는 자신을 발견한 내 옛 학생을 만나게 되었다.

심연을 들여다보는 퓨처리스트

줄리아 로즈 웨스트는 실리콘밸리에서 활동하는 성공적인 퓨처리스트다. 오래전 내가 가르쳤던 학생의 성공에 자부심을 느꼈고, 자연스럽게 다른 일반 퓨처리스트보다 좀 더 관심이 갔다. 줄리아는 기업의 연구팀들이 미래의 상품을 개발하고 미래에 대비하도록 돕는다. 사람들은 잘 모르지만, 퓨처리스트가 되기 전 줄리아는 전문 배럴 레이싱barrel racing(말을 타고 경기장에 놓인 배럴을 이용해 정해진 패턴을 통과하는 경기-옮긴이) 선수였다.

우리는 샌프란시스코의 고급 멕시코 식당에서 만나기로 했다. 직장인들의 퇴근 시간에 맞춰 식당 안은 사람들 소리로 북적였다. 우리는 식당의 구석지고 조용한 자리를 찾아 앉았다.

"퓨처리스트로서의 제 일은 미래를 예측하는 게 아니에요." 줄리아가 먼저 말을 꺼냈다. "교수님 수업에서 배운 게 그거니까 잘 알아요. 제 일은 기업과 사람들이 미래를 준비하도록 돕는 거예요. 하지만 퓨처리스트로서 단 한 가지 정확하게 예측할 수 있는 게 있다면, 그건 우리 모두 언젠가 죽을 거라는 사실이에요."

"그래서 어떻게 사람들이 죽음에 대비하도록 돕고 있지?" 내가 물었다. "미래를 생각하고 사람들이 미래를 준비하도록 돕는 게 직업인 사람으로서 그들에게 무슨 말을 해주고 있는데?"

"먼저 알 수 없는 미래가 그 사람과 그 사람의 가족과 소중한 사람들에게 미칠 영향에 공감한다고 말해요. 솔직히 무서운 일이에요. 하지만 정말 깊게 고민하고 자신에게 '여기서 일어날 수 있는 최악의 상황이 뭘까?'라는 어려운 질문을 던지면 상황을 더 넓은 시선으로 볼 수 있게 되는 법이에요."

"심리 치료사들도 비슷한 방식을 쓰지." 내가 동의했다.

"우리를 짓누르는 심각한 문제에 '여기서 일어날 수 있는 최악의 상황이 뭘까?'라는 질문을 던지면 돌아오는 대답은 보통 비슷해요. 실직, 이혼, 집을 잃는 것이 대표적이지만, 가끔은 죽음을 포함해 더 무거운 대답이 나오기도 해요."

"많은 사람이 결국 죽음을 떠올리지." 내가 말했다. "그래서 하는 말인데요." 줄리아가 손을 맞잡고 비비며 말했다. "죽음을 꼭 생각해야만 한다면 생각해봐야죠. 우리가 죽으면 무슨 일이 벌어지나요? 우리는 세상에 태어나는 순간부터 언젠가 죽는다는 걸 알고 있어요. 생각하거나 인정하고 싶은지와는 상관없이 그냥 사실에 불과해요. 우리는 언젠가 죽어요. 사람은 죽음에서 도망칠 수 없어요. 우리는 반드시 죽어요. 단순히 언제 어떻게 죽는지가 다를 뿐이죠."

"많은 사람이 감당하기 힘들어하는 두려움이지." 내가 말했다. "어디서부터 생각해봐야 하는지도 모르고."

"압도적인 두려움에 대처하는 방법이 있어요." 줄리아가 말했다. "비행의 공포를 예로 들어볼게요. 비행의 공포는 어떻게 극복할 수 있을까요? 죽음이 수많은 가능성 중의 하나로 존재하는 두려운 미래에 직면하게 된다면 스스로에게 물어야 해요. 여기서 일어날 수 있는 최악의 상황이 뭘까? 내가 이 상황을 어떻게 통제할 수 있을까?"

"말이 되는군." 내가 말했다.

"다시 비행의 예로 돌아갈게요. 우리는 비행사가 아니고, 비행기에 아무런 영향도 끼칠 수 없어요. 하지만 비행 중 우리가 느끼는 감정은 조절할 수 있죠. 상황을 이런 식으로 바라본다면 아마 우리가 죽음에 느끼는 감정도 조절할 수 있을지 몰라요. 정신적인 존엄성을 가지고 죽음을 맞이하는 거예요."

"얼마 전에 너와 비슷한 생각을 하는 퓨처리스트와 얘기한 적이 있어." 나는 리처드를 언급했다. "그는 우리가 마지막으로 보는 것을 통제할 수 있다고 하더군."

"우리가 마지막으로 보는 걸 통제할 수 있으면 그것을 다루는 방식도 통제할 수 있어요." 줄리아가 내 말에 동의했다. "통제권을 회복하고 나머지는 걱정하지 않아도 돼요. 또 우리가 지금의 삶에서 떠나는 게 두려운 이유는 살면서 아주 멋진 것들을 경험했기 때문이라는 걸 깨닫는 게 중요해요. 그 경험들을 꼭 붙잡고 살아야 해요. 우리는 멋진 경험을 할 수 있었던 운 좋은 사람들이니까요. 죽음을 걱정하는 순간의 공포는 우리가 살면서 겪었던 모든 경험에 비하면 아무것도 아니에요."

"공포를 새롭게 바라보는 훌륭한 시각이군." 내가 대답했다. "우리가 두려움을 느끼거나 암울한 미래를 걱정하는 건 삶이 지속될 거라는 확신이 있기 때문이야. 삶에 대해 생각하면 두려움에서 벗어날 수 있지. 삶에 대한 확신이 우리에게 힘을 돌려줘."

"미래에 대해 생각하고, 어떤 미래도 일어날 가능성이 있다는 사실을 인정해야 해요." 줄리아가 말했다. "아까 말했던 어두운 두려움도 포함해서요. 예상치 못한 미래가 찾아와도 더 잘 버틸 수 있게 될 거예요. 제 말을 믿으세요. 죽음과 질병처럼 상당한 양의 고난이 반드시 찾아올 거예요. 하지만 그 과정에서 현재의 순간과 지금 누리는 인생에 감사하고 작은 일에 연연하지 않는 법을 배우면 결과적으로 달갑지 않은 미래가 찾아올 위험성을 줄이는 게 돼요. 미래에 집중함으로써 오늘에 더 충실해지고 풍요로운 삶을 살 수 있어요."

나는 두 명의 퓨처리스트가 다른 길을 통해 같은 결론에 도달했다는 사실에 놀라움을 감출 수 없었다. 두 사람의 통찰력은 분명했다. 감당하기 힘든 암울한 미래를 생각할 때는 가장 먼저 두려움을 받아들여야 한다. 이 미래에서 일어날 수 있는 최악의 상황을 떠올려 보자. 그리고 우리의 힘이 무엇인지 찾아야 한다. 우리가 통제할 수 있는 것이 무엇인지 스스로에게 물어보자. 줄리아가 말하듯 비행사가 아니라면 비행기에 아무런 영향을 끼치지 못한다. 우리가 통제할 수 있는 게 무엇인지 아는 것만으로도 우리에게는 집중할 수 있고 할 수 있는 일이 생긴다.

리처드처럼 극단적인 상황에서 우리는 우리가 보는 것을 통제할 수 있다. 줄리아가 말하듯 존엄성을 지키며 죽음을 맞이할 수도 있다.

당신의
절망적인 미래

나는 뭍과 바닷가를 계속 거닐며 리처드와 줄리아와 나눴던 내화를 떠올렸다. "네가 무시워하고 있어서 다행이야." 내가 말했다. "네가 두렵다는 걸 깨닫고 나한테 말해줘서 다행이야."

"나는 그렇게 생각할 수가 없어." 윌이 반박했다.

"팬데믹이나 전쟁처럼 죽음과 비극적인 사건에 대한 공포는 감당하기 힘들지." 내가 대답했다. "네가 느끼는 두려움의 일부는 네가 아만다와 아이들을 아끼고 사랑하기 때문에 찾아온다는 걸 깨달아서 다행이야. 그게 네 두려움을 부추기고 있어. 네가 사랑하는 사람들을 잃고 싶지 않으니까 무서운 거야."

"당연하지." 윌이 기다렸다는 듯이 대답했다. "그런 건 나도 알아."

"그럼 하나만 물을게. 지금 네 가족과 어떻게 지내고 있어? 너는 현재에 얼마나 충실하게 살고 있어? 미래 때문에 느끼는 실존적 두려움이 너의 오늘을 망치게 두지 마. 커다란 두려움에 걱정될수록 네가 오늘 누리고 있는 것들의 가치를 더 절실하게 깨달아야지. 그러다 보면 두려움을 덜고 네 마음을 좀 더 잘 다스릴 수 있을 거야."

"너는 이런 걸 어떻게 알고 있어?" 윌이 물었다.

"직업이 직업인 만큼 내 주변에는 이런 문제를 진지하게 고민하는 사람이 많아." 내가 말했다. "나와 내 친구들은 이런 얘기를 주제로 우리가 도움이 될 방법을 찾지. 네가 느끼는 두려움을 이겨내려면 밝은 오늘을 어두운 내일보다 더 가치 있게 여겨야 해. 하지만 어두운 생각들이 건강하지 못한 생각으로 변해버리면 그때는 전문가의 도움을 받아야만 해. 나는 전문가가 아니야. 네 미래를 도울 수는 있지만 정신 건강까지 도와주진 못해."

"잘 알겠어." 윌이 고개를 끄덕였다. "난 괜찮아. 내가 진짜 우울증에 걸렸다고 생각하진 않아. 그냥 최근 들어 평소보다 걱정이 심해졌을 뿐이야."

실존적 두려움에 불안해하는 사람들은 보통 두려움 자체에 고통받는 것이 아니다. 사람들은 두려움 자체보다 무력감과 개인적인 일로 고통받는다. 암울한 미래가 우리를 특히 더 힘들게 하는 이유다.

21세기가 시작되고 윌과 같은 중년 백인 남성들의 우울증, 중독, 자살률이 상승세를 보여왔다. 2017년, 미국 질병통제예방센터는 평균 수명이 다시 한번 하락했다고 밝혔다. 평균 수명이 낮아진 지 불과 3년 만의 일이었다. 백인 남성 인구의 마약성 진통제를 이용한 약물 과다 복용과 자살률이 원인이었다. 두려움의 근원을 찾아내고 행동을 취하는 것이 아주 중요한 이유다.

"너의 두려움을 이해해야 해." 내가 말했다. "이해했다면 이번에는 네가 통제할 수 있고 통제할 수 없는 게 뭔지 너 자신에게 물어봐. 비행기에 타는 것이 두렵다면 네가 조종사가 아닌 이상 비행기를 통제할 수 없다는 사실을 깨달아야 해. 그리고 그 사실이 너를 괴롭히게 두면 안 돼. 비행기는 통제할 수 없지만 너의 마음 상태는 통제할 수 있다는 사실을 기억해. 너 한 사람에게는 전쟁을 막거나 세계 평화를 지킬 만한 능력이 없다는 사실을 말이야."

"하지만……." 윌이 말을 하려다 말고 멈췄다. 그의 발걸음도 멈춰 섰다. 모래사장 위에 나란히 선 우리는 태평양 바다 위에 부서지는 작은 파도를 바라보았다. 우리의 대화 주제는 무거웠지만 파도 소리가 마음을 편하게 만들었다. "내가 통제할 수 있는 게 뭔지 아는 방법은 없을까? 전쟁이나 경제불황은 내가 어떻게 못 하는 큰 문제들이란 걸 알아. 아마 완벽히 통제할 수 없을 거란 것도 이해했어. 하지만 꼭 생각해봐야 한다면 어디서부터 어떻게 생각해야 할까?"

위협캐스팅으로 극복하는 보편적인 두려움

나는 일에 관해서라면 늘 진지하게 임하지만 두려움에 관련된 일이라면 특히 더 많은 신경을 쓴다. 공포에 떠는 삶은 삶이 아니다. 공포에 갇혀 사는 사람들을 보면 가슴이 찢어진다. 하지만 매사에 진지한 나라도 가끔은 좀 더 가벼운 접근 방식을 시도하고는 한다. 지난 몇 년간 나는 '비어 포 피어스Beer for Fears(공포를 위한 축배)'라는 파티용 게임을 만들었다. 보통 오랫동안 알고 지낸 친구들과의 모임자리에서 하기 좋은 게임이지만 상황에 따라 처음 만나는 사람들과 해도 좋다. 회의장에서 가볍게 술을 마시며 만난 사람들이 그 예다.

규칙은 간단하다. 누군가 자신의 가장 큰 두려움이 무엇인지 말하면 나는 나머지 사람들이 위협캐스팅을 하도록 유도하며 앞 사람이 두려운 마음 상태에서 벗어나는 방법을 보여준다. 게임을 시작하기 전, 우리가 일상생활에서 마주하는 두려움과 고질적인 공포증은 분명히 다르다는 것을 확실히 해야 한다. 공포증은 전문의의 치료만이 답이다.

친인척들, 요리, 눈 마주치기 등 전혀 상상도 하지 못했던 다양한 두려움들이 이 게임을 통해 드러났다. 비어 포 피어스에서 가장 흔하게 밝혀지는 두려움은 사람들 앞에서 말하는 두려움이다. 게임을 하면서야 나는 내가 많은 사람 앞에 서서 몇 시간이고 연설하는 것을 즐기는 이상한 사람이라는 사실을 깨달았다.

일부 추산에 따르면, 사람들 앞에서 말하는 두려움을 의미하는 발언공포증은 전체 성인의 75퍼센트에게 영향을 끼치는 것으로 나타났다. 그래서 게임 중 누군가가 발언공포증이 자신의 두려움이라고 하면 내가 무슨 말을 해주는지 궁금하지 않은가? 개인에 따라 다르지만 나는 항상 같은 질문부터 던진다. 어떤 종류의 연설가가 되고 싶은가? 일부는 많은 군중 앞에서 이야기하고 싶어 하고, 일부는 저녁 식사 자리에서 축배사를 드는 정도로 만족한다. 그들이 원하는 미래가 정해지면 우리는 본격적인 위협캐스팅에 돌입해 우리를 도와줄 수 있는 사람들(보통 친구와 직장 동료들이 여기 속한다), 사용 가능한 도구와 자원들[텔레프롬프터 프로그램이나 토스트마스터즈Toastmasters(청중 앞에서 말하기 능력과 리더십 능력을 키우기 위해 개설된 클럽-옮긴이) 등], 말하기 분야의 전문가들(자신이 존경하는 연설가도 포함된다)을 찾기 시작한다. 위협캐스팅을 시작한 사람들은 단 몇 분 안에 자신의 발언공포증이 누그러드는 것을 느낀다. 가장 기억에 남는 비어 포 피어스 게임 중에는 단 몇 마디를 하기 위해 자리에서 일어난 사람도 있었다. "그냥 뭔가 말하고 싶었어요." 방 안을 천천히 둘러보며 그가 말하기 시작했다. "이상입니다." 그게 다였다. 간결하지만 큰 인상을 남기며 그가 마이크를 넘겼다.

나는 그동안 비어 포 피어스가 좋은 결과를 가져오는 경우를 많이 보았다. 내가 공항 라운지나 호텔 로비에서 당신과 만난다면 동물원 사육사와 사귀는데 뱀을 무서워하던 남자 이야기를 해달라고 말해주길 바란다. 꼭 들어야 하는 이야기다. 또 주저 말고 비어 포 피어스 게임을 하자고 제안해도 된다. 첫 잔을 당신이 산다면 언제든지 환영이다.

악몽의 고삐를 쥔 퓨처리스트

알리샤 바갓은 복잡한 제도에 매료되어 제도의 작동 원리를 배우고, 문제점을 파악하고, 제도를 더 다루기 쉽게 만드는 데 평생을 바친 사람이다. 카네기멜론대학교에서 인류학 학사를 마친 그는 몇 년간 인도와 스리랑카에서 살다가 조지타운대학교에서 외교학 석사를 마쳤다. 그는 미국 정부의 연구분석가로 일하며 급진화, 인도양의 안보, 중동의 수자원 같은 중요한 사안들의 시나리오를 모형화하는 일을 한다. 알리샤는 평생을 인간의 문화에 당면한 시급한 문제들에 초점을 맞추고, 긍정적이고 장기적인 변화를 만드는 데 힘써왔다.

알리샤는 복잡한 문제를 푸는 데도 대단한 소질이 있다. 그는 개인이 자신의 힘을 깨닫고 감당하기 버거운 실존적 문제를 통제하는 방식에 놀라운 통찰력을 보여준다. 어느 오후, 나는 태평양 연안 북서부의 내 서재에서 뉴욕시의 사무실에서 일하던 알리샤에게 전화를 걸었다.

"조금 전까지 어린 학생이랑 실존적 불안감에 관해 얘기하고 있었어요." 알리샤가 먼저 대화를 열었다. "학생은 기후 변화가 세상에 끼치는 영향력에 압도당한다고 말하더군요."

"확실히 복잡한 문제네요." 내가 말했다.

"그 학생은 어쩔 줄 몰라 하고 있었어요. 학생이 육식을 그만둬야 할까요? 새 옷을 그만 사고 과소비를 그만둬야 하나요? 기후 변화를 두려워하는 동시에 기후 변화를 막을 만한 일을 충분히 하고 있지 않아서 죄책감을 느낀다고 그러더군요."

"인간의 뇌는 이런 순간을 마주할 때마다 공포에 빠지기 마련이죠." 내가 말했다.

"두려움과 죄책감에는 중독성이 있어요. 이 둘이 합쳐졌을 때는 더 강한 중독성이 생기죠. 사람들은 평소에도 비극적인 미래를 걱정하지만, 자신의 일상생활이 망가지는 걸 특히 더 걱정해요."

"학생에게 무슨 말을 해주셨나요?" 내가 열의를 보이며 물었다.

"음, 우선 학생에게 '너 혼자서는 기후 변화를 막을 수 없다는 사실을 이해하고 납득해야 한다'고 말해줬어요." 알리샤가 대답했다. "그리고 자신이 통제하고 조종할 수 있는 게 뭔지 이해한 뒤 행동을 취해야 한다고 말해줬어요. 조금 실수를 해도 괜찮고, 다시 일어나 계속 노력하면 된다고요."

"하지만 자신이 무엇을 통제할 수 있는지 어떻게 알 수 있죠?" 내가 물었다.

"우리의 힘은 우리가 주변인에게 미치는 영향력에서 오기 마련이에요." 그가 대답했다. "그러니 우리 주위의 사람들을 지도해야 해요. 우리는 우리가 무력하다고 느낄 수도 있어요. 그럴 때는 한걸음 물러서 세상을 바라보며 내가 어디에 영향력을 끼칠 수 있는지 자신에게 물어보세요. 당신에게는 아무런 영향력이 없다고 생각할지 모르지만, 당신이 사회 어디에 자리하고 있는지 둘러보세요. 당신 주변의 사람들은 누가 있나요?"

"미래는 사람에 의해 만들어진다는 말씀이시군요." 내가 끼

퓨처리스트

어들었다.

"정확히 맞추셨어요." 그가 동의하며 말했다. "주변을 둘러보세요. 세상 모두는 타인과 연결된 생태계 안에 살고 있어요. 당신이 아는 사람 중에 정책을 책임지는 고위 지도자는 없을지도 모르지만, 어디에나 지역 대표는 있는 법이죠. 이 사람들이 당신을 결정권자와 연결해줄 수 있어요."

"내가 아는 사람들만 필요한 건 아니군요." 내가 말했다. "내 사람들과 다른 사람들 사이의 관계도 말씀하고 계시네요. 특히 사안이 크면 클수록 사람들 간의 연결점이 더 중요할 테고요."

"맞아요." 알리샤가 대답했다. "사람들 간의 연결점은 강력하고 영향력 있죠. 당신 주변의 사람들과 함께 일하며 그들과 연결점이 있는 사람들에게도 영향을 주세요. 복잡한 일처럼 들린다는 걸 알아요. 힘들고 까다로운 일이란 것도 알고요. 하지만 우리의 영향력을 사람들에게 전파하고, 우리가 피하고 싶은 미래에 영향을 끼치는 모습을 확인하는 좋은 방법이에요."

줄리아의 요점은 (미래를 바꾸는 것처럼) 겉보기에 매우 힘들어 보이는 일을 할 때는 목표까지의 과정을 작고 다루기 쉬운 단계로 나누는 것이 중요하다는 퓨처캐스팅의 더 큰 가르침을 뒷받침하고 있었다.

대화가 거의 끝나가고 있다고 생각한 순간 알리샤가 갑자기 새로운 주제를 꺼냈다. "악몽에 관해서도 얘기해야 해요."

"물론이죠." 내가 대답했다. "악몽이 어쨌다는 말씀이시죠?"

"우리는 왜 악몽을 꿀까요?" 그가 말했다. "악몽은 뇌가 실시하는 자극 검사 같은 거예요. 꿈을 꾸는 뇌가 최악의 시나리오를 생각해내고 우리가 해결하도록 강요하는 거죠. 아주 무섭고 끔찍한 악몽도 있지만, 악몽이 우리의 마음을 단련시키고 대비시켜준다고 생각하면 편해요."

"암울한 미래에 대비해서 우리를 더 단단하게 단련시키는 거군요." 내가 덧붙였다.

"우리가 두려움에서 힘을 얻듯이, 악몽에서도 힘을 얻을 수 있어요." 그가 설명했다. "악몽을 꾸거나 미래에 관련된 실존적 걱정에 잠겨 있는 자신을 발견한다면, 한 걸음 물러서서 이렇게 생각해보세요. 우리의 뇌는 단지 실현 가능성 있는 미래에 우리를 대비시키고 있을 뿐이라는 걸요."

"그렇다면 두려움은 우리를 약하게 만드는 게 아니군요." 내가 말했다. "두려움은 사실 우리의 걱정거리에 대비해 우리를 강하게 단련시키는 거예요."

알리샤는 그 후 '스웨덴식 죽음의 청소'라 불리는 굉장히 흥미로운 과정으로 화제를 돌렸다. 죽음의 청소는 특정 나이가 되어 죽음에 가까워진 사람들이 주변을 청소하고 인생을 정리하는 행위다. 은유적인 의미와 문자 그대로의 의미를 모두 가진 과정이다. 사람들과 만나며 그 사람들을 향한 진심을 말하는 한편 물질적인 소유물을 정리해야 하기 때문이다. 창고를 청소하고 옷장을 비운다. 85세가 된 지금은 앞으로는 절대 입지 않을 무도회 드레스를 버릴 때다.

죽은 뒤 가족과 친구에게 짐이 되지 않는 것이 이 청소법의 주된 목표다. 하지만 알리샤의 생각은 달랐다. 그는 죽음의 청소가 과거에 얻은 마음의 짐을 정리하는 과정이라고 생각했다. 물리적인 청소를 통해 삶을 정리하고, 인생의 끝에서 무력감 대신 조금의 안정을 얻게 해주는 행위인 것이다.

"제 조부모님은 자신들도 모르게 청소를 하셨어요." 그가 말했다. "청소를 자신들의 인생을 다루는 방식의 일부로 삼아 지금까지의 인생을 돌아보며 정리하셨어요. 인생을 정리하는 시점에 느끼는 두려움에 대해 나누는 대화는 우리를 더 강하게 만들어요."

"놀라운 일이에요." 내가 말했다. "효과도 아주 컸을 거라고 상상되네요."

"사람들은 절망스러운 미래를 깊이 생각하고 싶지 않아 해요." 알리샤가 결론을 내렸다. "하지만 싫어도 생각해보는 게 좋아요. 암울한 미래에 갇혀 살 필요는 없지만 피할 필요도 없어요. 암울한 미래의 고삐를 틀어잡으면 어둠을 극복할 실용적인 방법들을 알 수 있어요."

미래의 그늘에서 찾아내는 힘

"퓨처캐스팅 과정이 도움이 될 거야." 월에게 말했다. "이제 네가 피하고 싶은 미래를 제대로 파악했으니 네가 내버려 두면 일어날지도 모르는 최악의 시나리오도 이해했겠지. 감당하기 힘든 미래를 통제하려면 너를 도와줄 사람들을 찾아야 해."

"내 주변 사람들 말이야?" 월이 물었다.

"네가 즉시 연락할 수 있는 사람들에서부터 시작해봐." 내가 대답했다. "하지만 단순히 친구나 가족이나 직장 동료만 의미하는 게 아니야. 더 크고 더 어두운 미래를 다루려면 너와 연결점이 있는 동시에 영향력을 가진 사람을 찾아야 해. 네 두려움이 정책과 법률에 관련됐다면 시장이나 지역 대표자에게 연락할 수 있겠지."

"너무 복잡한 일처럼 들리는데." 월이 대답했다.

"맞아!" 나는 그를 가볍게 쿡 찌르며 말했다. 우리는 해변에서 다시 집을 향해 걷기 시작했다. "근데 우리는 지금 복잡한 문제에 대해 얘기하고 있잖아. 네 걱정을 부채질하는 원인 중 하나는 모든 게 네가 다루기에는 너무 큰 문제라고 생각하기 때문이야. 네가 나한테 도움을 청한 것도 혼자 해결하기는 너무 벅차서였을 거라고 생각해."

"네 말이 맞아." 그가 인정했다.

"나라면 이렇게 접근해볼 거 같아." 내가 계속해서 말했다.

"나는 겉보기에 어마어마한 위협에 접근할 때면 이렇게 해. 커다란 두려움과 어두운 미래를 잘게 부숴서 즉각적인 행동을 취하도록 도와주는 체계적인 방법이야. 감당하기 힘든 복잡한 문제 위에 앉아 덜덜 떠는 대신, 문제의 본질을 파악하고, 관련된 사람을 찾고, 무엇이든 대책을 세우는 거야. 그러다 보면 두려움이 점점 줄어드는 걸 느낄 거라고 생각해."

우리는 한참을 침묵 속에서 걸었다. 간식을 기대하는 갈매기 떼가 찾아와 머리 위를 맴돌았지만 우리는 가진 것이 없었다.

"알았어." 윌이 고개를 끄덕였다. "누구랑 얘기하고 무슨 행동을 해야 할지 알 것 같아. 최소한 어디서 시작해야 하는지는 알 것 같네. 내가 더 알아야 할 건 없어?"

"있어. 너랑 비슷한 문제를 해결해야 했던 전문가들과 연락해야 해. 그들이 경험을 통해 배운 것으로 네가 생각하는 미래를 더 상세하게 그려봐. 또 네가 피하고 싶은 미래를 막는 데 도움이 될 만한 기술이나 법률 같은 도구와 자원도 찾아봐. 인터넷은 항상 유용하지만 지방 정부도 조사하기에 좋아."

"잘 알겠어." 윌이 또 고개를 끄덕였다.

"마지막으로 백캐스팅을 해야 해. 네가 원하지 않는 미래에 도달하지 않을 방법을 찾아내는 거야." 나는 가능한 한 가벼운 태도로 백캐스팅을 소개하고자 했다. 윌이 소화해내기에 정보의 양이 많기도 했지만, 주제 자체도 아주 진 빠지는 주제가 될 수 있었기 때문이다.

"일단 조금이라도 진전이 생기면 기분이 나아질 것 같아."
월이 내게 동의하며 말했다.

"절반 지점. 4분의 1지점. 월요일." 내가 말했다. "네 목표의
절반 지점을 나타내는 지표는 뭘까? 그 지표를 다시 반으로 나
눠서 4분의 1지점을 나타내는 지표를 찾아. 그리고 마지막으
로 네가 지금 당장 할 수 있는 일, 월요일이 뭔지 생각해봐. 네
미래의 구현은 지금 여기서부터 시작하는 거야."

월은 걸음을 멈추고 바다로 몸을 돌렸다. 그는 자신의 카우
보이 부츠를 내려다보며 해변의 모래를 툭툭 앞뒤로 찼다. 그
가 무슨 생각을 하는지는 알 수 없었지만, 나와 함께한 산책이
그의 두려움을 조금은 덜어주었기를 바랄 뿐이었다.

"너랑 얘기하는 게 내 월요일인 것 같아." 그가 마침내 입을
열었다. "내가 정말 두려운 게 뭔지 이해하고 내가 바꿀 수 없
는 것들이 뭔지 깨닫는 게 나의 월요일이야. 벌써 뭔가 일어
나는 것 같은 기분이야." 그의 목소리는 낮지만, 기대에 차 있
었다.

"정말 잘됐어." 나는 그를 도왔다는 사실에 기뻐하며 말했다.

"응." 월이 다시 걷기 시작하며 말했다. "아만다도 좋아할 거
야. 네가 똑똑한 건 예전부터 알고 있었지만, 오늘 일을 말해주
면 아마 그 생각이 더 굳어지겠지."

...

월의 차가 '세상의 끝'을 떠나는 모습을 지켜보며 나는 그에게 할 일이 생겼다는 생각에 기뻤다. 내가 항상 말하듯 과정이 과정 자체다. 월이 퓨처캐스팅의 여정을 시작했다는 것 자체가 발전을 의미했다. 하지만 시간이 흐를수록 나는 실존적 공포로 미래를 흐리게 보는 이들에게 더 해줄 만한 말이 있을 거라는 기분을 지울 수 없었다. 미래가 잘 보이지 않는다면 어떻게 발걸음을 뗄 수 있단 말인가? 나는 딱히 대답할 말을 떠올릴 수 없었다. 하지만 나 대신 대답해줄 사람은 알고 있었다.

▌ 어둠에서 돌아온 ▌ 퓨처리스트

"새 책을 한 권 썼어." 더글러스 러시코프^{Douglas Rushkoff}가 내게 다가오며 말했다. 우리는 오리건주 포틀랜드에서 개최된 학회에 참가 중이었다. "제목은 《현재의 충격》이야. 퓨처리스트와 네가 하는 모든 일을 고발하는 내용이야." 그는 극적인 효과를 위해 잠시 멈춰 나를 쳐다보며 능글맞게 웃었다. "여기, 견본을 가져왔어. 읽어보고 어떤지 말해줘."

"너무 좋은걸." 내가 그를 꽉 껴안으며 말했다. "빨리 읽고 싶어! 어떻게 지내, 더그?"

"잘 지내." 우리는 그날 오후 내내 이야기를 하느라 시간 가는 줄 몰랐다(그로부터 며칠 후 읽은 그 책은 훌륭했지만, 그 이야기는 다음에 하겠다).

더그와는 꽤 오랫동안 알고 지낸 사이다. 그는 작가이자 MIT가 선정한 세상에서 가장 영향력 있는 지식인 10인 안에 선정된 다큐멘터리 작가다. 하지만 내가 떠올리는 더그는 옳은 일에 앞장서는 선동가에 더 가깝다. 그는 사람을 중요시한다. 우리가 사이좋게 지내는 이유다.

2018년, 더그는 금융 관리자들을 위한 강연에 초청받게 된다. 주최 쪽에서 제시한 강연료가 너무 높아 거절할 수 없는 제안이었다.

그는 이때의 경험을 자신의 글 〈세계 제일 부호가 살아남는 법: 부자들은 우리를 버리고 떠날 준비를 하는 중이다〉에 고스란히 담았다. 더그는 이렇게 썼다. "지난해 나는 초호화 고급 리조트에서 백여 명의 투자 은행가에게 기조연설을 해달라는 요청을 받았다. 주최 측은 내가 교수로 받는 연봉의 반에 가까운 강연료를 제안했다. 그동안 받았던 강연료와는 비교되지 않는 금액을 받으며 '미래의 기술'을 주제로 연설을 하게 된 것이다."

하지만 주최 측이 원한 것은 기술이 아니었다. 부유하고 힘 있는 자들은 더그가 세계의 종말에 대해 이야기하길 바랐다.

"마침내 증권 회사의 CEO가 자신의 지하 벙커 건설이 거의 다 끝나간다고 설명하더니 내게 물었다. '사건이 터진다면 어떻게 내 보안 팀을 상대로 지휘권을 유지할 수 있겠는가?'

사건. 이 단어는 부자들이 환경 파괴, 사회 불안, 핵폭발, 폭주하는 바이러스, 혹은 세계의 모든 전산을 무너뜨릴 해킹을 완곡하게 표현하는 이름이었다.

남은 시간 내내 단 한 가지 질문이 우리 머릿속에 맴돌았다. 막강한 부와 힘을 가진 그들은 자신들이 미래에 영향을 끼칠 수 있다고 믿지 않았다."[11]

그래서 윌이나 윌과 비슷한 사람들이 상상하는 암울한 미래를 떠올리자 더그와 가장 먼저 이야기하고 싶은 마음이 들었다. 나는 아침 일찍 그에게 전화를 걸었다. 그는 통근 기차를 타기 위해 교외 밖의 자택을 나서는 길이었다.

"요즘 친구 아들한테 조언해주고 있어." 가족에게 작별 인사를 하고 집에서 나서는 그가 숨죽인 목소리로 말했다.

"사람들이 너한테도 전화를 많이 하나 보지?" 내가 키득거리며 물었다.

"어, 많이들 하지. 난 전화 받는 게 즐거워." 그가 웃으며 대답했다. 더그와 나에게는 많은 공통점이 있다. 우리는 둘 다 사람의 힘을 믿는다. 우리는 사람을 중심으로 미래를 생각하고 건설하는 것을 중요하게 여겼다.

"어둠을 목격한 퓨처리스트로 네가 대화 상대에 적격이라고 생각했어." 나는 그의 글에 등장하는 상위 1퍼센트의 금융업자 이야기를 화제로 꺼내며 말했다. "세상의 돈을 전부 가진 사람들도 놀랍도록 어두운 미래와 무력감에 공포를 느꼈어. 그런데 너는 거기서 벗어날 수 있었지. 그러니 네가 퓨처리스트로서 사람들에게 어떤 충고를 해주는지 궁금해."

"우선 말해두자면 나는 내가 퓨처리스트라고 생각하지 않아." 더그가 재빨리 대답했다. "나는 말하자면 현재주의자presentist에 가까워."

"현재주의자?" 나는 머뭇거리며 물었다. 나는 그가 질문을 회피한다고 생각했다.

"그래, 현재주의자." 그가 계속해서 말했다. "나는 사람들이 퓨처리즘을 포함한 미래를 생각하는 어떤 행위든지 오늘 눈앞의 문제를 피하고자 사용한다고 생각해. 미래가 얼마나 멋진 모습일지 떠드느라 현재가 시궁창인 걸 알아채지 못하는 거야. [더그가 실제로 '시궁창'이라는 단어를 쓰지는 않았다. 그는 지적인 욕설에 아주 능한 사람이다.] 예를 들어 사람들이 둘러앉아 태양열과 풍력이 지구를 멸망에서 구해주는 얘기를 한다고 쳐. 근데 사람들이 진짜 말하고 싶은 건 태양열이나 풍력이 아니야. 우리가 태우고 있는 석유와 석탄이 환경을 얼마나 역겹게 [다시 말하지만 그가 '역겹다' 같은 단어를 쓰지는 않았다] 만들고 있는지 생각하기 싫으니까 다른 얘기로 주제를 돌

퓨처리스트

리는 거야. 나는 불안정한 상태의 사람들을 더 신뢰해. 퓨처리즘이 현재에 충실하지 못한 자신에 대한 책임 회피의 수단으로 쓰이는 것 같아 걱정이야."

더그의 생각도 이해할 수 있었다. 현재에서 벗어나기 위해 미래를 기약하는 사람들도 분명 있었다. 그러나 나는 여전히 이것이 우리가 더 나은 미래를 계획해선 안 되는 이유는 될 수 없다고 생각했다.

"그렇기도 하고 아니기도 해." 내가 그의 말에 동의하지도 반대하지도 않으며 말했다. "현재에서 도망치는 게 아니라 실제로 미래를 계획한다면 우리는 퓨처리스트야. 모든 사람을 위한 미래를 기획하는 것. 너도 그 말은 믿잖아?"

"뭐, 그렇지." 더그가 피식 웃었다. "그래도 저 말은 꼭 해야 하는 말이었어."

"괜찮은 말이었어." 내가 그를 두둔하며 말했다. "하지만 이것만 물어볼게. 경력 대부분을 기술로 가득한 미래를 인간적으로 만들려고 노력해온 사람으로서 다른 이들에게 무슨 말을 해줄 것 같아? 어떻게 해야 사람들에게 거대하고, 벅차고, 암울한 미래에 맞설 희망을 줄 수 있을까?"

"음, 줄 수 있지." 더그가 조용히 대답했다. "그런데 내가 지금 기차에 타려는 참이라 목소리를 좀 더 줄여야 할 것 같아. 기차에서 할 만한 얘기는 아니잖아."

"잘 들리니까 걱정하지 마." 내가 재촉하며 말했다.

"음, 우선 자신이 통제할 수 있는 게 뭔지 찾아보라고 말해 줄 거야." 그가 대답을 시작했다. "자신이 직장생활 어디에서 힘을 발휘할 수 있는지 찾아보고 점진적인 행동을 취하라고 말할 거야."

"어떻게 말이야?" 내가 물었다.

"간단해." 그가 계속해서 설명했다. "하지만 중요한 일이지. 자신이 일하는 곳도 좋고, 소비자로서 생각해도 좋아. 무엇이 되었든지 간에 10퍼센트 더 적은 서비스나 상품을 이용하는 거지. 예를 들어 10퍼센트 더 적은 수의 강제 노동자가 동원되는 상품, 혹은 제조 과정에서 발생하는 탄소발자국을 10퍼센트 줄인 회사의 물건을 쓰는 것처럼 말이야. 그것도 아니면 원료를 현지에서 조달하는 비율이 10퍼센트 더 높은 상품을 써도 되고. 세상을 한 번에 바꿀 수는 없지만 10퍼센트씩 바꿀 수는 있지. 좋은 시작이지?"

"충분히 가능하겠는데." 내가 동의했다.

"작은 일부터 시작해야 해." 그가 계속해서 설명했다. "10퍼센트 정도면 충분히 할 만하지만 그래도 잘 지키려고 항상 노력해야 해. 실존적 위협들은 규모가 크기 때문에 무서운 거야. 이런 종류의 위협들은 우리를 만사가 다 힘들고, 악재가 겹치고, 결국 사건 하나하나가 서로를 더 악화시키는 악순환에 빠뜨릴 수 있거든. 악순환은 우리를 완전히 무력한 상태로 만들어버려."

"감당하기 힘든 악순환이군." 내가 말했다.

"하지만 들어봐." 더그가 재빨리 말했다. "나는 더 크고 벅찰수록 더 좋다고 생각해."

"무슨 뜻이야?" 이해할 수는 없었지만, 그가 무슨 말을 할지 기대되었다.

"우리에게 가해지는 위협과 악순환이 크고 위험할수록, 조금씩 공략할 방법도 더 많이 생기는 법이야." 그가 설명했다. "10퍼센트 규칙을 시작할 수 있는 곳은 무궁무진해. 나는 해결해야 하는 문제가 크면 클수록 더 신나. 문제가 클수록 행동을 취하고 통제권을 되찾을 방법도 많아지잖아."

"하지만 그런 것조차 제대로 할 수 없는 사람들은 어떡해?" 나는 내가 지금까지 만나왔던 사람들을 떠올리며 말했다. 한정된 자원을 가진 그들에게는 10퍼센트의 변화를 일으킬 능력조차 없었다. 여유가 있어도 의료비나 월세에 써야 하는 경우가 허다했다.

그 순간 전화가 끊겼다. 뉴욕시로 가는 길에 있는 터널을 통과하느라 전화가 끊긴 듯했다. 영영 내 질문의 답을 듣지 못할까 봐 걱정이 들었지만 잠시 후 휴대전화가 다시 울렸다.

"어, 나야." 더그가 말했다. "아까 뭐라고 물어봤지? 내가 아무런 힘도 없는 사람들한테는 무슨 말을 할 거냐고? 아니면 최소한 자신에게 힘이 없다고 생각하는 사람들한테 무슨 말을 할 건지?"

"그래!" 내가 소리쳤다.

"그래, 우선 가난한 사람들은 미래를 신경 쓰지 않는다는 데는 나도 동의해. 당장 현재가 너무 걱정이라서 미래를 생각할 여유가 없는 거야. 그냥 하루하루 잠잘 곳을 얻으려고 6달러에 목숨을 걸지."

"맞아." 내가 그의 말에 동의했다. "당장 오늘 밤 묵을 곳에 쓸 6달러나 월말에 집세로 나갈 300달러를 어디서 만들어낼지 모르는 사람들에게 힘을 실어주려면 우리가 무슨 말을 할 수 있을까? 무슨 말을 해야 이들이 거대한 위협에 맞서게 도와줄 수 있냔 말이야?"

"먼저 이렇게 묻겠어. 당신은 세상에 맞서고 있는가?" 더그가 말했다.

"뭐라고?"

"당신은 세상에 맞서고 있느냐고." 더그가 다시 한번 말했다. "아니라면 당장 어깨를 활짝 펴고 두 발 딛고 일어나야지. 신체의 기본적인 안전을 보장받지 못하면 제대로 생각을 못 하는 법이야. 지금 이 순간 내가 누구인지부터 생각해봐야 해. 실체가 분명한 것과 그것들의 본질에 집중하는 거야. 여기까지 도착해야 인생의 목적을 확장하고 내가 통제할 수 있는 게 뭔지 알 수 있어. 이건 그만큼이나 간단한 일이야."

"그렇군." 내가 말했다.

"가진 게 없어도 내 정신이 내 몸에 깃들어 있다는 사실과 내가 여기에 존재한다는 건 확실히 알잖아." 더그가 설명했다. "거기서부터 출발하면 돼. 그리고 제일 가까운 미래에서 어떤 걸 통제할 수 있는지 찾아봐."

"예를 들면?"

"오늘 저녁에 방을 빌릴 6달러부터 찾아보는 거야." 그가 대꾸했다. "지금 이 순간을 기준으로는 오늘 밤이 자신의 미래인 거지. 다른 생각은 하지 말고 그 미래에만 집중해. 그 미래를 해결했다면 네가 바꿀 수 있는 미래 중 그다음으로 제일 가까운 미래를 살펴봐. 세상의 소음에 길을 잃으면 안 돼. 그럼."

또 전화가 끊어졌다. 나는 화면을 쳐다보며 더그가 다시 전화하기만을 기다렸다. 다시 전화가 울렸다.

"그리고 한 가지 더 있어." 더그가 외쳤다. "앗, 기차에서는 큰 소리 내면 안 되는데. 아무튼, 한 가지 더 있어."

"그게 뭔데?" 내가 물었다.

"실존적 위협 얘기를 하고 싶다면 마지막으로 충고 하나만 할게. 네가 통제할 수 없는 것들 때문에 걱정과 절망의 구렁텅이에 빠졌을 때 할 수 있는 일이 하나 있어." 그가 말을 멈췄다.

"그게 뭐냐고?" 내가 재촉하며 물었다.

"애들 학부모회에서 봉사활동 하기." 그가 웃음을 터뜨렸다. "농담이 아니야. 세상에 네가 통제 못 하는 것들이 너무 많아서 무섭다면 통제권을 다시 찾아오면 되지. 네가 사는 지역을 더 잘 알아봐. 이런 종류의 두려움을 이기는 최고의 방법은 행동이야. 행동을 취해. 봉사활동을 하는 거야. 자녀가 없으면 도서관에서 봉사해도 되고."

"미래는 우리 주변에서 찾을 수 있으니까." 내가 그의 말에 덧붙였다.

"맞아!" 더그가 큰 소리로 외쳤다. "세계 멸망이 정말로 걱정되면 가장 먼저 집 밖으로 나가서 이웃들과 만나봐야지. 이웃들이야말로 무슨 일이 생겼을 때 우리를 실질적으로 도와줄 중요한 사람들이잖아."

"정말 좋은 예시야." 내가 말했다.

"이제 끊어야 해, BDJ." 더그가 대화를 마치며 말했다. "조만간 또 얘기하자고." 이번에는 정말로 전화가 끊겼다. 내 생각은 더그가 손에 꼽는 세계적 거부들과 절망적인 미래에 대해 나눴던 이야기를 주제로 쓴 글 중 내가 가장 좋아하는 구절로 흘러갔다. "인간으로 산다는 것은 개인의 생존이나 탈출을 의미하지 않는다. 인생은 팀 스포츠다. 인간의 미래가 어떤 모습이든지, 우리는 같은 미래를 함께 맞이할 것이다."[12]

▍세상의 끝에서 배달된 쿠키

북쪽 연안에 사는 나와 내 아내는 더그의 충고를 따르기로 했다. 매해 여름과 겨울, 우리는 쿠키를 잔뜩 구워 포장한 뒤 이

퓨처리스트

웃들에게 배달한다. 우리는 인근을 걸어 다니며 현관을 두드리고, 이웃들과 잡담을 나누며 손수 구운 간식을 선물한다.

진부하게 들릴지도 모르지만 내가 장담하건대 효과는 확실하다. 사람은 사람을 좋아한다. 사람들은 자신의 이웃과 친해지는 것을 좋아한다. 그리고 사람들은 쿠키를 좋아한다! (이웃들이 어떤 음식에 알레르기가 있는지 알아낸 뒤 따로 특별한 쿠키를 선물해도 좋다.)

바보 같은 일처럼 들린다는 것을 안다. 하지만 효과는 정말 확실하다. 우리 가족은 오랫동안 이웃들을 완전히 잊고 살았다. 이제 우리는 어느 이웃이 대화하기 좋아하고 동네에서 일어나는 소문을 꿰고 있는지 안다. 우리는 어느 이웃이 내향적이고 대화를 꺼리지만, 엄동설한에 트럭이 고장 나면 잭과 점퍼 선을 들고 도우러 달려오는지도 안다.

이번 장을 시작하면서 말했듯이 두려움은 우리 주변에 존재한다. 아무것도 하지 않고 내버려 두면 우리의 인생을 마음대로 조종한다. 하지만 이 두려움을 없애줄 해독제 또한 우리 주변에 있다. 사람들의 형태를 하고 말이다. 이번 장의 주제는 칼 세이건의 말을 빌리며 마무리하겠다. "우리처럼 작은 존재가 이 광대함을 견디는 방법은 오직 사랑뿐이다."[13]

다음 장에서는:
악순환을 끝내자

이 책을 읽기 시작했을 때만 해도 미래는 눈을 가린 채 돌진해 가던 흐릿한 공간에 불과했다. 지난 7단원 동안 당신의 미래가 구체화되었길, 아니면 최소한 조금이라도 통제할 수 있는 실체가 생겼길 바란다. 8장에서는 지금까지 배운 내용을 모두 모아 미래의 자신을 만드는 방법을 보여주겠다. 사실을 말하자면 당신은 책을 읽는 내내 자신도 모르게 이미 미래의 자신을 만들고 있었다. 행동할 시간은 바로 지금이다. 시작해보자!

퓨처리스트

8

미래로 나아가기

"미래에 대비하는 최고의 방법은 아예 아무런 계획도 세우지 않는 겁니다." 마커스 해머랜드Marcus Hammerland 대령이 단호하게 말했다.

"어째선가요?" 내가 물었다.

우리는 뉴욕주의 웨스트포인트 육군 사관학교 부지를 걷고 있었다. 나는 그해 사관학교의 캐슬 강연Castle Lecture에 강연자로 초청되었다. 다음 날에는 신입생 전체에게 미래에 대비하는 방법과 다음 세대에 군인으로 살아가는 의미에 대해 강연할 예정이었다. 강연 전까지 미팅, 학교 구경, 저녁 식사까지, 사관학교에서 믿기지 않을 만큼 명예로운 며칠을 보냈다. 잠깐 휴식 시간이 생기자 나를 초대한 해머랜드 대령이 산책을 권해왔다.

"무슨 일이냐면 말입니다, BDJ……." 대령이 허드슨강을 바라보며 말했다. 그의 목소리가 잠시 흐려졌다.

"내일 생도들한테 정확히 무슨 말씀을 하실 건지 궁금합니다. 미래에 관해서 말입니다. 개인적으로는 미래를 위한 계획에는 한 푼의 가치도 없다고 믿습니다."

대령은 평생을 군인으로 지낸 사람이었다. 사관학교의 지략가이자 교수직에 오르기 전에는 탱커로 활동했다. '탱커'는 주로 탱크를 관리하는 기갑 사단 병사들을 부르는 별명이다.

두 가지 사실 덕분에 대령이 하는 말을 이해할 수 있었다. 우선 대령은 소화전처럼 강한 사람이다. 비록 대령을 소화전에 비교하기는 무리였어도 말이다. 대령이 옆에 서면 소화전은 홀쭉해 보일 것이다. 대령은 마치 좁은 탱크 안에 꽉 들어차도록 맞춰서 태어난 사람 같았다.

두 번째 사실은 대령의 목소리다. 대령이 하는 모든 말은 명령처럼 들렸다. 수년간 작은 강철 상자 안에 들어가 커다란 폭발을 일으키는 폭약을 발사하다 보면 청력이 떨어지기 마련이다. 과거에 만났던 탱커들에게서도 흔하게 볼 수 있는 증상이었다.

"대령님." 내가 대답했다. "미래를 그리는 것과 미래를 대비하는 것에는 차이가 있습니다."

"대령님이라고 부르지 않아도 됩니다, BDJ." 그가 웃어 보였다. "당신은 군인이 아니잖습니까. 마커스라고 불러 주십시오."

"네, 대령님." 내가 대답했다. "아이젠하워Dwight Eisenhower 장군은 계획과 계획 설립에 대한 멋진 명언을 남겼죠."

"'계획은 쓸모없지만, 계획을 세우는 것은 꼭 필요하다.'" 대령이 기다렸다는 듯이 말했다.

"네, 그거 말이에요." 내가 말했다.

이 명언은 1957년 아이젠하워 장군의 연설문 일부이다. 연설문은 이렇게 시작한다. "나는 오래전 군 생활을 하며 들었던 말이 진실임을 보여주기 위해 이 이야기를 들려줍니다. 계획은 쓸모없지만, 계획을 세우는 것은 꼭 필요합니다. 계획과 계획을 세우는 행위에는 큰 차이가 있습니다. 비상사태에 대비한 계획을 세우려면 '비상사태'라는 단어가 가진 의미부터 생각해봐야 하기 때문입니다. 비상사태는 우리가 예상하지 못하는 상황을 의미하고, 따라서 우리가 계획한 대로 흘러가지 않습니다."[14]

"우리의 젊은이들은 미래가 복잡하다는 사실을 이해해야 합니다." 대령이 계속해서 말했다. "한 가지 일이 일어날 거라는 생각에 방심하다가 뒤따라온 예상치 못한 일에 허를 찔려서는 안 됩니다. 제 말을 이해하시겠습니까?"

"무슨 말씀을 하시려는지는 알 것 같아요." 내가 대답했다. "하지만 생각을 조금 다르게 하셔도 될 것 같아요. 저는 퓨처리스트라서 다른 방식으로 생각하지만요."

"어떤 방식을 말씀하시는 겁니까?" 대령이 물었다.

"우리는 항상 미래에 대한 이상을 가지고 있어야 해요." 내가 설명했다. "좋은 일은 우리가 먼저 상상하지 않으면 일어날 수가 없어요. 이건 군인에게도 적용되고 민간인에게도 적용되는 얘깁니다. 목표에 닿으려면 미래를 보는 일은 필수예요."

"이해했습니다." 대령이 고개를 끄덕였다.

"그리고 우리의 미래를 볼 수 있다면 미래까지 가는 데 필요한 계획도 세울 수 있겠죠. 제가 사람이나 기업들과 하는 일이 바로 그겁니다."

"네, 하지만 저는 방금 하신 말씀 중 계획에 대한 부분에는 여전히 동의하지 않습니다." 대령이 끼어들었다.

"이해해요." 내가 계속해서 말을 이었다. "하지만 계획 자체도 중요해요. 계획이 있어야 계획을 세우는 것도 가능하니까요. 계획하는 것은 미래를 살펴보고 미래까지 가는 데 뭐가 필요한지 살펴보는 행위예요. 계획은 변할지도 모르지만."

"계획은 반드시 변합니다!" 그가 소리쳤다.

"네, 우리의 인생이 변하니 당연히 계획도 바뀌게 되겠죠. 인간은 바쁜 생물이니까요. 아무래도 좋습니다. 계획이 변한다는 건 우리가 끊임없이 시험에 드는 처지라는 뜻일 뿐이에요. 계속해서 계획을 세워야 해요. 계속해서 미래를 살펴보고 계획하다 보면 결국 모든 게 잘될 겁니다."

대령이 고개를 끄덕였다. "계속 계획하다 보면 변화가 찾아왔을 때 준비가 되어 있을 것이란 뜻이군요."

"그 이상이에요." 내가 말했다. "만약 변화가 일어난다 해도 크게 신경 쓰이진 않을 거예요. 우리는 변화에 금방 적응하고 계획하며 인생을 살아나가겠죠. 그냥 그러는 게 정상처럼 느껴질 거예요."

오후의 태양이 구름 뒤로 가려지며 갑자기 주변의 온도가 내려갔다. 웨스트포인트 사관학교 건물은 경외심을 불러일으켰다. 나와 같은 역사광에게는 특히 더 짜릿한 경험이었다. 해머랜드 대령과 학교를 따라 걸으며 아이젠하워 장군도 이 길을 걸었을 수도 있다는 생각이 들었다. 조지 워싱턴도 이 길을 걸었으리라. 눈앞이 잠시 아찔했다.

"그저 서부 사람들이 보통 하는 정신 나간 소리가 아닙니까?" 대령이 말했다. "결과가 중요한 게 아니라 과정이 중요하다는 소리 말입니다." 대령의 말은 여전히 나를 난처하게 만들었지만, 그의 목소리는 조금 누그러져 있었다.

"뭐, 여기에도 적용할 수 있는 말이네요, 대령님." 내가 말했다. "제가 한 말은 아니지만요."

"대령님이라고 부르지 않으셔도 됩니다, BDJ. 마커스라고 부르십시오."

"네, 대령님." 내가 미소 지었다.

"슬슬 돌아갈 시간이 되었습니다." 그가 말했다. "다시 학교로 모시겠습니다. 한 시간 안에 당신께 극진한 식사를 대접할

　　　　　　　　　퓨처리스트

예정입니다."

▍제자리로

이 책을 통한 여행이 끝나가는 시점에서 퓨처캐스팅의 마지막 교훈을 일깨워주었던 대령과의 대화를 들려주고 싶었다. 퓨처캐스팅은 단순한 전략이 아니라 인생을 살아가는 방식이다. 나를 찾는 사람, 기업, 단체 대부분은 (이직, 새로운 혁신의 활용, 세계화 준비 등) 특정한 문제를 해결하기 위해 도움을 요청한다. 나는 우선 고객이 도움을 요청한 문제를 주제로 퓨처캐스팅을 할 수 있게 돕는다. 하지만 내 일은 고객들이 나와 퓨처캐스팅을 마친 후 새로운 다음 과제를 퓨처캐스팅하도록 설득하기 전에는 끝나지 않는다. 영화 〈글렌게리 글렌 로스〉의 알렉 볼드윈Alec Baldwin이 맥 빠진 영업 사원들에게 ABC, '언제나 계약을 체결할 준비always be closing'를 하라고 가르치는 장면을 기억하는가? 나는 항상 ABF, '언제나 퓨처캐스팅할 준비always be futurecasting'가 되어 있다. 그만큼 퓨처캐스팅은 내 삶의 일부가 되었다.

너무나 많은 사람이 미래를 볼 수 없고 바꿀 수 없는 사각지대 취급한다. 퓨처캐스팅은 우리의 시야를 가리는 눈가리개를 벗어버릴 방법이다. 이 과정은 그 자체로 우리에게 힘을 부여한다. 당신이 오늘부터 시작한다는 것은 내일을 개조하는 데 필요한 절차를 밟는다는 뜻이기 때문이다. 나는 25년 동안 퓨처리스트로 활동하며 퓨처캐스팅의 단계를 명확히 파악하는 순간부터 조금이라도 빨리 과정을 시작하고 싶어 하는 사람들을 숱하게 봐왔다. 그러나 진정한 깨달음은 세상 모든 일에 퓨처캐스팅 과정을 반복해서 적용할 수 있다는 사실을 배울 때 찾아온다. 마치 인생에서 가장 큰 비밀을 알게 된 것과 같다.

이 책을 읽은 당신은 더 큰 미래로의 가능성과 연결점을 형성하는 한편, 한 걸음 물러서 미래의 광대함 속에 존재하는 모든 가능성이 어떻게 변할지 지켜보기 시작한 셈이다. 그러나 결국 모든 것은 우리가 일상에서 겪는 과정과 관련이 있다. 미래로의 가능성에 더 가까이 다가간 것처럼 느끼기도 할 것이다. 지금의 당신은 월요일, 화요일, 심지어 수요일에 무엇을 해야 하는지를 알고, 당신이 이루고 싶은 일들을 실제로 이룰 수 있다는 사실을 알고 있기 때문이다.

이제는 미래를 당신보다 더 큰 존재로 느끼지 않기만을 바란다. 당신의 미래를 더는 광대하고 두렵고 어두운 미지의 존재처럼 느끼지 않기를 바란다. 퓨처캐스팅을 멈추지 않는 한 당신이 희망하고 의지한 모습의 미래를 이룰 수 있다고 느꼈으면 좋겠다. 미래는 고정되어 있지 않다. 미래는 나와 당신 같은 사람들에 의해 만들어지고, 매일 새로 만들어진다.

이 점을 잘 납득할 수 있도록 나는 앞서 책에서 소개했던 일부 인물들과 다시 접촉했다. 퓨처캐스팅 과정이 끝난 뒤의 이야기와 이제 막 과정을 시작하는 다른 사람들에게 해줄 충고가 있는지 듣고 싶었다.

퓨처캐스팅이 요리와 같은 이유

3장에서 퓨처캐스팅 과정으로 진로를 개척한 시카고 기업의 마케팅 이사 수잔과 운 좋게 연락이 닿았다. 수잔은 이직 후 여성이 주도하는 신생 기업들이 사회에서 자리 잡고 성장하도록 돕는 즐거운 나날을 보내고 있었다. 나는 그가 어떻게 지내고 있으며, 진로가 아닌 다른 곳에도 퓨처캐스팅을 적용할 방법을 찾았는지 궁금했다.

우연히 서부에 방문하게 된 수잔은 내게 잠시 만남을 제안했다. 우리는 집을 나와 바다를 향해 걸어가기 시작했다. 늦은 오후, 눈부시고 잔잔하게 펼쳐진 바다에 주황빛 태양이 파도에 부서져 일렁였다. 파도가 모래를 치며 가느다란 거품 줄기가 생겼다. 하늘을 빠르게 가로지르던 갈매기들은 여유롭게 속도를 줄여 탁 트인 바다 위를 미끄러지듯 활공했다.

"직접 과정을 몸으로 겪어보니까 무슨 생각이 드나요?" 내가 수잔에게 물었다. "당신이 그리는 미래의 모습이 바뀌었나요?"

"있잖아요, BDJ." 수잔이 입을 열었다. "저는 다른 사람에게 과정을 설명할 때 꼭 요리를 설명하듯이 말해요."

"요리요?" 내가 놀라며 물었다. "흥미롭네요. 전에는 해주신직 없는 얘기예요."

"네." 수잔이 기쁜 목소리로 말했다. "저는 몇 년이 지나서야 특정 음식을 위한 최고의 요리법을 찾는 게 요리의 다가 아니라는 걸 배웠어요. 요리는 조리법을 배우고 연구하고, 조리 기구에 익숙해지고, 서로 다른 맛들이 어떻게 조화를 이루는지 알아가는 과정이라는 사실을요."

"계속 말해보세요." 수잔의 다음 말을 궁금해하며 내가 말했다.

"그러다 내가 어떤 방식으로 요리하는 걸 좋아하는지 알게 되면 저처럼 자신만의 입맛을 깨달은 요리사들과 더 긴 대화를 나눌 수 있게 돼요. 음식에 대한 내 의견을 다른 사람과 공유하는 건 정말 기쁜 일이에요. 최고의 요리법 같은 건 없어요. 요리를 하는 '옳은 방식'도 없어요. 주방에서 혼자 새롭게 배우고 발견한 것들을 다른 요리사들과 공유하는 게 요리가 즐거운 진짜 이유예요."

"제가 당신의 말을 제대로 이해했는지 들어보세요." 내가 말했다. "새로운 미래에 사는 자신의 모습을 보고 퓨처리스트처럼 생각하는 게 요리사나 제빵사가 된 기분과 같다고요?"

"제빵사보다는 요리사가 더 가까운 것 같아요." 그가 말했다. "제빵사는 계량을 정확하게 해야 하잖아요. 요리할 때는 어느 정도의 임기응변이 허용되거든요. 새 요리를 개발하려면 먼저 어떤 요리를 하고 싶은지 상상해봐야 해요. 꼭 퓨처리스트처럼 말이에요."

"말이 되네요." 나도 이해하기 시작했다.

"비슷한 점은 더 있어요." 수잔이 신이 나서 말했다. "BDJ, 당신은 사람들에게 도구와 기술을 알려주지만, 미래를 대신 만들어줄 수는 없잖아요. 세상의 모든 요리사는 자기 요리를 직접 만들어야만 해요. 마치 우리가 어떤 미래를 만들고 싶은 지 상상했다면 직접 만들어야 하듯이 말이죠."

"전적으로 동의해요." 내가 말했다.

"당신은 사람들에게 도구와 기술을 쥐어 주고 가끔은 요리 법도 알려주죠." 수잔이 말했다. "하지만 내가 먹을 저녁은 우리 집 부엌에서 내가 직접 만들어야 해요."

"당신 말이 맞아요." 내가 말했다. "퓨처캐스팅을 설명하는 훌륭한 방법이네요."

"요리사들은 사람들과 음식을 나누며 기쁨을 느끼죠." 수잔 이 계속해서 말했다. "누구 한 사람의 미래가 다른 사람에게도 옳거나 더 나은 미래라고 할 수 없어요. 당신에게 맞는 미래는 당신의 미래뿐이에요. 하지만 그 미래까지 어떻게 도착했는지 다른 사람들과 이야기 나누는 일은 그것대로 기쁜 일이죠."

"그것보다 한 걸음 더 나갈 수도 있다고 생각해요." 내가 덧 붙였다.

"무슨 뜻인가요?" 수잔이 물었다.

"요리사들은 다른 사람들을 가르치길 좋아해요." 내가 말했다. "특히 친구와 가족들에게 가르쳐주길 좋아하죠." 나는 잠시 멈추고 머릿속에서 할 말을 정리했다. "같은 방식으로 당신이 배운 과정을 다른 사람들과 공유해보세요. 당신이 그랬던 것처럼 퓨처캐스팅을 해볼 수 있도록 말이에요."

"참 멋지고 신나고 좋은 일이네요." 수잔이 미소와 함께 해변 위의 나를 꼭 끌어안으며 말했다.

기술의 활용

바닷가에서 수잔과 대화를 나눈 지 몇 주 되지 않아 갑자기 내 휴대전화가 울렸다. 어느 평일 오후였다. 나는 LA 국제공항 라운지에 앉아 오스트레일리아로 가는 비행기를 기다리고 있었다. 다음 몇 주 동안 오스트레일리아의 정부, 군사 기관들과 위협캐스팅을 할 예정이었다. 탑승까지는 시간이 꽤 남아 있던 터라 갑작스러운 문자가 더 반갑게 느껴졌다.

"어이, BDJ." 문자는 이렇게 시작했다. "자네가 제일 좋아하는 파스타 소스가 인사하네. 얘기할 시간 좀 있나?"

알프레도! 그와 덴버에서 만난 지도 벌써 1년이 훌쩍 지나 있었다. 간간이 문자를 주고받으며 소식을 들었지만, 그동안 무슨 일이 있었는지 궁금했던 차였다.

"소스에 치즈도 좀 추가해주시게나." 내가 답장했다. 몇 분 후 알이 전화를 걸어왔다. 가벼운 안부 인사가 오간 뒤 나는 퓨처캐스팅이 어떻게 진행되고 있는지 물었다.

"그래, 그 얘기를 하려고 전화했지." 알이 들뜬 목소리로 말했다. "정말이지 인생을 바꾸는 경험이었어. 의사랑 의료진들이 차세대 CGM이나 인슐린 펌프를 소개해주길 기다리는 대신 우리 가족이 직접 최신 정보를 다 꿰고 있다네."

"다시 통제권을 되찾은 기분이겠군." 내가 말했다.

"두말할 필요 없이 그렇고말고." 알이 대답했다. "또 췌장 이식술을 포함한 임상 실험들도 알아보고 있어. 이식술은 가장 전도유망한 당뇨 치료법 중 하나야. 참가 자격을 얻으려면 18살이 되어야 하는데 애들이 아직 너무 어려. 그래도 참가할 수 있는 날만을 고대하고 있지."

"당뇨 치료법이 거의 다 개발되었다고 봐?" 내가 물었다.

"그건 또 재밌는 얘긴데." 알이 말했다. "지난번 참가했던 학회에서도 똑같은 질문을 한 사람이 있었어. 아니나 다를까 우리 애들이 처음 진단을 받았을 때부터 다들 그랬듯이 '5년 안에' 치료법이 개발될 거라고 대답하더군. 근데 무슨 이유에선지 이번에 같은 대답을 들었을 때는 전처럼 자포자기한 심정이 들지는 않더라고."

"내 생각에는 자네가 더는 미래를 지켜보기만 하는 소극적인 방관자가 아닌 적극적인 참여자가 되었기 때문이라고 봐." 내가 말했다. "의사나 생명공학 회사들이 자네의 미래를 통제하거나 결정하도록 내버려 두지 않고 있으니까 말이야."

"그래, 퓨처캐스팅은 내가 미래를 바라보는 시각을 완전히 바꾸어 놓았어." 알이 말했다. "마지막으로 전할 소식은 제1형 당뇨를 앓는 아이들의 부모 모임에 가입했어. 이들은 인슐린 펌프와 CGM이 서로 소통하게 만들어서 '인공 췌장'을 만드는 방법을 알아냈지. 제조사들도 인공 췌장 개발에 힘쓰고 있지만, 우리만큼 속도가 빠르지 않아. 내가 속한 공동체가 획기적인 변화를 주도하고 있는 거야."

"와, 정말 멋진 일이군." 내가 말했다. "아이들은 어떻게 생각해?"

"자네가 그런 걸 묻다니 재밌군." 알이 말했다. "테오는 아주 적극적이야. 당장 내일이라도 '루핑looping'이라고 부르는 과정에 참여하고 싶어서 안달이지. 반면에 제이슨은 의심이 많아. 사실 최근 들어서 테오와는 정반대의 행동을 보여. 펌프랑 CGM 사용을 잠시 쉬면서 예전처럼 채혈은 손가락에서 하고 인슐린은 인슐린 펜으로 주입하고 있어."

알은 두 아들이 새로운 기술에 보이는 반응이 너무 달라 어리둥절한 반응이었지만, 나는 이해할 수 있었다. 아이들의 반응은 기술이 단순히 도구일 뿐이라는 사실을 더 확실하게 증명했다. 기술은 미래를 결정하지 못한다. 미래는 사람이 결정한다. 항상 그래왔고, 앞으로도 그럴 것이다.

"있잖아, 알." 내가 말했다. "자네는 정말 최선을 다해 아이들이 당뇨를 관리하도록 돕고 있어. 하지만 그것보다도 자네는 아이들에게 자신에게 가장 잘 맞는 기술을 통해 자신만의 미래를 이루어 나갈 책임이 있다는 걸 가르쳐주고 있어. 그건 아이들이 평생 기억할 가르침이지."

"자네가 그런 말을 할 줄 어렴풋이 알고는 있었네." 알이 말했다. 전화기 뒤로 웃고 있는 그의 모습이 그려졌다. 퓨처캐스팅이 알과 그의 가족이 살아가는 방식이 되어 그들이 마주치는 새로운 과제를 헤쳐 나가도록 돕고 있다는 사실도 알 수 있었다.

"자, 나는 비행기를 타러 가봐야 해." 내가 말했다. "무슨 일이 생기면 또 알려주겠나?"

"자네 번호를 단축번호에 등록해두지." 알이 말했다.

우리가 전화를 끊자마자 시드니로 향하는 비행기의 탑승구가 열렸다는 승무원의 안내 방송이 울려 퍼졌다.

자, 다시 출발하자

간단한 질문 코너 7

지금 기분이 어떤가? 시작할 준비가 되었는가? 필기할 만한 노트나 전자기기는 챙겼는가? 당신이 해야 할 일의 목록을 만들기 시작했는가?

이 책과 여기에 담긴 이야기들은 당신의 도구 상자나 요리책과도 같다. 당신이 미래의 자신을 상상하는 데 필요한 모든 것이 여기에 들어 있다. 이 책을 통해 당신이 미래로 나아가도록 도와줄 도구, 사람들, 전문가들을 발견할 수 있을 것이다. 미래에 도달하기 위한 단계들도 명확하게 정의할 수 있게 될 것이다.

바로 지금이 시작해야 할 때다.

질문 ①

무엇을 시작해야 하는가?

내가 당신의 미래를 말해줄 수는 없다. 하지만 지금의 당신은 미래의 자신을 상상하고 현실로 만들 수 있는 능력이 충분하다. 그렇다면 무엇이 더 필요한가? 무엇이 당신을 멈추게 하는가? 퓨처캐스팅의 가장 힘든 단계는 우리의 두려움을 극복하는 것이었다.

추가 질문

· 당신에게 필요한 것은 어디에서 찾을 수 있는가?
· 무엇이 당신 앞을 가로막고 있는가?

질문 ②

누구와 이야기해야 하는가?

당신 주변의 사람들이 미래를 건설하는 당신을 돕고, 지지하고, 안내할 것이다. 사람, 도구, 전문가 등 당신이 원하는 미래로 나아가도록 도와줄 미래의 원동력을 기록하다 보면 깨닫게 되는 사실이 있다. 우리를 나아가게 하는 힘은 사람에게 있다. 누군가와 나눈 예상치 못한 단 한 번의 대화가 우리를 나아가게 한다. 2장의 간단한 질문 코너 1과 4장의 질문 코너 3의 질문을 다시 살펴보자. 유용한 출발점이 되어줄 것이다.

질문을 복습했다면 다음의 추가 질문에 대답해보자.

추가 질문

- 그 사람은 어디서 찾을 수 있는가?
- 그들에게 묻고 싶은 단 하나의 질문이 있다면 무엇인가?
- 당신이 퓨처캐스팅을 시작하기 위해 꼭 들어야 하는 말은 무엇인가?

질문 ③

당신은 이미 퓨처캐스팅을 시작했다는 사실을 알고 있는가?

전에도 해본 적이 있으니 앞으로도 할 수 있다. 이 책을 읽는 내내 우리는 함께 퓨처캐스팅을 해왔다. 이 책을 읽은 당신은 이미 당신이 원하는 미래를 향해 걸어가고 있다.

지금까지 해온 각각의 활동은 미래의 당신에 대해 조금 더 자세히 알아보게 해주었다. 내가 들려준 각각의 이야기는 퓨처캐스팅 과정을 시도하고 삶에 적용한 사람들의 예시를 보여주었다. 실제로 책 전체를 통틀어 가장 단순한 활동인 간단한 질문 코너 2에서는 퓨처캐스팅의 모든 과정을 단계별로 찾아볼 수 있다. 앞서 했던 7개의 활동으로 돌아가 질문에 다시 대답해보자. 미래의 자신을 깊이 상상해보고 퓨처캐스팅을 시작해보자.

당신은 모든 준비를 마쳤다.

이륙 준비

나는 비행기를 놓치는 것을 질색한다.

하늘을 가로질러 여행해온 지난 세월 동안 비행기를 놓쳤던 때를 한 손에 꼽을 정도다. 항상 육로의 교통수단이 문제다. 늦게 오는 운전사, 막히는 도로, 필요할 때는 없는 택시 등 문제는 항상 육로에서 발생한다.

뉴욕에서 열린 로봇 박람회를 마치고 JFK 국제공항으로 향하는 길이었다. 오바마 대통령이 유엔 회의에서 연설하는 날이었다. 운전사도 나를 늦게 발견했지만 도로 위의 차들도 꼼짝도 하지 않았다. 결국, 이륙 시간이 1시간이나 지나서야 공항에 도착할 수 있었다. 사람들에게는 오바마 대통령 때문에 비행기를 놓쳤다고 말하지만 진짜 문제는 육로의 교통수단이다.

...

"여기 미래를 바꾸는 방법을 알고 싶으신 분 계신가요?" 무대 위의 내가 소리쳤다.

객석에서 커다란 환호 소리가 들려왔다. 일부는 웃었고, 일부는 손뼉을 쳤으며, 일부는 소리를 지르거나 손을 들어 보였다. 좋은 사람들 같으니!

내 강연은 거의 막바지에 다다랐다. 3분 안에 하던 말을 정리해야 했다. 시간이 없어서 질문은 받을 수 없었다. 속상했지만 바로 공항으로 향해야 했다. 제시간에 비행기에 오르려면 서둘러야 했다. 집으로 향하는 비행기. 벌써 2주 가까이 집에 가지 못했던 나는 꼭 이 비행기에 타고 싶었다.

"그냥 말해드릴 수도 있습니다." 나는 평소대로 무대를 누비며 소리쳤다. 연설의 막바지였지만 관객들의 에너지는 여전히 뜨거웠다. "하지만 제가 지금부터 해드릴 말을 잊어버릴 수는 없다는 것을 기억하세요. 그러니 다시 한번 묻겠습니다. 여기 미래를 바꾸는 방법을 알고 싶으신 분 계신가요?"

더 커다란 함성이 들려왔다. 7천 명의 청중 앞에서 한 연설은 흥미로웠다. 이 정도로 많은 사람 사이에서 개개인을 알아보기란 불가능했다. 무대 위의 환한 조명 때문에 사람들의 얼굴도 잘 보이지 않았다. 거대한 인파는 마치 출렁이는 물처럼 보였다. 워터파크의 인공 파도 수영장을 본 적이 있는가? 바로 그 수영장 같은 모습이었다. 인공 파도 장치의 전원이 꺼지면 수영장의 물은 사방으로 튀어 나간다. 사방팔방으로 움직이는 청중들의 모습도 비슷했다. 한 방향으로 움직이는 커다란 파도와 화장실에 가거나 전화를 받기 위해 뒷문으로 빠져나가는 은밀한 파도가 객석에 넘실거렸다.

남은 시간은 2분.

"그렇습니다." 내가 무대 끝으로 걸어가며 말했다. "미래를 바꾸려면 당신이 생각하는 미래의 이야기를 바꿔야 합니다."

청중들의 목소리가 조금 잦아들었다.

"당신이 살게 될 미래의 이야기를 바꾸면 그 미래에 도달하기 위해 내리게 되는 결정도 달라집니다. 기업뿐만 아니라 개인들도 같은 변화를 겪게 되죠. 별거 아닌 것처럼 들리지만 실제로는 아주 강력한 변화예요."

나는 잠시 말을 멈췄다. 남은 시간은 1분.

"여기 숙제를 하나 내드리겠습니다." 내가 말했다. "당신이 원하는 미래는 무엇인가요? 당신도 그 미래 안에 있나요? 당신이 원하는 미래를 볼 수 있다면 곧장 가족과 친구에게 들려주세요. 당신의 말에 귀 기울이는 사람이라면 누구라도 상관없습니다. 주변인에게 당신이 생각하는 미래를 말해주기만 해도 미래를 볼 수 있을 뿐만 아니라 더 나은 모습으로 변화시킬 수 있으니까요. 제가 준비한 건 여기까지입니다. 감사합니다!"

조명이 밝아지고 음악과 청중들의 박수 소리가 들려왔다. 무대에서 내려오자 론이 내 여행용 가방과 외투를 들고 기다리고 있었다. 론은 이번 행사에서 나를 담당한 책임자였다.

"시간에 딱 맞춰서 끝내셨네요." 론이 외투를 건네주며 말했다.

무대 매니저가 나를 향해 엄지를 치켜들었다. 나도 손을 흔들어 화답했다.

"이쪽으로 가셔야 해요." 론이 전선과 조명과 전자 장비가 어지럽게 늘어져 있는 어두운 무대 뒤를 안내하며 말했다. 나

퓨처리스트

도 고개를 숙이고 발밑을 조심하며 론의 뒤를 따라갔다. "차가 바로 앞에서 대기 중이고 도로도 많이 밀리지 않아요. 좀 빠듯하긴 한데 그래도 제시간에 도착하실 수 있을 거예요."

"도움 주서서 감사합니다." 내가 대답했다. "모두에게 질문을 받을 수가 없어서 죄송하다고 전해주세요. 비행기 시간이 너무 촉박해서 어쩔 수가 없네요."

"걱정하지 마세요, BDJ." 론이 극장의 뒤편으로 이어지는 넓은 복도의 문을 열며 말했다. 강연장 안 청중의 함성과 큰 음악 소리가 여전히 귓가에 맴돌았다. 무대 장치 담당자들이 무대를 정리하기 시작했다.

나는 갑자기 걸음을 멈춘 론의 등에 부딪혔다. "가기 전에 화장실 들렀다 가실래요?" 그가 물었다.

화장실에 가고 싶기는 했지만 서둘러야 했다.

론이 안내한 화장실은 무대 뒤에 마련된 화장실치고는 꽤 컸다. 무대 뒤에 있어서 아무도 이용하지는 않았지만 20개 이상의 소변기가 설치되어 있었다. 화장실 안을 둘러본 나는 웃을 수밖에 없었다. 공연이 끝나고 화장실에 가면 항상 내게 더 질문하려는 사람들에게 붙잡혔던 기억이 났기 때문이다. 교통 체증을 뚫고 비행기 시간에 맞춰 공항에 가야 하는 나로서는 반가운 일이었다.

"저기로 나가시면 돼요." 론이 복도 끝의 출구를 가리키며 말했다. 여행 캐리어 가방을 건네준 론은 자신의 휴대전화를 확인했다. "운전사가 도로변에서 기다리고 있을 거예요. 바로 가시면 됩니다." 론이 손을 뻗어 악수를 청했다. "이야기 나눌 수 있어서 기뻤어요, BDJ."

"고마워요, 론." 내가 대답했다. "오토바이 경주에서 아내와 좋은 시간 보내세요."

"네, 많이 기대돼요." 그가 무대로 다시 돌아가며 말했다.

나도 출구를 향해 걷기 시작했다.

머릿속으로는 곧바로 계산을 시작했다. 비행기는 6시 45분에 이륙한다. 그럼 6시 15분부터는 탑승이 시작될 것이다. 최소 한 시간 전에는 공항에 도착하고 싶었지만 아마 무리일 것이다. 교통 상황이 나쁘거나 사고가 나거나 미국 대통령과 마주치지 않는 이상 비행기를 놓치지는 않으리라.

밖으로 나가면 나를 태우러 온 차가 벌써 도착해 있어야 했다. 나는 문을 열기 위해 팔을 뻗었다.

"BDJ!" 그때 누군가 내 이름을 불렀다. "잠시만요, BDJ!"

어린이의 목소리였다. 뒤를 돌아보자 어디서 튀어나왔는지 모를 어린 여자아이가 서 있었다. 10살이나 12살 정도밖에 되어 보이지 않는 아이였다. 길을 잃은 건가? 그건 아니었다. 아이의 뒤에는 아이의 부모로 보이는 사람들이 자랑스러움과 흥분에 가득한 눈을 하고 서 있었다.

"잠시만요, BDJ." 아이가 나를 향해 걸어오며 말했다. 아이의 손에는 펜 한 자루와 내가 쓴 책이 꼭 쥐어져 있었다.

"예?" 내가 대답했다. "무슨 일인가요? 제가 지금 빨리……."

"제 이름은 프란시스예요." 떨리지만, 확신에 찬 목소리로 아이가 말했다. "아저씨 책을 읽고 정말 재밌는 책이라고 생각했는데, 혹시 사인해 주시면 안 될까요?" 아이가 내 책과 펜을 내밀었다.

저 멀리 내가 타야 하는 차가 보였다.

"물론이죠." 나는 책을 받아 빠르게 사인하며 말했다. "F-R-A-N-C-I-S라고 쓰면 되나요?"

"네." 아이가 고개를 끄덕였다. "근데 다들 저를 프래니라고 불러요."

프래니의 부모가 가까이 다가와 입 모양으로 '고맙습니다'라고 말했다.

"재밌게 읽었다니 다행이네요." 책을 돌려주며 내가 말했다. 어린아이들을 위해 쓴 책이 아니기에 아이가 더 대견했다.

"저기……." 내가 다시 입을 열었다.

도로에 주차된 차가 보였다. 교통은 점점 악화하고 있었다.

"뭐 하나만 물어봐도 돼요?" 아이가 좀 더 자신감 있는 태도로 빠르게 물었다. "미래에 대해 궁금한 게 있는데 아저씨가 도와주실 수 있을 것 같아요. 전 11살밖에 안 됐지만, 미래가 중요하다는 건 알아요. 엄마가 그러는데 퓨처리스트라면 제 질문에 답할 수 있을 거래요. 아저씨는 퓨처리스트고요!"

나는 그대로 얼어붙었다.

차는 도로에 주차되어 있었다. 교통은 점점 악화하고 있다. 지금 출발하지 않으면 비행기를 놓칠 것이다.

"좋아요, 프래니." 내가 여행용 가방을 세워 놓으며 말했다. 언제든지 다음 비행기를 타면 그만이다.

"뭐가 궁금한가요?" 내가 물었다.

아이가 허리춤에 손을 얹고 고개를 갸웃하며 물었다. "퓨처리스트 아저씨, 제가 미래에 대해 궁금한 게 뭐냐면요……."

책을 집필하는 여정 동안 힘이 되어준 댄 데클레리코^{Dan DiClerico}에게 감사의 말을 전한다. 당신이 보여준 통찰력을 바탕으로 이 책에 가장 잘 어울리는 최적의 흐름과 분위기를 구상할 수 있었다. 록시 호텔에서 커피를 마시며 가졌던 첫 미팅에서 당신이 말했듯 책의 완성도를 결정하는 아주 중요한 요소 말이다. 우리의 인연이 앞으로도 문자, 이메일, 영상 통화, 가끔 함께 즐겼던 마티니 한 잔이나 양키스타디움에서의 만남을 통해 계속해서 이어지길 바란다. 당신은 퓨처리스트에게 더할 나위 없는 아이디어를 주는 사람이기 때문이다!

이 책은 내게 "자기계발서를 써보는 게 어떻겠어?"라고 한 레오폴도 가우트^{Leopoldo Gout}가 없었다면 존재하지 않았을 것이다. 그때는 그가 미쳤다고 대답했지만 지금 생각해보면 그와 나 둘 다 틀린 말을 하지는 않았다. 레오폴도의 격려와 지지가 없었다면 이 책이 당신 손에 들려 있는 일은 아예 없었을 것이다.

그들에게도 감사의 말을 전한다. 본인이라면 내가 누구를 뜻하는지 잘 알 것이다. 내게 질문을 던진 사람들, 대화한 사람들, 내게 도움을 청한 사람들, 내가 틀렸다고 말한 사람들, 나를 미친 사람 취급한 사람들, 자신의 이야기와 희망과 두려움을 들려준 사람들, 나를 신뢰한 사람들, 마지막으로 공공장소에서 내게 지극히 사적인 질문을 한 사람들에게 감사한다.

애리조나주립대학교 산하의 연구기관 과학상상력센터Center for Science and the Imagination, 사회혁신 미래대학the School for the Future Innovation in Society, 글로벌 안보 이니셔티브the Global Security Initiative, 응용 연구소the Applied Research Lab, 위협캐스팅 연구소도 책을 쓰는 데 아주 중요한 역할을 했다.

나의 팀 켄 허츠Ken Hertz, 테리 허츠Teri, 존 포크Jon Polk, 리사 갤러거Lisa Gallagher, 신디 쿤Cyndi Coon, (위대한 예언의 지팡이를 가진) 기드온 웨일Gideon Weil, 샘 테이텀Sam Tatum, 로라 케디Lora Keddie에게 감사의 말을 전한다. 항상 그랬듯 어머니와 아버지에게도 감사하다. 두 분이 계시지 않았다면 이 책은 세상에 나오지 못했을 것이다.

1   George Orwell, 1984 (London: Secker & Warburg, 1949).

2   "The Philosophy: Our Manifesto," 9 Billion Schools, accessed June 9, 2020,https://9billionschools.org/thephilosophy.

3   Isaac Asimov, "Life in 1990," Diner's Club Magazine, January 1965.

4   National Research Council, How People Learn: Brain, Mind, Experience, and School, eds. John D. Bransford, Ann L. Brown, and Rodney R. Cocking (Washington, DC: National Academy Press, 2000), 31.

5   Liz Stevens, "How Much Can I Afford to Spend on a House?" thinkGlink, May 29, 2019, https://www.thinkglink.com/2019/05/29/how- much-can-i-afford-to-spend-on-a-house/.

6   Stevens, "How Much Can I Afford to Spend on a House?"

7   Data61 CEO Adrian Turner, speaking of Genevieve Bell's return to Canberra, in "World Leading Technologist Dr. Genevieve Bell

Returns to Join ANU," news release, ANU College of Engineering and Computer Science website, January 27, 2017, https://cecs.anu.edu.au/news/world-leading-technologist-dr-genevieve-bell- join-anu.

8 Keith Devlin, "The Joy of Math: Learning and What it Means To Be Human," interview by Krista Tippett, On Being, NPR, September 19, 2013," https://onbeing.org/programs/keith-devlin-the-joy-of-math-learning- and-what-it-means-to-be-human/.

9 B. Johnson, "Information Disorder Machines: Weaponizing Narrative and the Future of the United States of America," Arizona State University, 2019, http://threatcasting.com/wp-content/uploads/2019/10/threatcasting-2019-w- footnotes- PRINT.pdf.

10 Carl Sagan, The Demon Haunted World (New York: Random House, 1996).

11 Douglas Rushkoff, "Survival of the Richest," Medium, July 5, 2018, https://onezero.medium.com/survival-of-the-richest-9ef6cddd0cc1.

12 Rushkoff, "Survival of the Richest," https://onezero.medium.com/survival-of- the-richest-9ef6cddd0cc1.

13 Carl Sagan, Contact (New York: Pocket Books, 1997), 430.

14 Federal Register Division, National Archives and Records Service, and General Services Administration, Public Papers of the Presidents of the United States: Dwight D. Eisenhower, "Remarks at the National Defense Executive Reserve Conference, November 14, 1957" (Washington, DC: US Government Printing O7ce, 1958), 818, https://babel.hathitrust.org/cgi/pt?id=miua.4728417.1957.001&view=1up&seq=858.5

퓨처캐스팅 실천 Q&A

퓨처캐스팅 실천 질문 PDF 파일은 아래의 주소에서 다운받을 수 있습니다.
https://bit.ly/퓨처리스트

❶단계 · **미래를 생각하라**

질문 ①

미래의 무엇이 당신을 가장 두렵게 하는가? 아주 사소한 두려움이나 걱정도 좋다. 당신을 괴롭히는 두려움이나 걱정거리를 적어보자.

_____

_____

_____

질문 ②

가장 최근에 들었던 미래에 대한 예측은 무엇인가? 예측을 듣고 어떤 기분을 느꼈는지 또한 어떤 생각이 들었는지 적어보자.

_____

_____

_____

질문 ③

당신이 볼 수 있는 가장 먼 미래의 순간은 무엇인가? 그리고 먼 미래를 상상할 때 떠오르는 기대점이나 두려운 점을 적어보자.

_____

_____

_____

❷단계 · **미래에 관해 이야기하라**

질문

주변인 세 명에게 1단계의 질문을 했을 때 어떤 답변을 들었는지 적어보자. 그들 중에 당신이 원하는 미래를 이루도록 도와줄 사람이 있었는가?

_____

_____

_____

❸단계 · **미래를 돌보기**

질문 ①

지금까지 당신은 무엇을 배웠는지 적어보자. 지금까지 배운 것이 당신이 상상하는 미래를 바꾸었는지 생각해보자.

_____

_____

_____

질문 ②

당신은 여전히 이전과 같은 미래를 원하는가? 아니면 새로운 미래를 원하는가? 당신이 원하는 미래를 돌이킬 시간을 마련해보자.

_____

_____

_____

①단계 · **미래의 자신**

질문

당신이 원하는(혹은 원하지 않는) 미래의 이야기를 써보자.

원하는 미래

_____

_____

_____

원하지 않는 미래

_____

_____

_____

②단계 · **미래의 원동력**

질문

당신이 원하는 미래를 위한 다섯 개의 원동력을 찾자. 당신의 상황에 맞춰 사람들, 도구들, 전문가들 중에 다섯 개만 구체적으로 적어보길 바란다.

사람들

_____

_____

_____

_____

_____

_____

_____

_____

_____

❸ 단계 · **백캐스팅**

질문

당신의 미래를 위한 점진적 단계를 적자. 절반 지점, 4분의 1지점, 월요일로 나누어 당신이 계획한 미래로의 여정에서 핵심적인 지점을 되짚어보자.

절반 지점

_____

_____

_____

4분의 1지점

_____

_____

_____

_____

_____

_____

|||||||||||||||||||||||||||||| **간단한 질문 코너 3** ||||||||||||||||||||||||||||||

질문 ①

당신이 원하는 미래로 나아가는 데 도움을 줄 수 있는 사람은 누가 있는지 적어
보자. 그런 사람이 몇 명이나 될 지도 적어보길 바란다.

_____

_____

_____

질문 ②

왜 이들이 당신을 도울 수 있다고 생각하는지 적어보자. 그들이 가진 관점이나
출신, 배경 등을 생각하며 적어보길 바란다.

_____

_____

_____

질문 ③

이들이 당신을 긍정적인 방식으로 지지할 수 있을 것인지 생각해보자.

_____

_____

_____

질문 ④

이들이 당신의 의견에 생산적인 반대 의견을 표할 수 있을지 생각해보자.

_____

_____

_____

질문 ①

지금 당장 당신과 미래 사이를 가로막는 장애물은 무엇이 있으며 지금 어디에 있는지 적어보자.

_____

_____

_____

질문 ②

당신을 가로막는 장애물이 어디서 처음 발생했는지 적어보자.

_____

_____

_____

질문 ③

당신에게 언제든 필요할 때 활용 가능한 미래의 원동력(사람, 도구, 전문가)이 있는가? 있다면 적어보자.

_____

_____

_____

질문 ④

미래의 원동력 중 무엇이 혹은 누가 장애물을 극복하는 데 도움을 줄 수 있을지
적어보자.

_____

_____

_____

질문 ⑤

장애물을 피하기 위해 당신이 할 수 있는 구체적인 행동은 무엇이 있을지 적어
보자.

_____

_____

_____

질문 ①

당신은 어린 시절에 기술이 큰 역할을 했던 경험을 겪어봤는가? 무엇이 있는지 적어보자.

_____

_____

_____

질문 ②

당신의 어린 시절 경험이 기술을 바라보는 관점을 형성하는 데 영향을 끼쳤는가?

_____

_____

_____

질문 ③

당신의 어린 시절 경험을 통해 당신은 새로운 무언가를 바라게 되었는가?

_____

_____

_____

질문 ④

기술에 관련된 유년기의 경험이 어떤 모습이었으면 좋았을지 생각해본 적이 있는가?

_____

_____

_____

질문 ⑤

스마트폰과 같은 IT 기기들의 긍정적인 면과 부정적인 면을 각 3가지씩 적어보자.

_____

_____

_____

질문 ⑥

스마트폰과 같은 IT 기기들의 긍정적인 면과 부정적인 면은 누구로 인해 발생했는지 적어보자.

_____

_____

_____

질문 ⑦

지난 세월 동안 당신과 스마트폰을 비롯한 IT 기기들은 어떤 관계로 변화하였는가?

_____

_____

_____

질문 ⑧

주변 사람들과 스마트폰을 비롯한 IT 기기들에 대해 이야기할 때 그것을 어떻게 지칭하는가?

_____

_____

_____

질문 ⑨

자율화는 향후 10년 안에 당신의 직업군에 어떤 영향을 끼칠 지 적어보자.

_____

_____

_____

질문 ⑩

당신과 기술 중 누구에게 통제권이 있다고 생각하는지 적어보자.

_____

_____

_____

질문 ⑪

만약 기술이 부정적인 영향을 끼칠거라 생각한다면 당신과 기술 사이의 관계가

개선될 방법이 있을지 적어보자.

_____

_____

_____

질문 ⑫

당신이 기술을 통해 이루고자 하는 미래는 어떠한 미래인지 적어보자.

_____

_____

_____

질문 ①

당신의 인생에서 가장 두려웠던 순간을 적어보자.

_____

_____

_____

질문 ②

오늘날 가장 두려웠던 순간을 떠올렸을 때 어떤 기분을 느꼈는지 적어보자.

_____

_____

_____

질문 ③

앞으로 10년 후에는 가장 두려운 순간을 떠올렸을 때 어떤 기분을 느낄 것 같은
지 적어보자.

_____

_____

_____

질문 ④

당신을 잠 못 들게 하는 두려움은 무엇이 있을지 적어보자.

_____

_____

_____

질문 ⑤

잠 못 들게 하는 두려움이 당신의 인생에 어떤 영향을 끼쳤는지 적어보자.

_____

_____

_____

질문 ⑥

잠 못 들게 하는 두려움과 마주하지 않기 위해 취하는 행동이 있는지 적어보자.

_____

_____

_____

질문 ⑦

다른 이에게 이 두려움에 대해 말한 적이 있는가? 있다면 무슨 말을 했는지 적어
보자.

_____

_____

_____

질문 ⑧

미래에 일어날 수 있는 최악의 일은 무엇이 있을지 적어보자.

_____

_____

_____

질문 ⑨

당신에게 최악의 상황이 찾아온다면 조금이라도 통제할 수 있을지 적어보자.

_____

_____

_____